정치
✛
철학
06

통치에 관한 두 번째 논고

통치에 관한 두 번째 논고

시민-정부의 참된 기원과 범위, 목적에 관한 시론

1판 1쇄 | 2023년 12월 4일

지은이 | 존 로크
옮긴이 | 문지영, 강철웅

펴낸이 | 안중철, 정민용
편집 | 윤상훈, 이진실, 최미정

펴낸곳 | 후마니타스(주)
등록 | 2002년 2월 19일 제2002-000481호
주소 | 서울특별시 마포구 신촌로14안길 17, 2층 (04057)
전화 | 편집_02.739.9929/9930 영업_02.722.9960 팩스_0505.333.9960

블로그 | blog.naver.com/humabook
엑스, 인스타그램, 페이스북 | @humanitasbook
이메일 | humanitasbooks@gmail.com

인쇄 | 천일문화사_031.955.8083 제본 | 일진제책사_031.908.1407

값 17,000원

ISBN 978-89-6437-442-9 94300
      978-89-6437-303-3 (세트)

정치
＋
철학
06

통치에 관한 두 번째 논고
시민−정부의 참된 기원과 범위, 목적에 관한 시론

존 로크 지음
문지영 · 강철웅 옮김

John Locke

SECOND TREATISE OF GOVERNMENT

: AN ESSAY CONCERNING THE TRUE ORIGINAL, EXTENT AND END OF CIVIL-GOVERNMENT

후마니타스

차례

일러두기

1. 원전

1) 이 책은 존 로크의 저작 *Two Treatises of Government* 중 *Second Treatise of Government*를 한글로 옮긴 것이다. 시기를 달리하여 쓰인 두 편의 긴 논문으로 구성된 *Two Treatises of Government*는 1689년 11월에 첫 출간이 이루어졌는데, 그 후에도 로크 자신이 수정·보완 작업을 계속해서 1694년과 1698년에 각각 제2판과 제3판이 간행되었다. 제4판은 로크 사후인 1713년에 나왔으며 이듬해 간행된 『존 로크 전집』*The Works of John Locke*에 수록되어 있다.

2) *Two Treatises of Government* 중 *First Treatise of Government*에 로크 자신이 붙인 제목은 "로버트 필머 경 및 그 추종자들의 그릇된 원리와 근거가 발각되어 뒤집히다"The False Principles, and Foundation of Sir Robert Filmer, and His Followers, Are Detected and Overthrown인데, 그 제목만 보아도 짐작할 수 있듯이 내용이 상당히 시의적인 것이어서 1688년의 혁명이 성공한 이후에는 로크 당대에도 이미 읽는 사람이 많지 않았다.

3) 이 번역서는 *Two Treatises of Government*의 여러 편집본 가운데 골디 편집본(G)을 기본으로 하되, 필요한 경우 라슬렛 편집본(L)으로 보완한다.

   G : Goldie, M. (2016) (ed.), *Jonn Locke, Second Treatise of Government and A Letter Concerning Toleration*, Oxford.

   L : Laslett, P. (1960) (ed.), *Locke, Two Treatises of Government*, Cambridge.

4) G와 L의 핵심적인 차이는, 전자가 『존 로크 전집』에 수록된 제4판을 원전으로 하는 데 비해 L은 이른바 '크라이스트 사본'을 이용했다는 것이다. '크라이스트 사본'이란 1698년에 출간된 제3판 사본의 여백에 로크 자신이 직접 손으로 수정 사항을 써서 남겨 놓은 텍스트인데, 현재는 온라인(http://issuu.com/christsbooks/docs/bb37alocke?e=3803189/2905437)을 통해서도 볼 수 있다. 비록 L이 오랫동안 *Two Treatises of Government*의 표준 편집본으로 인정받아 왔지만, 1990년대 이래 새롭게 밝혀진 몇몇 자료들에 의해 '크라이스트 사본'의 한계가 지적되고 있다는 점에서 G를 주 텍스트로 삼는다.

5) G와 L은 공히 로크가 사용한 영어, 그러니까 17세기 영어를 거의 그대로 따르기 때문에 단어 표기나 구두점 사용 방식이 현대 영어와는 다소 차이가 있다. 본문에서 필요에 따라 원어를 밝힐 때, 현대 영어의 철자로 바꾸지 않고 로크가 사용한 단어 그대로 표기한다.

2. 문장부호의 사용

1) 소괄호 : 본문에 사용된 소괄호는 모두 로크의 것이다. 다만 로크 자신의 인용 출처
   표기에 사용된 소괄호는 옮긴이가 넣은 것이다.

2) 대괄호 : 원문에 없지만 전후 맥락을 고려하여 원전 편집자가 삽입한 단어를 표시하기
   위해 대괄호를 사용한다. 그 외 옮긴이가 의미를 좀 더 분명히 전달하기 위해 첨언한
   내용도 대괄호에 넣었는데, 이 경우에는 글씨체를 고딕체로 달리했다.

3) 맞줄표 : 번역 과정에서 원문의 어순을 유지하기 위해 불가피한 경우 사용했다.

3. 이탤릭체 처리 : 원문에서 이탤릭으로 되어 있는 사항들은 강조, 인용, 외국어(즉, 영어
   외의 언어) 표현, 인명 등인데 인용의 경우에는 큰따옴표를 사용했고, 그 외
   사항들에서는 항목별로 구분하지 않고 원문의 정신에 따라 일률적으로 드러냄표로
   처리했다.

4. 주석 : 모든 주는 각주로 처리한다. 원주는 각주 번호 앞에 * 표시를 붙여 구분하고
   '[저자의 주]'라고 표기했다.

5. 성서 관련 사항

1) 명칭과 표기 : 성서 각 작품의 명칭이나 고유명사 표기 등은 편의상 대체로 개신교 쪽의
   것을 따르지만, 더 일반적으로 쓰이거나 우리말 언중에게 더 자연스러운 표현을
   고려하여 일부 조정하기도 한다. 예 : 하느님(하나님), 이브(하와), 사사기(판관기).

2) 번역 : 성서의 번역은 기본적으로 로크의 번역문을 옮기되, 표현이나 표기 등은 성서
   원문이나 여러 현대어 번역본(NRSV, 표준새번역 등)을 참고하여 ① 로크의 의도와 인용
   방식, ② 성서 원문의 상태와 취지, ③ 우리말의 자연스러움 순으로 가능한 한 모두를
   살릴 수 있는 방식을 취하여 옮기기로 한다. 예 : 주(야훼).

3) 높임말 : 비기독교인이 읽고 새기기에게도 그다지 어색하지 않도록, 가능한 한 상대에
   대한 다소 지나친 존칭(하느님에 대한)이나 비칭(청자에 대한)을 줄이고 중립적이거나
   적당한 높임말에 가까운 수준으로 옮긴다. 예 : 주가/주께서(주님께서),
   징벌했다(징벌하셨다), 나를(저를), 여러분을(너희를).

TWO

TREATISES

OF

Government:

In the former,

The *falſe Principles*, and *Foundation*

OF

Sir *ROBERT FILMER*,

And his FOLLOWERS,

ARE

Detected and Overthrown.

The latter is an

ESSAY

CONCERNING THE

True Original , Extent , and End

OF

Civil Government.

LONDON,

Printed for *Awnſham Churchill*, at the *Black Swan* in *Ave-Mary-Lane* , by *Amen-Corner* , 1690.

◆ 초판 이미지. 실제 출간일은 1689년 11월이었지만, 당시 관행상 발행 연도가 이듬해인 1690년으로 표기되었다.

1장
서론[1]

1. 앞선 담론[2]에서 나는 다음을 보여 주었다.

(1) 아담은 아버지로서의 자연적인 권리에 의해서든 하느님으로부터 실정적으로 선사받아서든, 흔히 주장하는 바와 같은 그런 자기 자녀[3]에 대한 권위나 세상에 대한 지배권[4]을 가

---

1) 많은 로크 연구자들은 이 '서론'이 아마도 출간 무렵(1689년)에 『첫 번째 논고』와의 자연스러운 연결을 위해 쓰였을 것으로 본다. 골디에 따르면, 프랑스어 번역(암스테르담, 1691년)과 첫 미국 판본(보스턴, 1773년)에는 빠져 있다.

2) 『첫 번째 논고』를 가리킨다. 로크는 『첫 번째 논고』와 『두 번째 논고』로 이루어진 자신의 책 제목을 『통치에 관한 두 편의 논고』로 붙였고, 『두 번째 논고』의 부제는 "시민-정부의 참된 기원과 범위, 목적에 관한 시론"으로 달았지만, 정작 이 책 본문에서 자신의 글을 지칭할 때 '논고'Treatise나 '시론'Essay이라는 단어 대신 '담론'Discourse을 사용한다.

3) 로크가 저술 활동을 했던 17세기의 조건을 감안하면, 비록 그가 여기서 'Children'이라는 중성적 단어를 사용하고 있긴 하지만 실제로 염두에 둔 것은 '아들들'이었으리라고 보는 게 자연스럽다. 그러니 이 단어의 번역어로 어쩌면 '아들들' 혹은 '자식들'을 선택하는 것이 고전의 특성을 있는 그대로 드러내는 데 효과적이라고 보는 시각도 있을 것이다. 하지만 로크 자신이 'child/children'과 구별하여 때로 'son/sons'라는 표현을 사용하기도 한다는 점, 게다가 로크가 이 저서에서 사용하는 'man/men'을 우리는 이미 '남자/남자들'이라고 읽지 않고 '인간/인간들'이라고 읽는다는 점에 주목하여 대부분의 경우 'children'은 특정 성을 배타

지지 않았다.

　(2) 설사 그가 가졌다고 하더라도, 그의 상속자들은 여전히 그것에 대한 아무런 권리도 가지지 않았다.

　(3) 설사 그의 상속자들이 가졌다고 하더라도, 일어날 수 있을 법한 모든 경우에서 어느 쪽이 정당한 상속자인지를 결정하는 그 어떤 자연법도 하느님의 실정법[5]도 없으므로 계승의 권리 및 그것에 따라 나오는, 지배를 담당할 권리는 확실히 결정될 수 없었을 것이다.

　(4) 설사 그것조차 결정되었다고 하더라도, 아담의 후손 계보에서 어느 쪽이 장자 계보인지에 대한 앎이 완전히 사라

적으로 가리키는 표현 대신 '자녀'로 옮긴다. 다만 맥락에 따라 '아이/아이들'로 옮기는 것이 자연스러울 경우에는 그렇게 했다.

4) '지배권'dominion이라는 단어를 파생시킨 라틴어 'dominium'은 소유권, 권위, 지배, 제어 등을 뜻하면서 그런 권한과 권위, 지배력이 미치는 영역 내지 영토를 가리키기도 한다. 당대 기독교적 세계관에서 "세상에 대한 지배권"은 구약 성서 『창세기』 1장 28절에 따른 것으로 설명되었다. "하느님이 그들에게 복을 베푸셨다. 하나님이 그들에게 말씀하시기를 '생육하고 번성하여 땅에 충만하여라. 땅을 정복하여라. 바다의 고기와 공중의 새와 땅 위에서 살아 움직이는 모든 생물을 다스려라' 하셨다." 이때 "그들"은 하느님이 자신의 형상대로 창조한 '남자와 여자'(『창세기』 1.27)를 가리키지만, 당시 왕권신수설 이론가들은 세상에 대한 지배권을 하느님이 아담에게만 배타적으로 베푼 권리라고 보았다.

5) '실정법'positive Law이란 하느님이든 세속의 통치자든 권위를 가진 누군가의 명령인 법을 뜻한다. 하느님은 두 가지 방식으로, 즉 그의 작품Works을 통해서 그리고 그의 말Words을 통해서 법을 만든다고 간주되었다. 그러니까 하느님의 법은 두 가지로 나타나는데, 창조로 구현된 자연법과 성서에 주어진 실정법이 그것이다.

진 지 아주 오래되었기 때문에 인류의 종족들과 세상의 가문들 가운데 누구에게도 남보다 우위에 서서 장자 집안이라고, 그래서 상속의 권리를 가진다고 주장할 만한 최소한의 구실조차 남아 있지 않다.

이 모든 전제들이 내가 생각하기로는 분명하게 정립되었기 때문에, 지금 지상에 있는 지배자들이 모든 권력의 원천으로 여겨지는 저것, 즉 아담의 사적 지배권과 아버지로서의 관할권Jurisdiction으로부터 조금이라도 이득을 누리거나 권위의 그 어떤 최소한의 흔적이라도 도출해 낸다는 것은 불가능하다. 그러므로 다음과 같은 생각에 대해, 즉 세상의 모든 정부[6]란 단지 위력[7]과 폭력의 산물일 뿐이라는 생각과 인간들Men은 가장

---

6) 'Government'는 아마도 이 책에서 가장 중요하고 핵심적인 개념 가운데 하나일 것이다. 일단 그것은 책의 제목에서부터 등장한다. 그런데 *Second Treatise of Government*에서 'Government'는 '통치'로 옮긴 반면 부제인 "an Essay Concerning The True Original, Extent, and End of Civil-Government"에서 'Government'는 '정부'로 옮긴 데서 알 수 있듯이, 로크의 전체 논의에서 이 단어를 '통치'나 '정부' 중 어느 한쪽으로 일관되게 옮기기는 무리가 있다. 이는 'government'라는 단어가 워낙에 주권적 권위를 가지고 지시하거나 명령하거나 통제하는 '행위'를 뜻하면서 동시에 그런 행위를 하는 '기구/기관'이나 '직책' 혹은 '권위' 자체를 뜻하기도 하는데, 우리말 '통치'는 전자를 그리고 '정부'는 후자를 주로 의미하기 때문이다. 그러므로 맥락에 따라 더 자연스러운 쪽으로 '통치'와 '정부'를 번갈아 번역어로 사용하겠지만, 그런 선택이 다른 쪽의 대안을 반드시 배제하는 것은 아님을 밝혀 둔다.

7) 여기에 쓰인 단어 'Force'는 맥락에 따라 '강제력', '물리력', '무력', '완

강한 자가 마음대로 한다는 야수들의 규칙과 다름없는 그런 규칙에 따라 함께 살고 있어서 (저 가설의 추종자들이 그토록 큰 소리로 외쳐 대며 반대하는 것들인) 끝없이 계속되는 무질서와 악행, 소란, 폭동, 반란의 토대를 놓는다는 생각에 대해 정당한 근거를 제공하지 않으려는 자는 로버트 필머 경[8]이 우리에게 가르쳐 준 것 외에 정부의 또 다른 발원, 정치권력의 또 다른 기원, 그리고 정치권력을 가지는 인격체들을 설계하고 알아내는 또 다른 수단을 반드시 찾아내야만 한다.

력' 등으로 옮길 수도 있다. 로크가 이 단어를 사용할 때, 그것은 대체로 위계 관계를 진제하기에 딘순한 '힘'strength과는 다르고, 무기 사용이나 물리적 힘의 세기를 반드시 동반하지는 않는다는 점에서 '물리력'이나 '무력', '완력'보다 넓은 범주의 힘을 뜻한다. 따라서 "상대를 압도할 만큼 강력함. 또는 그런 힘"이라는 사전적 의미를 갖는 '위력'이 그 단어에 가장 걸맞은 것으로 보여, 이하 대부분 그렇게 번역어를 통일하기로 한다.

8) 켄트 출신 귀족인 로버트 필머Robert Filmer(1588~1653년)는 가부장적 근거에 기반한 절대군주정의 옹호자로서는 영국인 가운데 가장 잘 알려진 사람이다. 영국의 내전기(1642~51년)에 그는 왕당파 팸플릿들을 출판했지만, 1620년대에 초고를 쓴 그의 주저 『가부장권론』*Patriarcha, or the Natural Power of Kings*은 1680년에야 비로소 출판되어 토리파의 핵심 기치가 되었다. 로크의 『첫 번째 논고』는 이 저작에 대한 상세한 논박이다. 필머의 이름은 22절과 61절에 다시 등장한다. 『첫 번째 논고』 5절에서 로크는 필머의 '체계'를 이렇게 요약한다. "인간들은 자유롭게free 태어나지 않으며, 따라서 통치자들Governors이든 통치 형태들이든 선택할 자유liberty를 결코 가질 수 없었다. 군주들이 가지는 권력은 절대적이며 신적 권리에 의거한다. …… 아담은 절대군주absolute Monarch였고, 이후의 모든 군주들 또한 그렇다."

2. 이런 목적을 위해서 내가 정치권력이 무엇이라고 받아들이는지를 적어 두는 것은 잘못하는 일이 아닐 것이라고 생각한다. 신민에 대한 통치권자의 권력은 자녀에 대한 아버지의 권력, 하인에 대한 주인의 권력, 아내에 대한 남편의 권력, 그리고 노예에 대한 노예 소유주의 권력과 구별될 수 있다. 그런 모든 상이한 권력들이 때로는 동일한 인간 안에서 함께 생겨나기 때문에, 이런 서로 다른 관계들 아래에서 그를 고찰하게 되면, 우리가 이 권력들을 각각 따로 구별하고 국가[9]의 지배자와 가정의 아버지 그리고 갤리선[10]의 선장 사이의 차이를 보여 주는 데 도움이 될 수 있다.

3. 그렇다면 나는 정치권력이란 다음과 같은 권리라고 받아들인다. 즉, 소유[11]의 규제와 유지를 위해 사형 및 그것에 뒤따르는 보다 덜한 다른 모든 형벌을 갖춘 법률을 만드는 권리요, 이런 법률들을 집행하는 데에 그리고 외부에서 가해지는

---

9) 여기서 로크가 사용한 단어는 'Common-wealth'이며, 아래에서도 계속 '국가'로 옮긴다. '코먼-웰스'에 대한 로크 자신의 설명은 10장 133절에 제시되어 있다. 정치사회를 가리킬 때 로크는 'State'보다 이 단어를 더 자주 사용한다. 그가 'State'를 쓸 때는 보통 '조건'이나 '상태'를 뜻한다. '자연 상태'State of nature처럼 말이다. 하지만 '국가'를 나타내는 말로 그 단어를 쓰는 경우도 있는데, 9절과 45절, 208절 및 230절에서 그렇다.

10) 고대 그리스나 로마에서 주로 노예들에게 노를 젓도록 한 배.

11) 여기서 사용된 단어 'Property'의 번역어에 관한 사항은 25절의 각주 32 참조.

위해로부터 국가를 방어하는 데에 공동체의 위력을 행사하는 권리이며, 이 모든 것을 오로지 공공선을 위해서만 행하는 권리라고 말이다.

2장
자연 상태에 대하여

4. 정치권력을 올바로 이해하고 그것을 그 기원으로부터 도출해 내려면 우리는 모든 인간[12]이 자연적으로 어떤 상태에 있는지[13]를 고찰해야 하는데, 그것은 그들이 다른 그 어떤 인

---

12) 이하 로크는 자연적인 자유와 평등한 자연권이 '모든 인간all Men에 게', '모든 인류all Mankind에게', '모든 개인every single person에게' 속하는 것이라고 말한다. 하지만 그것이 정말로 문자 그대로의 의미인가에 대해서는 오랜 논쟁이 있다. 예컨대, 크로퍼드 맥퍼슨(Macpherson 1962)으로 대표되는 입장은 로크가 일정한 사유재산을 소유한 자본가계급만 대상으로 했다고 주장한다. 그런가 하면, 캐럴 페이트만(Pateman 1988) 같은 페미니스트 연구자들은 로크의 '모든 인간/인류/개인'이란 실은 '남성'일 뿐이라고 비판한다. 로크가 살았던 시대적 배경을 감안하면, 이두 입장에 각각 일리가 있을 것이다. 하지만 이 책 전체에 걸쳐 로크는 자연적인 자유와 평등한 자연권의 자격을 가지는 인간/인류/개인의 특정한 범위 내지 조건을 전혀 언급하고 있지 않기 때문에, 제러미 월드런(Waldron 2002) 같은 연구자는 로크의 논의가 평등주의에 입각해 있다고 주장하기도 한다.

13) 여기서 로크가 "모든 인간이 자연적으로 어떤 상태에 있는지"(강조는 역자)를 고찰하겠다고 말하는 데 주목할 필요가 있다. 즉, 정치권력의 기원과 본질을 설명하기 위해 로크가 도입하는 '자연 상태'는 정치권력과 국가가 존재하지 않는 어떤 상황에 대한 '이론적' 가정이다. 성서를 기반으로 하는 '역사적' 근거에 의지하여 왕의 절대 권력을 정당화했던 필머의 논변에 대해 로크가 제기한 앞서의 비판을 감안하면, 로크는 이 문제에 관한 한 역사를 우선적인 근거로 활용하는 설명 방식이 적절하지 않거나, 적어도 충분하지 않다고 생각했음이 틀림없다. 하지만 자연 상

간에게 허가를 요청하거나 그의 의지에 의존하지 않은 채 자연법의 테두리 내에서 자신들이 알맞다고 생각하는 대로 자신들의 행위를 정하고 소유물과 인신을 처분하는[14] 완벽한 자유의 상태다.

그것은 또한 모든 권력과 관할권이 상호적이어서 아무도 남보다 더 많이 갖지 않는 평등의 상태이기도 하다. 동일한 종種과 서열에 속하는 피조물들은 모두가 자연의 동일한 혜택을 누리고 동일한 능력을 사용하도록 무차별하게promiscuously 태어나기 때문에, 그들 모두의 주재자이자 주인이 자기 의지의 어떤 명시적 선언으로 누군가를 다른 누군가보다 위에 세우고서 명백하고도 분명하게 지명하여 그에게 지배권과 주권에 대한 의심의 여지 없는 권리를 부여하지 않는 한, 그들은 또한 예속이나 복종 없이 서로 간에 평등해야 한다는 점보다 더 명백한 건 아무것도 없으니 말이다.

태 개념의 특징 중 하나인 '추상성'은 로크 당대에는 물론 이후로도 오랫동안 이 개념과 그것을 토대로 하는 협약 및 국가 관념이 비판받거나 부정당하는 요인이 되었다. 로크 역시 14, 15절에서 자연 상태가 반反 혹은 비非역사적이라고 비판하는 반론을 예상하는데, 그럼에도 불구하고 로크는 추상적 장치로서의 '자연 상태'가 정치권력의 특성을 분석하고 국가의 목적 및 정부의 역할을 설명하는 데 필수적이라고 여겼다.

14) 우리말 일상어에서 '처분하다'는 흔히 "처리하여 치우다" 혹은 "팔아 치우다"라는 뜻으로 사용되지만, 로크의 논의에서 이 말은 "일정한 대상을 어떻게 처리할 것인가에 대하여 지시하거나 결정함. 또는 그런 지시나 결정"을 의미하는 것으로 이해하는 것이 적절하다.

5. 자연에 의한[15] 인간들의 이런 평등을, 사려 깊은 후커[16]는 그 자체로 아주 명백하고 일체 의문의 여지가 없는 것으로 간주하기에, 그것을 인간들 사이에서 서로를 사랑해야 하는 저 의무의 토대로 삼는다. 그것을 기반으로 그는 인간들이 서로에게 지는 의무들을 구축하며, 그것으로부터 정의와 자선의 위대한 준칙들을 도출해 낸다. 그의 말은 이렇다.

유사한 자연적 동기가 인간들로 하여금 자기 자신 못지않게 남

---

15) 여기서 쓰인 'by Nature'는 '본성에 의한', '본성상' 등으로도 옮길 수 있는 말인데, 104절에 가면 유사한 맥락에서 이 표현이 'naturally'로 바꿔 쓰이기도 한다. 로크가 자주 사용하는 '자연법에 의해'나 '자연적으로', '자연적인' 등과의 일관성을 고려하여 아래에서도 'by Nature'의 번역어로는 대부분 '자연에 의한/의해'를 선택할 것이다.

16) 잉글랜드 국교회 신학자요 성직자인 리처드 후커Richard Hooker(1554~1600년)를 가리킨다. 그의 대표 저작인 『교회 정체의 법률들』Laws of Ecclesiastical Polity은 로크가 이 책에서 가장 자주 인용하는 전거 중의 하나인데, 왕당파와 토리가 주장하는 절대주의 교설이 실은 역사가 그리 오래지 않은, 기껏해야 스튜어트 시대 초기 정도까지 거슬러 올라가는 새로운 지적 유행에 속한다는 주장을 뒷받침하는 맥락에서 주로 인용된다. 『교회 정체의 법률들』은 애초에 후커가 총 여덟 권으로 계획한 방대한 시리즈의 저작이었다. 그중 첫 네 권은 1593년에 출간되었고, 제5권은 1597년에 간행되었다. 나머지 세 권은 후커가 1600년에 46세의 나이로 사망할 당시 수정 작업이 진행되지 못한 초고 상태의 원고로 남아 있었는데, 그 후 오랜 시간이 지나 1648~62년 사이에 토막토막 출판되었다. 이 저작은 당대 청교도의 도전에 맞서 성공회의 입장에서 신학과 교회론을 정립하고자 한 것이지만, 세속의 정부와 정치적 쟁점에 대한 논의도 포함하고 있다.

들을 사랑하는 것이 자신의 의무임을 알게 했다. 동등한 사물들을 본다는 것은 모두가 하나의 척도를 가져야만 하는 일이기 때문이다. 어떤 인간이든 자기 자신의 영혼에 바랄 수 있는 바로 그만큼의 좋은 것을 내가 모든 인간으로부터 받기를 바라지 않을 수 없다면, 하나의 동일한 본성을 가진 다른 인간들 안에도 의심할 여지 없이 있는 유사한 욕구를 만족시키는 데 나 자신이 주의를 기울이지 않으면서 어떻게 내가 여기 이 안에 있는 내 욕구의 어떤 부분이라도 만족되기를 기대하겠는가? 이런 욕구에 반하는 어떤 것을 그들에게 제공하면 그것은 모든 면에서, 그것이 내게 주는 것과 똑같은 만큼의 괴로움을 그들에게 주지 않을 수 없으므로, 내가 해를 주면 나는 해를 입을 것이라고 예상해야 한다. 남들이 내게, 내가 그들에게 보여 준 것보다 더 많은 양의 사랑을 부여 주어야 할 아무런 이유가 없기 때문이다. 따라서 나와 본성이 동등한 자들에게서 가능한 한 많이 사랑을 받고자 하는 나의 욕구는 나도 그들을 향해서 완벽히 유사한 애정을 가져야 한다는 자연적 의무를 내게 부과한다. 우리 자신과 우리 자신에 맞먹는 자들 사이의 그런 평등 관계로부터 자연적 이성은 삶을 인도할 여러 규칙과 규준을 이끌어 냈으며, 그것들이 무엇인지 모르는 인간은 아무도 없다(『교회 정체의 법률들』제1권).

6. 그러나 이것이 자유의 상태이긴 하지만 방종의 상태는 아니다.[17] 저 [자연] 상태에서 인간은 자기 인신이나 소유물을 처분하는 제어될 수 없는 자유를 갖지만 자신을 파괴할 자유는 갖지 않으며, 심지어 자기 소유물인 피조물조차도, 그것을 있는 그대로 보존하는 것보다 더 고상한 어떤 용도가 파괴를 요

구하지 않는 한은, 그렇게 할 자유를 갖지 않는다. 자연 상태에는 그것을 지배하는 자연법이 있는데, 이 법이 모든 사람을 속박한다. 그리고 바로 저 법인 이성은 그것에 오직 조언을 구할 뿐인 온 인류에게, 모두가 평등하고 독립적이므로 어느 누구도 다른 사람이 지닌 생명, 건강, 자유, 혹은 소유물들에 해를 끼쳐서는 안 된다고 가르친다. 인간은 모두 전능하고 무한히 지혜로운 단일한 조물주의 작품이요 모두가 단일한 주권적 주인의 종들로서 그의 명령에 의해 그의 일과 관련하여 세상에 보내졌기에, 그들은 그의 소유, 즉 그들 서로가 아니라 그가 기꺼워하는 동안 지속되도록 만들어진 그의 작품이기 때문이다. 그리고 우리는 유사한 능력을 갖추고 있고 모두가 자연이라는 하나의 공동체를 공유하므로, 열등한 피조물들이 우리의 용도를 위해 있듯이 마치 우리가 서로의 용도를 위해 만들어진 것인 양 서로를 파괴하도록 우리에게 권한을 부여할 수 있는 그어떤 종속 관계도 우리들 사이에서는 상정될 수 없다. 모든 사람은 자신을 보존해야 하며, 고의로 자기 자리를 벗어나서는 안 된다. 따라서 비슷한 이유로, 자기 자신의 보존을 강구해야 하는 상황이 아닐 때 그는 그가 할 수 있는 만큼 나머지 인류를 보존해야 하며, 공격자에게 정당한 대응을 하려는 것이 아닌 한은 다른 사람의 생명 혹은 생명 보존에 이바지하는 것, 즉

---

17) 로크에게 있어 '자유'와 '방종'은 근본적으로 구분된다. 즉, 자유는 이성과 자연법의 범위 내에서 자유로운 상태를 뜻하는 반면 방종은 충동의 자유로운 구사를 가리킨다. 그러니까 방종은 정욕의 노예 상태라는 점에서 자유와 전혀 다르다.

자유나 건강, 신체, 재물을 제거하거나 손상해서는 안 된다.

7. 그리고 모든 인간이 타인의 권리를 침해하지 않고 서로를 해치는 일을 하지 않도록 제지를 받는 동시에 온 인류의 평화와 보존을 바라는 자연법이 준수되도록 하기 위해, 저 [자연] 상태에서 자연법의 집행은 모든 인간의 수중에 놓여 있다. 따라서 모두가 저 법의 위반자들을, 법 위반을 방지할 수 있을 정도로 처벌할 권리를 가진다. 자연법은, 이 세상에서 인간들에게 관계되는 다른 법률들이 그렇듯, 자연 상태에서 저 법을 집행할 권력을 가지고 그것으로 무고한 자들을 보호하며 위반자들을 제지할 자가 아무도 없다면 부질없는 것이 될 테니 말이다. 그리고 자연 상태에서 어느 한 사람이 다른 누군가가 저지른 어떤 해악에 대해서든지 그 사람을 처벌해도 된다면, 모두가 그래도 된다. 자연적으로[18] 한 사람이 다른 사람에 대해 아무런 우월성이나 관할권을 갖지 않는 저 완벽한 평등의 상태에서는 저 법의 실행 과정에서 누군가 해도 되는 일이라면, 모두가 그렇게 할 권리를 가져야 하기 때문이다.

8. 그리고 이런 식으로 자연 상태에서 한 인간은 다른 인간에 대해 권력을 얻는다. 그러나 그것은 범죄자를 수중에 붙잡

---

18) 여기서 쓰인 'naturally'는 '본성적으로'라고도 옮길 수 있지만, 앞서 언급했듯 'by Nature'와의 일관성을 고려하여 '자연적으로'를 번역어로 택한다. 이하 마찬가지.

앉을 때 격정적인 분노나 무한정 과도하게 발동되는 자기 자신의 의지에 따라 범죄자를 이용할 수 있는 절대적인 혹은 자의적인 권력[19]이 아니라, 그저 차분한 이성과 양심이 명하는 대로 그의 위반에 비례하는 만큼만, 즉 배상과 제지에 도움이 될 만큼만 그에게 보복을 가할 수 있는 권력이다. 왜냐하면 한 인간이 다른 인간에게 합법적으로 해를 가할 수 있는, 그러니까 우리가 처벌이라 부르는 바로 그것을 행할 수 있는 이유는 오직 이 둘뿐이기 때문이다. 자연법을 위반하면서 위반자는 자신이 공통된 이성과 공정성common Reason and Equity[20]이라는 규칙, 즉 하느님이 인간들 상호 간의 안전을 위해서 그들의 행위에 설정한 척도 말고 다른 규칙에 의해 살겠노라고 선언하며, 그리하여 인류에게 위험한 자가 된다. 그들을 위해와 폭력으로부터 안전하게 해주기 위한 것인 유대가 그에 의해 폄하되고 깨지니 말이다. 이는 그 종種 전체에 대한 침해요 자연법이 마련해 준 그 종 전체의 평화와 안전에 대한 침해이므로, 이런 이유로 해서 모든 인간은 그가 가진 인류 일반을 보존할 권리에 의해 그들에게 해로운 것들을 제지하거나 불가피한 경우 파괴

---

19) 왕당파와 토리는 '절대적인' 권력과 '자의적인' 권력은 다르다고 주장했다. 하지만 로크와 휘그는 그 둘의 차이를 무시했다. 우리의 자유가 권리가 아니라 군주의 기분이나 양보에 여전히 좌우된다는 점에서, 인자한 절대군주라 하더라도 원칙적으로 전제군주와 다를 바 없이 위험하고 해롭다는 것이다.

20) 라슬렛 편집본에서는 이 대목이 "이성과 공통된 공정성"reason and common Equity으로 표현되어 있다.

해도 되며, 그리하여 저 법을 위반한 누구에게든 해악을 가해도 된다. 그렇게 한 것을 후회하게 만들 만하고, 그럼으로써 그가 그리고 그를 본보기 삼아 다른 사람들이 비슷한 잘못을 저지르는 걸 단념하게 만들 만한 해악을 말이다. 그래서 이 경우에 그리고 이런 근거에 입각해서, 모든 인간은 위반자를 처벌하여 자연법의 집행자가 될 권리를 가진다.

9. 어떤 인간들에게는 이것이 아주 기이한 교설로 보이리라는 것을 나는 의심하지 않는다. 그러나 나는 그들이 그것을 비난하기 전에 나에게 다음을 해명해 주기를 바라 마지않는다. 어떤 군주나 국가State가 자기들의 나라Country에서 어떤 범죄를 저지른 외국인을 무슨 권리로 사형에 처하거나 처벌할 수 있는지를 말이다. 그들의 법률이 입법부의 공포된 의지로부터 그 어떤 재가를 받는다고 해도, 그것이 이방인에게까지 영향력을 미치지는 않음이 확실하다. 그런 법률은 그에게는 말을 하지 않으며, 설사 말을 한다 해도 그가 거기에 귀를 기울여야 하는 것 또한 아니다. 그런 법률이 저 국가의 신민들에 대해 위력을 갖게 만드는 입법부의 권위는 그에 대해 아무런 권력도 갖지 않는다. 잉글랜드, 프랑스 혹은 홀란드에서 법률을 만드는 최고 권력을 가진 자들도 인디언에게는 여타의 세상 사람들처럼 아무 권위가 없는 인간들일 뿐이다. 그러므로 자연법에 의해 모든 인간이 자연법 위반을, 해당 사안이 요구한다고 그가 냉철하게 판단하는 바에 따라 처벌할 권리를 갖지 않는다면, 어떤 공동체의 통치권자들이 어떻게 다른 나라에 속한 외국인을 처벌할 수 있는지 나는 알지 못한다. 왜냐하면 그에 관해서 그

들은 모든 인간이 자연적으로 다른 인간에 대해 가질 만한 것 이상의 아무런 권력도 가질 수 없기 때문이다.

10. 법을 어기고 이성의 올바른 지배로부터 벗어나는 범죄, 그럼으로써 인간이 그만큼 퇴보하게 되며 스스로 인간 본성의 원칙들을 저버리고 해로운 피조물이 되겠다고 선언하는 그런 범죄 말고도 통상 이런저런 사람[에게] 가해지는 위해가 있는데, 다른 누군가는 그의 침해에 의해 피해를 입게 된다. 그 경우에 어떤 피해라도 입은 자는 다른 인간들과 그에게 공통되는 처벌의 권리 외에, 피해를 입힌 자에게 배상을 청구할 특정한 권리를 가진다. 그리고 그것을 정당하다고 여기는 다른 어떤 사람 또한 위해를 당한 자와 손잡고 그가 입은 손해를 메꿀 만큼의 원상회복을 가해자로부터 받아 내는 데 도움을 주어도 된다.

11. 이 두 상이한 권리로부터, 그러니까 하나는 제지하기 위해 범죄를 처벌하고 유사한 위반을 예방할 권리 — 그런 처벌의 권리는 모든 사람에게 있다 — 요 다른 하나는 배상을 받을 권리 — 이것은 오직 피해 당사자에게만 속한다 — 인 이 두 상이한 권리로부터 다음과 같은 일이 발생한다. 즉, 통치권자라는 이유로 공통의 처벌 권리를 자기 수중에 가진 통치권자가 공공선이 그 법의 집행을 요구하지 않는 경우에 종종 자기 자신의 권위로 형사 범죄의 처벌을 면제해 줄 수 있지만, 어떤 사적인 인간에게 그가 입은 피해로 인해 의당 돌아가야 할 배상을 면제할 수는 없다. 그것[배상]은 피해를 당한 자가 자기 자신의 이름으로 요구할 권리를 가지며, 오직 그만이 면제할

수 있다. 피해 당사자는 자기 보존의 권리에 의해 가해자의 재물이나 노역을 자신의 것으로 전유專有할 이런 권력을 가진다. 마치 모든 인간이, 그가 가진 온 인류를 보존할 권리에 의해, 범죄가 다시 저질러지지 않도록 예방하고자 범죄를 처벌할 권력을 가지며, 그런 목적을 위해 자기가 할 수 있는 모든 합당한 일을 행할 권력을 가지는 것처럼 말이다. 그리고 바로 이런 식으로 자연 상태에서 모든 인간이 살인자를 죽일 권력을 가진다. 이는 다른 사람들이 유사한 위해, 즉 그것에 대해서는 아무런 배상도 보상이 될 수 없는 그런 위해를 가하는 것을 모든 사람이 유의하는 처벌의 본보기를 가지고 저지하기 위해서이자 인간들을 범죄자의 공격으로부터 안전하게 하기 위해서인데, 범죄자는 이성, 곧 하느님이 인류에게 준 공통의 규칙과 척도를 포기한 채 누군가에게 불의한 폭력과 살육을 저지름으로써 온 인류를 상대로 전쟁을 선포했고, 따라서 사자나 호랑이처럼 인간들이 함께 사회를 이룰 수도 없고 안전을 확보할 수도 없는 야생의 맹수 가운데 하나로 취급되어 죽임을 당해도 괜찮다. 그리고 인간의 피를 흘리게 하는 자는 누구든 인간에 의해 자기 피가 흘려지게 될 것[21]이라는 위대한 자연법이 바로 이것에 근거를 두고 있다. 그리하여 카인은 모든 사람이 그런 범죄자를 죽일 권리를 가진다는 것을 그토록 완벽히 확신하고 있었기에 자기 형제를 살해한 후에 외쳤다. "나를 만나게 되는 모든 사람이 나를 죽이려 할 것입니다"[22]라고 말이다. 그토록 명

---

21) 『창세기』 9장 6절을 인용한 것으로 보인다.

료하게 그것은 온 인류의 가슴속에 쓰여 있었다.

12. 동일한 이유로 인간은 자연 상태에서 저 [자연]법의 더 가벼운 위반들을 처벌해도 된다. 혹시 사형으로 처벌하겠다고 요구할 수도 있을까? 내 대답은, 각각의 위반은 가해자에게 나쁜 거래가 되고 그에게 후회할 이유를 제공하며 남들이 유사한 일을 하는 걸 두려워하게 만들기에 충분할 정도로, 그리고 그만큼의 가혹함으로 처벌해도 된다는 것이다.[23] 자연 상태에서 저질러질 수 있는 모든 위법 행위에 대해서는, 국가에서 그렇

---

22) 『창세기』 4장 14절을 출처로 한다.

23) 로크가 보기에, 자연 상태에서든 시민사회에서든 위법 행위를 한 범죄자는 반反이성적 존재, 곧 '인간이기를 포기한 자' 혹은 '인간성을 상실한 자'와 다름없다. 그런데 위반의 정도에 비례하는 처벌을 강조하는 그의 논의는, 자연 상태에서는 물론이고 시민사회에서도 범죄의 종류나 경중에 따라 인간(성)의 등급을 나누는 결과를 초래할 수 있다. 이를테면, 이성이 온전히 지배하여 아무런 위법 행위를 하지 않는 온전한 인간 아래로 각각 이성을 상실하여 그 상실의 정도만큼 위법 행위를 저지른 상대적으로 덜 인간적인 자들의 서열이 존재하며 그 가장 밑바닥은 인간이 아니라 사자나 호랑이 같은 야수나 해로운 짐승으로 간주(11절, 172절)되는 식으로 말이다. 이 점에 주목하면, 로크가 '인간' 및 '시민'의 범위에 일정한 제한을 두었다고 할 때 그 기준은 재산의 유무라기보다 오히려 범법의 여부였다는 해석이 가능하다. 한편, 다이애나 메이어스(Meyers 2014) 같은 연구자는 현대적 인권론이 가해자 및 피해자의 권리문제를 다룸에 있어 은연중 인간성의 등급을 나누는 경향이 있다고 지적하면서, 그 기원의 일단을 비이성적 행위에 대한 로크의 잔혹한 처벌 주장에서 찾기도 한다. 오늘날 사형제도 반대를 포함한 '가해자 인권' 논의의 견지에서 보면, 확실히 로크의 논의는 한계가 있다.

게 할 법한 대로, 자연 상태에서도 동등하게, 딱 그만큼 처벌해도 된다. 여기서 자연법의 세부 사항들이나 자연법의 처벌 척도들로 들어가는 것은 현재 나의 목적을 벗어나는 일이겠지만, 그럼에도 불구하고 그런 법이 존재한다는 것, 그것도 이성적 피조물과 저 법의 연구자에게는 국가들의 실정법만큼이나 알기 쉽고 명료한 것으로 존재한다는 점은 확실하기 때문이다. 아니, 어쩌면 더 명료한 것일지도 모른다. 상반되고 숨겨진 이해관계를 말로 표현해 놓고 따르는 인간들의 변덕과 복잡한 계략보다 이성이 더 쉽게 이해될 수 있는 만큼 말이다. 나라들의 국내법 대부분이 실로 그러하기 때문인데, 그런 국내법들은 자연법에 토대를 둔 바로 그만큼만 옳으며 자연법에 의해 규제되고 해석되어야 한다.

13. 이 기이한 교설, 즉 자연 상태에서 모든 사람은 자연법을 집행할 권력을 가진다는 교설에 대해 반론이 제기되리라는 것을 나는 의심하지 않는다. 인간들이 자기 자신의 사안에서 재판관이 된다는 것은 불합리하다든지, 자기애가 결국 인간들을 자신과 자신의 친구들에게 편파적이게 만들 것이라든지, 그리고 다른 한편으로는 나쁜 본성, 정념, 복수심이 그들로 하여금 남들을 너무 지나치게 처벌하도록 이끌 것이라든지, 그래서 혼란과 무질서만이 뒤따를 것이라든지, 따라서 하느님은 인간들의 편파성과 폭력성을 제지하기 위해 정부를 지명한 게 확실하다든지 하는 반론 말이다. 시민 정부가 자연 상태의 불편에 대한 적절한 구제책이라는 것을 나는 기꺼이 인정하는데, 자기 형제에게 위해를 가할 정도로 불의한 자가 그 일에 대해 자신

을 정죄할 정도로 정의롭기란 좀체 쉽지 않기 때문에 인간들이 자기 자신의 사안에서 재판관이 될 수 있는 상황에서는 그 불편이 확실히 클 것임이 틀림없다. 그러나 나는 이런 반론을 제기하는 자들이 절대군주가 그저 인간일 뿐임을 기억해 주길 바라 마지않는다. 또한 정부가 인간들이 자기 자신의 사안에 재판관이 되는 데서 불가피하게 따라 나오는 해악들에 대한 구제책이 될 수 있다면, 따라서 자연 상태가 참고 견뎌야 할 것이 아닐 수 있다면, 다중을 통솔하는 한 인간이 자기 자신의 사안에서 재판관이 될 자유를 가지고 있을뿐더러 그가 하고 싶어 하는 일을 집행하는 자들에 대해 최소한의 의심이나 제어도 하지 않은 채 자신이 하고 싶은 것은 무엇이든 신민들 모두에게 해도 무방한 상황에서는 저 정부가 어떤 종류의 정부이며 자연 상태보다 얼마나 더 나은 것인지 알고 싶은 마음이 굴뚝같다. 이성에 이끌려서건 과오 또는 정념에 이끌려서건 간에 그가 하는 일이라면 무엇이든지 복종해야 하는가? 자연 상태에서는 인간들이 서로에게 그렇게 해야 할 의무가 없다.[24) 그리고 재판하는 자가 자기 자신의 사안이나 다른 누군가의 사안

---

24) 이 부분의 원문은 "Which Men in the State of Nature are not bound to do one to another:"이다. 그런데 크라이스트 사본에는 해당 원문이 "Much better it is in the State of Nature wherein Men are not bound to submit to the unjust will of another:"로 되어 있고, 이를 번역하면 "인간들이 다른 사람의 부당한 의지에 굴복해야 할 의무가 없는 자연 상태에 있는 게 훨씬 더 낫다" 정도가 될 것이다. 따라서 크라이스트 사본을 따르는 라슬렛 편집본을 텍스트로 할 경우 이 부분의 번역이 다를 수 있다.

에서 잘못 재판하면, 그는 그것에 대해 여타 인류에게 책임을 져야 한다.

14. 그런 자연 상태하의 인간들이라는 게 대체 어디에 있는가, 아니, 한 번이라도 있었던 적이 있는가라는 물음이 강력한 반론으로 종종 제기된다. 거기에 대해서 현재로선 다음과 같이 말하는 것이, 즉 온 세상에 걸쳐 있는 독립적인 정부들의 모든 군주와 지배자가 자연 상태에 있으므로, 수많은 인간들이 저 상태에 있지 않은 세상은 결코 없었고 앞으로도 없을 것임이 명백하다고 말하는 것이 답변으로 충분할 것이다. 나는 다른 공동체들과 동맹을 맺고 있든 아니든 상관없이 독립적인 공동체들의 모든 통치자를 언급했다. 인간들 사이의 자연 상태를 종식하는 것은 모든 협약[25]이 아니라 하나의 공동체 안으로 들어가 하나의 정치체[26]를 만들기로 서로 함께 합의하는 이런 협약뿐이기 때문이다. 인간들이 서로 어울려 [이것과는] 다른 약속과 협약을 맺을 수도 있지만, 그래도 그들은 여전히 자연 상태에 있는 것이다. 가르실라소 데 라 베가[27]가 자신의 페루

---

25) 로크는 흔히 '사회계약'social contract 이론가로 불리지만, 사실 그는 '계약'이라는 단어를 잘 쓰지 않고 '협약'compact이라는 단어를 더 선호한다. '계약'은 81절에 처음 등장한다.

26) 여기서 사용된 'Body Politick'은 '정치적 몸'으로 옮길 수도 있는데, 전근대 정치사상에서는 이런 유기체 은유가 익숙했으며 정치적 몸의 기관들과 머리 간의 관계를 이해하는 여러 방식이 있었다.

27) 스페인 출신 정복자와 잉카인 사이에서 태어난 가르실라소 데 라 베가 Garcilasso de la Vega(1539~1616년)는 페루의 역사가이자 연대기 작가다.

역사에서 언급한 바 있는, 무인도에서 두 인간 사이에 맺어진 물물교환을 하자는 약속과 교섭 혹은 아메리카의 숲속에서 한 스위스인과 한 인디언 간에 맺어진 그런 약속과 교섭은, 그들이 완벽하게 자연 상태에 있다 하더라도, 그들에게 서로와 관련하여 구속력이 있다. 진실과 신뢰 지키기는 사회의 구성원으로서가 아니라 인간으로서의 인간에게 귀속되는 것이기에 그렇다.[28]

15. 자연 상태하의 인간들이란 결코 있었던 적이 없다고 말하는 사람들에 대해 나는 사려 깊은 후커의 권위를 맞세우는 데 머물지 않을 것이다. 『교회 정체의 법률들』 제1권 제10절에서 그는 "이제까지 언급된 법은" 그러니까 자연법은 "인간들을, 아무리 그들이 인간이라 해도, 절대적으로 구속한다. 비록 그들이 자기들 사이에 결코 어떤 확립된 유대감도 갖지 않고, 무엇을 해야 하며 무엇을 하지 말아야 하는지에 대한 어떤 엄숙한 합의도 갖지 않는다 하더라도 말이다. 이는 오히려 우리가 우리 자신만으로는 우리의 본성이 욕구하는 바와 같은 그

잉카제국의 역사와 문명, 스페인의 페루 정복사 등에 관한 저술을 남겼다.

28) 이 단락에서 로크는 자연 상태가 반反역사적이라고 비판하는 반론을 예상하며 거기에 대응하는 과정에서 그것이 '역사적'이기도 하다고 주장한다. 하지만 이런 주장이 먼 옛날 국가들이 수립되어 존재하기 이전 어느 시기에 자연 상태가 실제로 있었다는 의미라고 보긴 어렵다. 오히려 모든 절대군주정의 현실 또는 공통의 정부를 수립하는 아무런 협약도 체결되어 있지 않은 국제 관계 현실이 자연 상태와 다름없다는 의미에 가깝다.

런 삶, 즉 인간의 존엄성에 걸맞은 삶에 필요한 것들을 만족할 만한 양으로 우리 자신에게 마련해 주기에 충분하지 않기 때문에 그렇다. 따라서 홀로 그리고 순전히 우리 자신만의 힘으로 살아가는 자로서의 우리 안에 있는 저 결점과 결함을 보충하기 위해, 우리는 남들과의 교류와 유대감을 추구하게끔 자연적으로 유도된다. 이것이 바로 인간들이 애초에 정치사회에 스스로를 결속하는 원인이다"라고 말한다. 그러나 나는 더 나아가서 다음과 같이 단언한다. 모든 인간이 자연적으로 저 상태에 있으며, 자기 자신의 동의에 의해 자신을 어떤 정치사회의 구성원으로 만들 때까지 그런 상태에 머문다고 말이다. 그리고 이 담론의 이어지는 논의에서 그 점이 아주 분명해질 것임을 나는 의심하지 않는다.

3장
전쟁 상태에 대하여

16. 전쟁 상태는 적대와 파괴의 상태다. 그렇기 때문에 다른 인간의 생명을 해치려는, 격정적이고 성급한 속셈이 아니라 차분하게 확정된 속셈을 말이나 행동으로 표명하는 일은 그가 그런 의도를 표명한 상대방과의 전쟁 상태에 그를 몰아넣고, 그리하여 그의 생명을 다른 사람들의 권력에 노출시켜 그 상대방이 혹은 그 상대방을 방어하는 데 합류하여 상대방의 싸움을 거드는 누군가가 제거할 수 있게 한다. 나는 나를 파괴하겠다고 위협하는 자를 죽일 권리를 가져야 한다는 것은 합당하고 정당하다. 근본적인 자연법에 의해 인간은 가능한 한 많이 보존되어야 하므로 모두가 보존될 수 없을 때에는 무고한 자의 안전이 선호되어야 하기 때문이다. 그리고 사람은 자신에게 전쟁을 걸어오거나 자신의 존재에 적대를 표명한 인간이 있다면, 늑대나 사자를 죽여도 되는 것과 동일한 이유에서 그를 죽여도 된다. 그런 인간들은 공통된 이성의 법 아래 있지 않고 위력과 폭력의 규칙 외에는 다른 어떤 규칙도 갖고 있지 않으며, 따라서 그가 그들의 권력 범위 안에 있게 될 때면 그를 죽일 것이 너무도 확실한 그런 맹수들, 즉 위험하고 해로운 피조물들로 취급되어도 무방하다.

17. 그리고 다른 인간을 자신의 절대 권력 범위 안에 두고자 시도하는 자는 그럼으로써 자기 자신을 그와의 전쟁 상태에

몰아넣게 된다는 것도 이 때문이다. 그것은 그의 생명을 해치려는 속셈을 표명한 것으로 이해되어야 하니 말이다. 내 동의 없이 나를 자신의 권력 범위 안에 두려는 자는 나를 거기에 두게 되면 자기 하고 싶은 대로 나를 사용할 것이고, 마음이 내키면 나를 죽이기까지 할 것이기 때문이다. 그 누구도 나를 자신의 절대 권력 범위 안에 가지기를 바랄 수 없다. 그것이 내 자유의 권리에 반하는 것을 위력으로 내게 강제하는 경우, 즉 나를 노예로 만드는 경우가 아니라면 말이다. 그런 위력으로부터 자유롭다는 것이 나의 보존에 대한 유일한 보장이며, 이성은 그것에 울타리가 되는 저 자유를 빼앗으려 하는 자를 나의 보존에 대한 적으로 여길 것을 내게 명한다. 그렇기 때문에 나를 노예로 만들려고 시도하는 자는 그럼으로써 나와의 전쟁 상태로 자신을 몰아넣는 것이다. 자연 상태에서 그 상태에 있는 어느 누구에게나 속하는 자유를 빼앗으려 하는 자는 그 밖의 모든 것도 빼앗을 속셈을 가지고 있다고 필연적으로 간주될 수밖에 없다. 그 자유가 그 밖의 모든 것의 토대가 되기 때문이다. 이는 사회 상태에서 그 사회나 국가의 사람들에게 속하는 자유를 빼앗으려 하는 자가 그 밖의 모든 것도 그들에게서 빼앗을 속셈을 가지고 있다고 간주될 수밖에 없으며, 따라서 전쟁 상태에 있는 것으로 여겨질 수밖에 없는 것과 마찬가지다.

18. 이것은 어떤 인간이, 그에게 조금도 상처를 입히지 않았고 단지 위력을 사용하여 그의 돈이나 자기 마음에 드는 다른 것을 그에게서 빼앗는 정도로만 그를 자신의 권력 범위 안

에 두려고 한 것 이상으로는 그의 생명을 해치려는 어떤 속셈도 표명하지 않은 어떤 도둑을 죽이는 것을 합법적이게 만든다. 왜냐하면 아무 권리도 없는 상황에서 나를 자신의 권력 범위 안으로 들어가게 하려고 위력을 사용하면서 그가 내세운 구실이 자기 마음에 드는 무언가를 빼앗겠다는 것이라고 해도, 나로서는 나의 자유를 빼앗으려 하는 자가 정작 나를 자신의 권력 범위 안에 갖게 되었을 때 여타의 것도 다 빼앗지 않으리라고 생각할 이유가 전혀 없기 때문이다. 그렇기 때문에 내가 그를 나와의 전쟁 상태로 자신을 몰아넣은 자로 취급하는 것, 즉 할 수 있다면 그를 죽이는 것은 합법적이다. 전쟁 상태를 끌어들여 그 상태에서 공격자가 되는 자는 누구든 저 위험에 자신을 노출시키는 것이라 하는 게 마땅하니 말이다.

19. 그리고 여기서 우리는 자연 상태와 전쟁 상태 간의 명료한 차이를 알게 된다. 어떤 인간들[29]은 그 차이를 혼동하기도 했지만, 그 둘은 마치 평화, 선의, 상호 원조 및 보존의 상태

---

29) 로크 연구자들은 대부분 여기서 로크가 홉스 및 홉스의 추종자들을 염두에 두었으리라고 본다. 이 책 전체에 걸쳐 로크는 홉스를 단 한 차례도 직접 인용하지 않지만, 그가 홉스의 『리바이어던』을 읽었을 뿐만 아니라 그로부터 상당한 영향을 받았다는 증거가 다수 존재한다. 이를테면 로크는 『리바이어던』의 초판을 소장하고 있었고, 1658년부터 1667년 사이에 홉스와 『리바이어던』에 관한 자신의 생각을 동료들에게 편지를 통해서든 구두로든 여러 차례 밝혔다는 기록이 있다. 이에 관한 상세한 내용은 존 해리슨과 피터 라슬렛(Harrison & Laslett 1971), 제프리 콜린스(Collins 2020), 왈더만 펠릭스(Felix 2021) 등을 참조할 수 있다.

와 적대, 악의, 폭력 및 상호 파괴의 상태가 서로 간에 그런 것만큼이나 멀리 떨어져 있다. 인간들이 그들 사이에서 판결을 내려 줄 권위를 가진 공통의 상급자를 지상에 갖지 않은 채 이성에 따라 함께 사는 것은 마땅히 자연 상태다. 그러나 지상에 구제를 위해 소를 제기할[30] 그 어떤 공통의 상급자도 없는 상황에서 다른 사람의 인신에 위력을 행사하거나 혹은 위력을 행사하겠다는 속셈을 표명하는 것은 전쟁 상태다. 그리고 이처럼 소를 제기할 데가 없음으로 해서 인간은, 심지어 공격자가 사회 안에 있는 동료 신민이라 해도, 그 공격자에게 대항할 전쟁의 권리를 부여받는 것이다. 따라서 나는 내가 가진 모든 것을 훔쳐 갔다는 이유로 어떤 도둑에게 해를 가할 수는 없고 단지 법에 호소할 수 있을 뿐이지만, 그가 그저 나의 말이나 외투를 빼앗겠다고 나를 공격할 때는 그를 죽여도 된다. 왜냐하면 나의 보존을 위해 만들어진 법은, 잃게 되면 아무런 배상도 있을 수 없는 나의 생명을 당면한 위력으로부터 보호하기 위해 개입할 수 없는 상황일 때, 나에게 나 자신의 방어와 전쟁의 권리, 즉 공격자를 죽일 자유를 허용하기 때문이다. 그가 저지른 악행에 대한 배상이 불가능할 수도 있는 사안에서 그 공격자는 우리의 공통된 재판관에게든 법의 결정에든 구제책을 얻기 위해 소를 제기할 시간 여유를 허용하지 않으니 말이다. 권위를

---

30) 여기에 사용된 단어 'appeal'은 일반적으로 '호소하다', '간청하다'의 의미로 이해할 수 있지만, 법적인 다툼 또는 권리 회복의 맥락을 살리기 위해 아래에서 대부분 '소를 제기하다'로 옮긴다. 하지만 '호소하다'로 읽는 것이 더 자연스러운 맥락에서는 그렇게 옮기기로 한다.

가진 공통된 재판관의 결여는 모든 인간을 자연 상태에 처하게 하며, 권리 없이 어떤 인간의 인신에 위력을 행사하는 것은 공통된 재판관이 있는 상황에서든 없는 상황에서든 전쟁 상태를 낳는다.

20. 그러나 실제적인 위력 행사가 끝나면, 사회 안에 있으며 양편이 모두 똑같이 법의 공정한 결정을 받아들이는 자들 사이에서는 전쟁 상태가 종료된다. 그때 거기서는 과거의 위해에 대해 소를 제기할 수 있고 미래의 폐해를 막을 수 있는 구제책이 열려 있기 때문이다. 그러나 자연 상태에서처럼 소를 제기할 만한 실정법들과 권위를 가진 재판관들이 결여된 탓에 그런 소를 제기할 데가 전혀 없는 곳에서는, 전쟁 상태가 일단 시작되면 무고한 쪽이 언제든 할 수 있을 때마다 다른 쪽을 파괴할 권리를 가진 채 지속된다. 공격자가 평화를 제안하고, 자신이 이미 저지른 어떤 잘못에 대해서든 배상하며 무고한 자의 향후 안전을 보장하겠다는 그런 조건으로 화해를 바랄 때까지 말이다. 반면에, 법과 구성되어 있는 재판관들에게 소를 제기할 길이 열려 있긴 하지만, 일부 인간들 혹은 인간들의 파당이 저지른 폭력이나 위해를 보호 또는 면책하기 위해 정의를 명시적으로 왜곡하고 법률을 뻔뻔스럽게 곡해함으로써 그 구제책이 부인되는 곳, 바로 그곳에서는 전쟁 상태 말고는 그 어떤 것도 상상하기가 실로 어렵다. 어디든 폭력이 사용되고 위해가 가해지는 곳에서 그것은, 비록 정의를 집행하도록 임명된 자들이 한 일이라고 해도, 여전히 폭력이요 위해이기 때문이다. 제아무리 법의 이름으로, 법을 구실 삼아, 혹은 법의 형태로 채

색된다 할지라도, 법의 목적은 법 아래 있는 자들 모두에게 편견 없이 법을 적용함으로써 무고한 자를 보호하고 보상해 주는 것이니 말이다. 어디든 그런 일이 진정성 있게 행해지지 않는 곳에서는, 자신들의 권리를 회복시켜 달라고 소를 제기할 데가 지상에 전혀 없어서 고통당하는 자들에게 전쟁이 일어난다. 그들에게는 이런 경우에 유일한 구제책인 하늘에 소를 제기하는 길만이 남아 있으니 말이다.

21. 이런 전쟁 상태(하늘에 말고는 소를 제기할 데가 전혀 없는 상태요, 다투는 자들 사이에서 결정을 내려 줄 아무런 권위가 없는 곳에서는 모든 불화가 아무리 작은 것이라 해도 쉽게 도달하게 되는 상태인)를 피하려는 것이 인간들이 자신을 사회 안으로 들어가게 하며 자연 상태를 떠나는 하나의 중대한 이유다. 소를 제기함으로써 구제를 얻을 수 있게 하는 권위, 즉 지상의 권력이 있는 곳에서는 전쟁 상태의 지속이 차단되고 논란이 저 권력에 의해 해결되기 때문이다. 입다[31]와 암몬족 사이에서 옳음을 결정해 줄 어떤 법정, 즉 상위의 어떤 관할권이 지상에 있었더라면 그들은 결코 전쟁 상태에 들어가지 않았을 테지만, 우리는 그가 하늘에 소를 제기할 수밖에 없었다는 걸 안다. (그는 말한다.) "재판관인 주께서 오늘 이스라엘 자손들과 암몬 자손들 사이에서

---

31) 구약 성서 『사사기』에 등장하는 입다는 이스라엘을 위해 암몬족과의 전쟁에 개입하여 그들을 상대로 승리를 거둔 바 있다. 1688년 이후 잉글랜드의 설교자들은 종종 입다와 윌리엄 3세를 평행선상에 놓고 유사점을 끌어내곤 했다.

재판관이 되어 주시리라"(『사사기』 11.27). 그러고 나서 자신이 제기한 소를 실행하고 그것에 기대면서 그는 군대를 이끌고 전투로 나아간다. 그렇기 때문에 누가 재판관이 될 것인가라는 질문이 제기되는 그런 논란에서 그 질문은 누가 논란을 해결할 것인가를 의미하는 것일 리가 없다. 입다가 여기서 우리에게 말하는 것이 재판관인 주께서 재판하리라는 것임을 모든 사람이 안다. 지상에 재판관이 아무도 없는 상황에서 소의 제기는 하늘에 있는 하느님에게 하는 것이다. 그렇다면 그 질문은 다른 사람이 자기 자신을 나와의 전쟁 상태에 몰아넣었는지, 또 입다가 그랬듯 내가 전쟁 상태에서 하늘에 소를 제기해도 되는지 여부를 누가 재판할 것인가 하는 의미일 리가 없다. 그 질문에 대해서는 오로지 나 자신만이 나 자신의 양심에 따른 재판관일 수 있다. 최후의 심판 날에 내가 모든 인간의 최고 재판관에게 그 질문에 대해 답변하게 될 것처럼 말이다.

4장
노예 상태에 대하여

22. 인간의 자연적 자유란 지상의 그 어떤 상위 권력으로부터도 자유로운 것이며 인간의 의지나 입법적 권위 아래 있지 않고 오로지 자연법만을 자기 규칙으로 가지는 것이다. 사회 안에서 인간의 자유란 동의에 의해 국가에 확립되어 있는 것 외에 그 어떤 다른 입법 권력 아래 있지 않으며, 입법부가 자신에게 주어진 신탁에 따라 제정하게 될 것 외에는 그 어떤 의지의 지배권이나 그 어떤 법의 제재 아래 있지도 않는 것이다. 그렇다면 자유는 로버트 필머 경이 『아리스토텔레스 정치학에 대한 관찰』 55쪽에서 우리에게 말하는 것, 즉 "모든 사람이 자기가 하고 싶은 것을 하고 살고 싶은 대로 살며 어떤 법률에 의해서도 구속되지 않을 자유"가 아니다. 오히려 정부 아래에서 인간의 자유란 그 사회의 모든 사람에게 공통되며 그 사회 안에 세워진 입법 권력이 만든 상시적 규칙을 갖고 그것에 의거하여 사는 것이다. 규칙이 규정하지 않는 모든 사안들에서는 나 자신의 의지를 따를 자유, 다른 인간의 불안정하고 불확실하며 알려지지 않은 자의적인 의지에 종속되지 않을 자유다. 자연의 자유가 자연법 외에는 다른 아무런 제재 아래도 있지 않은 것이듯 말이다.

23. 절대적·자의적 권력으로부터의 이런 자유는 한 인간의 보존에 아주 필수적인 것이자 그것과 긴밀히 결부되어 있는

것이어서 그는 그의 보존과 생명을 함께 박탈당하게 하는 것에 의해서가 아니면 그것과 떨어질 수가 없다. 인간은 자기 자신의 생명에 대한 권력을 갖고 있지 않기에 협약이나 자기 자신의 동의에 의해 누구에게든 자신을 노예가 되게 만들 수 없으며, 자신을 다른 사람의 절대적·자의적 권력 아래 두어 그 사람이 하고 싶을 때 자기 생명을 빼앗게 할 수도 없다. 아무도 자신이 가진 것보다 더 큰 권력을 줄 수 없으며, 자기 자신의 생명을 제거할 수 없는 자는 다른 사람에게 그것에 대한 권력을 줄 수도 없다. 정녕 자기 실수로 죽어 마땅한 어떤 행동을 함으로써 자기 자신의 생명을 박탈당했는데, 그가 그것을 누군가에게 박탈당했다고 할 때의 그 누군가는 (그를 자기 권력 범위 안에 갖게 될 때) 그의 생명을 취하기를 연기하고 그를 자기 자신에게 봉사하게끔 사용할 수 있으며, 그럼으로써 그에게 아무런 위해도 가하는 것이 아니다. 노예 노릇 하는 고생이 자기 생명의 가치를 상회한다고 그가 발견할 때마다 자기 주인의 의지에 저항함으로써 그가 바라는 죽음을 이끌어 내는 것은 그의 권력 범위 안에 있기 때문이다.

24. 이것은 노예 상태의 완벽한 조건인데, 이는 합법적인 정복자와 포로 간에 전쟁 상태가 지속되는 것과 다름없다. 그들 사이에 일단 협약이 시작되어 한쪽은 제한된 권력 그리고 다른 쪽은 복종이라는 합의를 만들어 내면, 전쟁 상태와 노예 상태는 그 협약이 지속되는 한 종료되기 때문이다. 이미 말했듯이 어떤 인간도 그가 자신 안에 갖고 있지 않은 것, 즉 자기 자신의 생명에 대한 권력을 합의에 의해 다른 사람에게 넘겨

줄 수 없으니 말이다.

　인간들이 자신을 팔았다는 것을 다른 민족들Nations뿐만 아니라 유대인들 사이에서도 우리가 발견한다는 걸 나는 인정한다. 그러나 이것은 단지 고된 일을 해야 하는 것이었을 뿐, 노예 노릇을 해야 하는 게 아니었음이 명백하다. 팔린 사람이 절대적·자의적·전제적 권력 아래 있지 않았던 게 분명하니 말이다. 주인은 특정한 때가 되면 자기에 대한 봉사로부터 벗어나 자유롭게 갈 수 있도록 놓아 주어야 하는 자를 아무 때나 죽일 권력을 가질 수 없었으며, 이런 종의 주인은 그의 생명에 대한 자의적 권력을 가지는 것과는 아주 거리가 멀어서 자기 마음대로 그에게 상해를 입힐 수조차 없었고, 오히려 눈이나 이를 잃게 되면 그를 자유로이 풀어 주었다(『출애굽기』 21).

5장
소유에 대하여

25. 인간들은 일단 태어나면 자기 보존에 대한 권리를 가지며, 따라서 고기와 음료 그리고 자연이 그들의 생존을 위해 제공하는 여타의 것들에 대한 권리를 가진다고 우리에게 말해 주는 자연적 이성을 고려하든, 아니면 하느님이 아담과 노아 및 그의 아들들에게 세상을 하사했다는 이야기를 우리에게 전달하는 계시를 고려하든 간에, 다윗 왕이 『시편』115장 16절에서 말하듯 하느님이 땅을 인간의 자손들에게 주었다는 것, 그것을 인류에게 공동으로 주었다는 것은 아주 분명하다. 그러나 이렇게 가정하면, 누군가가 대체 어떻게 어떤 사물에 소유[권][32]를 가지게 되는가가 어떤 사람들에게는 아주 큰 난제

---

32) 옥스퍼드 영어 사전에서 'property'는 기본적으로 "어떤 사람 또는 사람들에 의해 소유되어 있거나 그(들)에게 속해 있는 상태"를 뜻하며, 이로부터 어떤 것을 소유하고 있다는 사실, 무언가를 자기 자신의 것으로 갖고 있음, (통상적으로 유형의 물질적인) 어떤 것을 보유하거나 사용하거나 혹은 처분할 수 있는 권리(특히 배타적인 권리), 소유권ownership/proprietorship 등의 의미가 따라 나온다. 17세기에 그것은 "한 인간이 결코 다른 사람(들)의 은총에 의존하지 않고 어떤 것에 대해 가지거나 가질 수 있는 최고의 권리"를 뜻하는 말로 사용되었다는 기록이 있는데, 로크의 『첫 번째 논고』도 그런 용례를 보여 주는 텍스트 중 하나로 언급된다. 'property'의 한글 번역어로는 대개 '재산'이 선택되지만 이 책에서 그것을 '소유'로 옮기는 까닭은 우리말 '재산'이, "금전적 가치를 지니는 재화와 자산", "동산, 부동산 따위 금전적 가치가 있는 모든 것"이라는

로 보인다. 나는 다음과 같이 대답하는 것만으로 나 자신을 만족시키려 하지 않을 것이다. 하느님이 세상을 아담과 그의 후손에게 공동으로 주었다는 가정에 입각해서 소유를 이해하기가 어렵다고 한다면, 하느님이 세상을 아담과 그의 직계 상속자들에게만 주고 나머지 후손은 모두 제외했다는 가정에 입각해서는 보편적인 군주 한 사람을 뺀 누군가가 어떤 소유[권]라도 가진다는 것이 불가능하다는 대답 말이다. 그러나 나는 인간들이 어떻게 하느님이 인류에게 공동으로 준 것의 여러 부분들에 소유[권]를 가지게 되었을지, 그것도 모든 공유자들Commoners[33])의 그 어떤 명시적인 협약 없이 가지게 되었을지 보여주려 노력하겠다.

26. 세상을 인간들에게 공동으로 준 하느님은 삶의 최신

그 사전적 의미가 말해 주듯이, 어떤 것을 자기 것으로 가지고 있는 상태나 그럴 권리보다는 자기 것으로 가지고 있는 사물 자체를 떠올리게 하는 경우가 많기 때문이다. 로크의 논의에서 어떤 사람이 가지고 있는 유형의 사물을 지칭할 때는 '자산'estates, '재물'goods, '소유물'Possessions 등의 단어가 주로 사용되며, 'property'는 사물 그 자체보다 '가지고 있음' 또는 '가지는/가질 권리'의 의미에 더 가깝다. 물론 우리말 '소유'도 그런 'property'의 의미에 딱 들어맞는 번역어라고 자신하기 어렵고 또 맥락에 따라 번역어의 일관성을 지키기에 어색한 대목도 있지만, 전체적으로 그런 차이를 의식한다는 차원에서 'property'의 주된 번역어는 가급적 '소유'로 통일했다. 로크 당대 상황에서도 그렇고 또 로크 자신의 맥락에서도 '소유'는 대부분 '권리'의 의미를 함축하지만, 'ownership'과의 혼동을 피하기 위해 '소유권'으로 옮기지는 않는다. 다만, 맥락상 필요할 경우 '소유(권)'로 표시한다.

의 혜택과 편익을 위해 그것을 이용할 이성 또한 그들에게 주었다. 땅과 그 안에 있는 모든 것이 인간들에게 그들의 존재를 부양하고 안락하게 해주기 위해 주어졌다. 그리고 땅이 자연적으로 산출하는 모든 과실과 땅이 길러 내는 짐승들은 자연의 손에 의해 저절로 산출되는 것들이기에 인류에게 공동으로 속한다. 그것들이 그렇게 자연적인 상태에 있기에, 애초에 그중 어떤 것에 대해서든 여타 인류를 배제하는 사적인 지배권을 가지는 사람은 아무도 없다. 하지만 인간들이 사용하도록 주어진 것이므로, 그것들이 어떤 특정 인간에게 뭔가 쓸모 있게 되거나 조금이라도 이롭게 될 수 있으려면 먼저 이러저러한 방식으로 그것들을 전유할 수단이 반드시 있어야만 한다. 울타리 치기를 전혀 모르고 여전히 공동으로 주어진 것을 빌려 쓰며 사는 야생의 인디언에게 양분을 제공하는 과실이나 사슴 고기가 그의 삶을 지탱하는 데 조금이라도 도움이 될 수 있으려면 먼저 그의 것이 되어야 한다. 그러니까 다른 사람은 더 이상 그것에 대해 아무런 권리를 가질 수 없는 그의 것, 즉 그의 일부인 그의 것이 되어야 한다.

33) 여기서 로크가 말하는 '공유자들'이란 "하느님이 인류에게 공동으로 준 것"에 대한 접근 및 이용의 권리를 공유하는 사람들을 뜻한다. 즉, 이때 '공유'는 오늘날 우리가 이해하는 '공동 소유(권)'의 의미와는 다소 차이가 있다. 로크의 시대에는 토지를 사적 구역으로 분할하는 인클로저 운동에 맞서 농촌의 들판과 삼림지에 대한 공동 권리 또는 공동체의 권리를 보존하려는 장기간의 투쟁이 있었다.

27. 비록 땅과 모든 하등의 피조물들이 모든 인간에게 공통적인 것이지만, 그럼에도 불구하고 모든 인간은 자기 자신의 인신에 소유[권]가 있다. 그 자신 말고는 어느 누구도 이것에 대해 어떤 권리도 갖지 않는다. 그의 몸의 노동과 그의 손의 작업은 마땅히 그의 것이라고 우리는 말해도 된다. 그렇다면 무엇이든 자연이 제공해서 그 안에 남겨 둔 것에 그가 자기 노동을 섞고 자기 자신의 것인 무언가를 결합하여 그 상태로부터 떼어내면, 그럼으로써 그는 그것을 자신의 소유로 만들게 된다. 그것은 그에 의해서 자연이 그것을 놓아 둔 공동의 상태로부터 떨어져 나왔기에 이 노동에 의해 덧붙여진 뭔가를 가지게 되며, 그 덧붙여진 뭔가가 다른 인간들의 공동 권리를 배제한다. 이 노동은 의문의 여지 없는 그 노동자의 소유이므로, 노동이 일단 결합된 것에 대해서는, 적어도 다른 사람들을 위해 충분히 그리고 똑같이 좋은 것이 공유물로 남아 있는 한, 그 사람 말고 어떤 인간도 권리를 가질 수 없기 때문이다.

28. 참나무 아래에서 자기가 주운 도토리로, 혹은 숲속의 나무들에서 자기가 따 모은 사과로 영양을 공급받는 자는 확실히 그것들을 혼자서 전유한 것이다. 그런 양식이 그의 것임은 누구도 부인할 수 없다. 그렇다면 나는 묻는다. 그것들이 그의 것이 되기 시작한 게 언제인가? 그가 소화했을 때인가? 아니면 그가 먹을 때인가? 아니면 그가 삶았을 때인가? 아니면 그가 그것들을 집에 가져왔을 때인가? 아니면 그가 그것들을 주웠을 때인가? 그런데 처음 모으는 일이 그것들을 그의 것으로 만든 게 아니라면 그 밖에 다른 어떤 것도 그렇게 할 수 없었을

것임이 명료하다. 그 노동이 그것들과 공유물 사이에 구분을 지어 주었고, 만물의 공통된 어머니인 자연이 행한 것 이상의 뭔가를 그것들에 추가했으며, 그리하여 그것들은 그의 사적인 권리가 된 것이다. 그런데 그가 그런 식으로 전유한 그 도토리나 사과를 자기 것으로 만드는 데 대해 온 인류의 동의를 받지 않았기 때문에 그는 그것들에 대해 아무런 권리도 없었다고 어느 누가 말을 하겠는가? 모두에게 공동으로 속한 것을 그렇게 자기 것으로 삼는 일은 도둑질이었던가? 그런 동의가 필수적이었다면 하느님이 충분한 양을 주었음에도 불구하고 인간은 진작에 굶어 죽었을 것이다. 협약에 의해 남아 있는 공유물들에서 소유[권]를 시작시키는[34) 것은 공유인 것의 어떤 부분을 취하여 그것을 자연이 남겨 둔 그 상태로부터 떼어내는 일임을 우리는 본다. 그런 일이 없다면 공유물은 아무 쓸모가 없다. 그리고 이 부분 혹은 저 부분을 취하는 일은 공유자들 모두의 명시적인 동의에 의존하지 않는다. 따라서 내 말이 뜯어먹은 풀, 내 종이 잘라 낸 뗏장, 내가 남들과 공동으로 그렇게 할 권리를 가진 어떤 장소에서 내가 캐낸 광석은 어느 누구의 양도나 동의 없이도 내 소유가 된다. 내 것인 노동은 그것들이

---

34) '시작되다'의 짝으로 흔히 '시작하다'를 쓰는 우리말 어법만 고려하면, 여기서 "소유[권]를 시작시키는"으로 옮긴 "which begins the Property"는 사실 "소유[권]를 시작하는"으로 옮길 수도 있다. 그러나 이 맥락에 담긴 '소유(권)가 시작되게 하다'라는 의미를 좀 더 강조하기 위해 '시작되다'의 사역 표현용 짝으로 '시작하다' 대신 '시작시키다'를 도입하기로 한다.

있던 저 공유 상태로부터 그것들을 떼어냄으로써 그것들에 내 소유[권]를 확정한다.

29. 어떤 사람들이 공유로 주어진 것의 어떤 부분을 자기 것으로 전유하는 데 모든 공유자의 명시적 동의가 필수적이라고 만들어 놓으면, 자녀나 종들은 아버지나 주인이 각자에게 돌아갈 특정 부분을 할당해 주지 않은 채 그들에게 공동으로 제공한 고기를 자를 수가 없을 것이다. 샘에 흐르는 물이 모든 사람의 것이지만, 그렇다고 단지에 들어 있는 물이 오로지 그것을 길어 낸 그 사람만의 것임을 누가 부인할 수 있겠는가? 그의 노동이 그 물을 자연의 수중에서, 즉 그것이 자연의 모든 자손에게 공유였고 동등하게 속했던 그런 자연의 수중에서 꺼냈고, 그럼으로써 그것을 자기 것으로 전유했던 것이다.

30. 따라서 이런 이성의 법은 사슴을, 그것을 죽인 저 인디언의 것으로 만든다. 이전에는 그것이 모든 사람의 공동 권리였지만, 그것에 자기 노동을 투여한 그 사람의 재물이 되는 게 허용된 것이다. 그리고 인류의 문명화된 부분으로 간주되는 사람들, 즉 소유를 결정하기 위한 실정법들을 만들고 늘려 온 사람들 사이에서도, 이전에 공유였던 것에서 소유[권]를 시작시키기 위한 이 원초적 자연법은 여전히 제 역할을 한다. 그리고 그것 덕택에, 저 크고 여전히 인류의 공유물로 남아 있는 바다에서 누군가가 잡는 물고기 혹은 거기서 누군가가 건지는 용연향龍涎香[35]은, 자연이 그것을 남겨 둔 저 공유 상태로부터 그것을 떼어내는 바로 그 노동에 의해서, 그것을 두고 그런 수고를

들이는 그 사람의 소유로 만들어진다. 그리고 심지어 우리 사이에서도, 누군가가 사냥하고 있는 토끼는 사냥을 하는 동안 그 토끼를 쫓아다니는 그 사람의 것으로 여긴다. 여전히 공유물로 간주되는 짐승이고 그 어떤 인간의 사적 소유물도 아니지만, 그런 유의 무언가에 관한 노동, 즉 토끼를 발견하고 쫓는 정도의 노동을 투여한 사람은 누구든 그럼으로써 그것이 공유였던 자연 상태로부터 그것을 떼어내어 소유[권]를 시작시켰기 때문이다.

31. 이에 대해 아마도 다음과 같은 반론이 제기될 수 있을 것이다. 도토리나 땅의 다른 과실 따위를 모으는 것이 그들에게 권리를 만들어 준다면, 누구든 자기가 바라는 만큼 독점해도 무방하리라는 반론 말이다. 거기에 대해 나는 그렇지 않다고 답변한다. 이런 수단으로 우리에게 소유를 주는 동일한 자연법이 또한 그 소유를 제한하기도 한다. "하느님은 우리에게 모든 것들을 풍성히 주었다"(『디모데전서』 6.12[36])라는 말은 영

---

35) 향유고래의 소화기관에서 생성되는 토사물로서 윤기 없는 거무스름한 덩어리인 용연향ambergris은 갓 만들어졌을 때에는 악취가 나지만 바다 여기저기를 떠다니며 바닷물과 햇빛에 노출되면 은은한 향기를 갖게 된다. 이 덩어리를 알코올에 녹이면 향료가 되는데, 독립적으로 쓰이기보다는 다른 향의 지속 시간을 늘리는 고정제로 주로 쓰였지만, 그나마도 지금은 인공 합성물로 대체되었다고 한다. 용연향이 향유고래를 통해 만들어지는 것이라는 사실은 1783년 무렵에야 밝혀졌다고 하니, 이 책을 집필하던 당시 로크는 그것을 바다에서 나는 향료의 원료 정도로 알고 있었을 가능성이 크다.

감에 의해 확인된 이성의 목소리다. 하지만 그가 그것을 어느 정도까지 우리에게 주었는가? 즐길 정도로 주었다. 누구든 그 것이 썩기 전에 삶에 혜택이 되도록 사용할 수 있는 만큼, 자기 노동으로 소유[권]를 확정할 수 있을 만큼 주었다. 이 정도를 넘어서는 것은 무엇이든 그의 몫보다 많으며 다른 사람들에게 속한다. 하느님은 인간이 썩히거나 파괴하라고는 그 어떤 것도 만들지 않았다. 그렇기 때문에 오랫동안 세상에 자연이 제공하는 식량이 많았고 쓰는 자는 적었다는 점을 감안하면, 그리고 저 식량의 얼마나 작은 부분에까지 한 사람의 근면이 뻗쳐서 다른 사람들에게 피해가 갈 정도로 그것을 독점할 수 있을지, 특히 그의 용도에 이바지할 만한 것에 대해 이성이 설정한 한계 내에 머물면서 그가 얼마나 그럴 수 있을지를 감안하면, 그렇게 확립된 소유를 놓고 싸움이나 다툼이 일어날 여지는 거의 없었을 것이다.

32. 그러나 지금은 소유의 주된 문제가 땅의 과실들과 땅 위에서 살아가는 짐승들이 아니라 땅 그 자체, 나머지 전부를 받아들여서 짊어지는 것으로서의 땅 그 자체다. 나는 땅에 있어서의 소유 역시 앞의 것과 마찬가지로 얻어지는 것이 명료하다고 생각한다. 한 인간이 갈고 심고 개량하고 재배하여 그 산물을 사용할 수 있는 만큼의 토지, 딱 그만큼이 그 사람의 소유다.[37] 자기 노동에 의해 그는 공유지로부터 그것에, 말하자

36) 원문에 12절로 되어 있지만, 실제로 이 구절은 17절에 나온다.

면, 울타리를 친다. 다른 모든 사람이 그것에 대한 동등한 자격을 가지며, 따라서 그는 동료 공유자들 모두의, 그러니까 온 인류의 동의 없이는 전유할 수 없다고, 즉 울타리를 칠 수 없다고 말한다고 해서 그의 권리를 무효로 만들지도 못한다. 세상을 온 인류에게 공동으로 주면서 하느님은 또한 인간에게 노동하라고 명했으며, 자신의 가난한 형편 때문에 인간은 노동을 할 수밖에 없었다. 하느님과 인간의 이성은 인간에게 땅을 정복하라고,[38] 즉 삶의 유익을 위해 땅을 개량하고 그러는 가운데 자기 자신의 것인 뭔가를, 즉 그의 노동을 거기에다 펼쳐 놓으라고 명했다. 하느님의 이 명령에 복종하여 땅의 어떤 부분이든 정복하고 갈고 씨를 뿌린 자는 그럼으로써 거기에 그의 소유인 뭔가를 덧붙였는데, 그것에 대해서는 다른 사람이 아무런 자격을 갖지 못하며 위해를 가하지 않고는 그에게서 그것을 가져갈 수도 없다.

33. 토지를 개량함으로써 일정한 구획을 이렇게 전유하는 것이 다른 인간에게 어떤 피해를 주는 것도 아니었다. 충분히

37) 토지 소유를 발생시키는 노동을 농업 노동으로 한정하는 듯이 보이는 이 절 이하의 논의는 로크의 정치사상을 잉글랜드의 식민주의와 결부하는 논자들이 주요한 근거로 활용하는 대목이다. '울타리 치기'와 '개간' 및 '경작'에 초점을 맞추는 로크의 토지 소유(권) 논변은 채취와 수렵 노동 위주로 토지가 사용되는 아메리카를 '빈 땅' 내지 '황무지'로 여기게 만들고, 그럼으로써 아메리카 원주민의 토지 소유권을 부정하는 한편 잉글랜드인들의 무자비한 식민지 개척을 장려 내지 옹호했다는 것이다.
38) 『창세기』 1장 28절에서 인용한 것으로 보인다.

그리고 똑같이 좋은 것이 여전히 남아 있었고, 그것도 아직 제 공받지 못한 자가 사용할 수 있는 것보다 많이 남아 있었기 때문 이다. 그러니 자신을 위해 그가 울타리를 쳤다고 해서 남들에게 조금이라도 덜 남아 있는 건 사실상 전혀 아니었다. 다른 사람 이 사용할 수 있을 만큼 남겨 두는 자는 아예 아무것도 가져가 지 않는 것이나 진배없기 때문이다. 어느 누구도 다른 인간이 물을 한 통 가득 퍼마셨다고 해서 자신이 위해를 입었다고 생 각할 수 없을 것이다. 자신의 갈증을 채워 줄 똑같은 물이 있는 강 전체가 그에게 남아 있다면 말이다. 그리고 토지의 경우와 물의 경우는, 둘 다가 충분히 있는 곳에서는, 완전히 동일하다.

34. 하느님은 세상을 인간들에게 공동으로 주었다. 그러나 그는 그것을 그들의 유익을 위해, 그리고 그들이 그것에서 이 끌어 낼 수 있는 최대한의 삶의 편익을 위해 주었기에 그것이 언제나 공유 상태로, 개간되지 않은 채 남아 있기를 의도했다 고는 생각할 수 없다. 그는 그것을 싸움질하고 다투기 좋아하 는 자들이 변덕과 탐욕을 부리도록 준 것이 아니라 근면하고 합리적인 자들이 사용하도록 주었(고, 노동이 향후 그것에 대한 그 의 자격이 된)다. 다른 사람이 이미 차지한 것만큼이나 좋은 땅 이 남아 있어서 자기가 개량하기 위해 가지는 자는 불평할 필 요가 없으며 다른 사람의 노동으로 이미 개량된 것에 손을 대 서는 안 된다. 만일 그랬다면, 그는 하느님이 노동을 가하라고 그에게 남들과 공동으로 주었고 이미 임자가 있는 것과 똑같 이 좋은 게 남아 있으며 그것도 자기가 그걸로 무엇을 해야 할 지를 아는 정도 이상으로 혹은 자신의 근면이 닿을 수 있는 정

도 이상으로 남아 있는 그런 땅덩이를 바란 게 아니라, 자기가 아무런 권리도 없는, 다른 사람의 수고에서 오는 혜택을 바랐던 게 분명하다.

35. 화폐를 가지고 교역을 하는 다수의 인민이 정부 아래 살아가는 잉글랜드나 다른 어떤 나라에서는 공유물인 토지에 그 누구도 동료 공유자들 모두의 동의 없이는 그중 어떤 부분이든 울타리를 치거나 전유할 수 없는 것이 사실이다. 이것이 협약에 의해, 즉 위반해서는 안 되는 토지법에 의해 공유지로 남아 있기 때문이다. 그런데 일부 인간들과 관련해서는 그것이 공유지이지만 온 인류에게 그렇지는 않으며, 단지 이 나라 혹은 이 교구의 공동 소유일 뿐이다. 더군다나 그런 울타리 치기 이후 남는 것이 그 밖의 공유자들에게는 그들 모두가 전체를 사용할 수 있었을 때의 그 전체만큼 좋은 게 아닐 것이다. 하지만 태초에 세상의 거대한 공유지에 처음으로 사람들이 살게 되었을 때에는 아주 달랐다. 인간을 지배하던 법은 오히려 전유를 지지했다. 하느님은 노동하라고 명했고, 그의 궁핍도 노동하도록 그를 몰아세웠다. [그가 노동을 가한] 저것은 그에게서 빼앗아 갈 수 없는 그의 소유였다. 그가 그것을 확정한 곳 어디서든지 말이다. 따라서 땅을 정복하거나 개간하는 것과 지배권을 가지는 것은 함께 연결되어 있음을 우리는 본다. 하나가 다른 하나에 자격을 주었다. 그래서 하느님은 정복하라고 명령함으로써 전유할 권위를 주었던 것이다. 그리고 노동과 작업할 재료들을 필요로 하는 인간 삶의 조건은 사적 소유물을 불가피하게 도입하기 마련이다.

36. 자연은 소유의 한도를 인간들의 노동과 삶의 편익의 범위에 따라 훌륭하게 설정해 놓았다. 그 어떤 인간의 노동도 모든 것을 정복하거나 전유할 수는 없다. 그가 즐기느라 소비할 수 있는 것도 작은 부분에 지나지 않을 것이다. 따라서 어떤 인간이든 이런 식으로 다른 사람의 권리를 침해하거나 이웃에게 피해가 될 만큼 소유[권]를 제 것으로 획득하기란 불가능했다. 그 이웃은 (이 사람이 자기 것을 가져간 후에도) 여전히 그것이 전유되기 전과 똑같이 좋고 똑같이 큰 소유물을 얻을 여지를 여전히 가질 것이었다. [이] 한도는 모든 인간의 소유물을 아주 적당한 정도로 제한했는데, 세상의 최초 시대에는 어느 누구에게도 위해를 가하지 않고 자기 것으로 전유할 수 있을 만큼이었다. 그 시대에는 인간들이 작물 심을 공간이 부족해서 궁핍할 위험보다는 당시 지구의 광활한 황야에서 일행으로부터 떨어져 방황하다가 길을 잃을 위험에 더 많이 처해 있었다. 그리고 [이제는] 세상이 가득 차있는 것으로 보이지만, 동일한 한도가 여전히 그 어떤 사람에게도 피해를 주는 일 없이 받아들여질 수 있을 것이다. 이유인즉슨 이렇다. 아담이나 노아의 자녀가 세상에 처음으로 거주하게 되었을 때의 상태에 처한 한 인간 내지 가족을 상상하면서, 그가 아메리카의 어떤 내륙지역 빈 장소에 정착한다고 해보자.[39] 그러면 우리는 우리가 준 한도에 입각해 볼 때, 그가 스스로 만들 수 있는 소유물이 그리 크지 않고, 심지어 오늘날에 이르기까지 여타 인류에게 피해를 끼치는 것도 아니며, 그들이 불평하거나 이 인간의 침해로 인해 자신들이 위해를 당했다고 생각할 이유를 제공하지도 않으리라는 점을 알게 될 것이다. 이제는 인간 종족이

세상의 구석구석까지 온통 퍼져 있고, 태초에 있던 그 작은 수를 한없이 초과함에도 불구하고 말이다. 아니, 땅덩이의 크기라는 게 노동 없이는 거의 가치가 없는 것이어서, 스페인 본토에서는 한 인간이 단지 자기가 그걸 사용하고 있다는 것 외에는 다른 아무런 자격도 갖고 있지 않은 토지에다가 방해받지 않고 쟁기질하며 씨 뿌리고 거두는 일이 허용될 수 있다고 단언하는 걸 내가 들은 적이 있을 정도다.[40) 그런데 도리어 주민

---

39) 로크가 5장에서 전개하는 논변이 잉글랜드의 식민주의를 정당화하기 위한 것이라고 해석하는 학자들은 이 대목에서 로크가 아메리카를 '존중해야 하는 타국의 영토'가 아니라 '빈 땅'으로 간주했다는 근거를 찾는다. 원주민이 거주하고 있어서 문자 그대로 '빈' 곳은 아니라 하더라도 울타리를 친 상태로 수확물을 낼 수 있게 개간되어 있지 않은 땅이라면, 로크의 관점에서는 아직 누군가에 의해 '소유되지 않은' 곳이고, 그래서 "빈 장소"로 간주되었다는 것이다. 그런데 이 문장을 전후 맥락 속에서 보면, 이때 아메리카의 '빈 장소'는 문자 그대로 사람이 살고 있지 않은 어떤 공간을 뜻한다. 비록 로크가 아메리카를 '자연 상태'나 '황무지'로 일컫기는 하지만, 그것을 유럽인들이 아무 때나 자유롭게 들어가서 원주민들을 내쫓고 자신들의 독점적 이익을 위해 개간하거나 심지어 새로운 국가를 세워도 좋은 땅이라는 의미에서 "빈 장소"로 불렀다고 해석하기에는 무리가 있다. 오히려 5장의 논의를 통해 드러나는 로크의 '아메리카'에 대한 입장은 다분히 양면적이라고 할 수 있다. 즉, '이상향적인 자연 상태로서의 아메리카'와 '개간이 필요한 황무지로서의 아메리카'가 서로 다른 맥락에서 번갈아 등장하며 그 둘은 일정한 긴장 관계에 있기도 하다. 적어도 36절의 이 문장에서 '아메리카'는 그중 전자에 가깝다.

40) 토지를 무단 점유해서 사용하는 자들의 권리를 인정하는 듯이 보이는 대목이다. 로크는 개간을 통해 토지를 비옥하게 만들 의무가 사적 소유의 주장을 뒷받침한다고 믿는다. 이 경우 토지에 대한 권리는 그 토지가 생산적인 상태로 만들어지지 않는 한 완전히 확립되지 않는다. 18세기

들은, 방치되다 못해 결국 황폐해진 토지에 근면을 발휘해서 자신들이 원하던 곡식 수확량을 늘려 준 그에게 은혜를 입고 있다고 생각한단다. 그러나 이것이 설사 그렇다 해도 나는 그걸 강조하고자 하는 게 아니다. 내가 감히 호기롭게 단언코자 하는 것은 다음과 같다. 동일한 소유[41]의 규칙, (즉) 모든 인간이 자기가 사용할 수 있을 만큼 가져야 한다는 규칙은 어느 누구도 궁핍하게 하지 않은 채로 여전히 세상에서 효력을 가질 수 있었을 것이다. 화폐의 발명과 화폐에 가치를 부여하자는 인간들의 암묵적인 합의가 더 큰 소유물과 그것에 대한 권리를 (동의에 의해) 도입하지 않았다면, 세상에는 거주민들이 두 배가 되어도 그들을 충족할 만큼 충분한 토지가 있기 때문이다. 그 점에 대해서 곧 나는 그것이 어떻게 그렇게 되었는지를 전체적으로 더 보여 주겠다.

37. 태초에는, 그러니까 인간이 필요로 하는 것보다 더 많이 가지려는 욕구가 사물의 내재적 가치 — 오직 인간의 삶에

말에 한 로크적 사회주의 학파는 이런 입장을 토대로 지주들에 대항하는 노동자들의 권리를 옹호하는 논변을 전개한 바 있다. 그러나 여기서도 로크는 토지 사용을 "쟁기질하며 씨 뿌리고 거두는 일"로 특정하기 때문에, 그의 논변을 당시 잉글랜드의 국내 정치적 맥락이 아니라 대외 정책적 맥락에서 고찰할 경우, 식민주의를 정당화하는 또 하나의 논거로 지적될 수 있다.

41) 이 책의 초판에는 여러 군데에서 'property' 대신 'propriety'가 쓰였다가 이후 로크 자신의 수정 작업을 통해 대부분 'property'로 바뀌게 되는데, 이곳은 여전히 수정되지 않고 'propriety'로 남아 있다.

유용한가에 달려 있는 ─ 를 바꿔 놓기 전에는, 혹은 마모되거나 부패하지 않고 존속하는 노란 금속의 작은 조각 하나가 큰 고깃덩어리 하나 혹은 곡식 한 무더기 전체의 가치를 가진다고 [인간들이] 합의하기 전에는, 비록 인간들이 자신의 노동에 의해 각자 자기가 사용할 수 있을 만큼 자연의 사물들을 자기 것으로 전유할 권리를 가졌지만. 똑같은 근면함을 사용할 사람들에게 똑같은 풍부함이 여전히 남아 있는 상황에서 이것은 그리 대단한 일일 수 없었고 다른 사람들에게 피해가 가는 일도 아니었음이 확실하다. 여기에 나는 다음을 덧붙이고자 한다. 자신의 노동에 의해 토지를 제 것으로 전유하는 자는 인류의 공동 자산common stock을 감소하지 않고 오히려 증대한다. 인간의 삶을 지탱하는 데 이바지하는 식량으로 치자면, 울타리 치고 개간한 토지 1에이커[42]에서 생산된 식량은 공유 상태로 황폐해져 있는 동등한 비옥도의 토지 1에이커에서 산출되는 식량보다 (아주 조심스럽게 말해서) 10배나 더 많기 때문이다. 그러므로 토지에 울타리를 쳐서 자연에 남겨진 100에이커 토지로부터 자기가 얻을 수 있을 것보다 더 큰 삶의 편익을 10에이커 토지에서 얻는 자는 사실상 90에이커를 인류에게 제공하는 것이라고 말해도 무방하다. 공유 상태로 있는 토지 100에이커의 소산에 해당하는 식량을 그의 노동이 지금 그에게 10에이커 토지에서 공급해 주기 때문이다. 여기서 나는 개량된 토

---

42) 5세기부터 유럽에서 면적 단위로 쓰인 에이커는 말 한 마리가 하루 동안 경작하는 면적을 뜻한다. 1에이커는 약 4050제곱미터에 해당한다.

지가 그 소산을 만들어 내는 상대적 비율을 단 10 대 1로 상당히 낮게 잡았지만, 실은 그 비율이 100 대 1에 훨씬 가까운 상황이다. 아무런 개량이나 경작, 농사도 이뤄지지 않은 채 자연에 남겨진 아메리카의 원시림과 개간되지 않은 황무지의 1000 에이커 토지가 궁핍하고 불쌍한 그 거주민들에게, 데번셔[43]에 있는 잘 개간된 똑같이 비옥한 토지 10에이커가 가져다주는 만큼 많은 삶의 편익을 가져다주는지 아닌지를 내가 묻게 되니 말이다.

토지의 전유 이전에, 자기가 할 수 있는 한 많은 야생의 과일을 모으고 할 수 있는 한 많은 짐승들을 죽이거나 잡거나 길들인 자는, 즉 저절로 생겨나는 자연의 산물들 가운데 어떤 것에 대해 자기 노동 가운데 어떤 것이든 거기에 투여함으로써 어떤 식으로든 그것들을 자연이 놓아 둔 상태로부터 변경하려고 자기 수고를 투여한 자는, 그럼으로써 그것들에 소유[권]를 획득했다. 그러나 그의 소유물인 상태에서 그것들이 적정하게 사용되지 못한 채 소멸되었다면, 그러니까 그가 소비할 수 있게 되기 전에 과일들이 썩거나 사슴 고기가 부패했다면, 그는 공통의 자연법을 위반한 것이어서 처벌을 받게 될 수 있었다. 또 그는 이웃의 몫을 침해한 셈인데, 왜냐하면 그는 그중 어떤 것을 필요로 하는 자신의 용도 이상으로는 아무런 권리도 갖고 있지 않았으며, 그것들은 그[이웃]에게 삶의 편익을 제공하

---

43) 데번셔Devonshire는 잉글랜드 남서쪽의 주이며, 주도는 엑서터Exeter다. 지금은 통상 '데번'Devon으로 불린다.

는 데 이바지할 수 있었기 때문이다.

38. 동일한 한도가 토지의 보유 또한 통제했다. 무엇이든 그가 경작한 것, 수확하고 저장하여 썩기 전에 사용한 것은 그의 고유한 권리였다. 무엇이든 그가 울타리를 치고 먹여 길러서 사용할 수 있었던 것, 즉 가축과 생산물 또한 그의 것이었다. 그러나 그가 울타리 친 곳의 잔디가 지면에서 썩었거나 그가 심어 가꾼 열매가 수확되어 저장되지 않은 채 말라 죽었다면, 땅의 이 부분은 그가 울타리를 쳤음에도 불구하고 여전히 황무지로 간주되어야 했고 다른 누군가의 소유물이 될 수 있었다. 따라서 태초에 카인은 자기가 경작할 수 있을 만큼 많은 땅덩이를 취해서 그것을 자기 자신의 토지로 만들었고, 그러면서도 아벨의 양을 먹여 기르기에 충분한 만큼을 남겨 둘 수 있었다. 단 몇 에이커만으로도 두 사람 모두의 소유물에 충당되었던 것이다. 그러나 가족들이 늘어나고 근면이 그들의 자산을 확대함에 따라 그들의 소유물은 그들의 필요와 더불어 확대되었다. 하지만 그들이 통합하고 함께 정착하여 도시를 건설할 때까지는 아직 그들이 사용한 땅덩이에 어떤 확정된 소유도 없는 것이 보통이었는데, 그러다가 시간이 흘러 그들은 동의에 의해 뚜렷이 구별되는 자기들 영토의 한계를 설정하고 자기들과 이웃들 사이의 경계에 관해 합의하게 되었으며, 자기들 내부에서는 법률들로써 같은 사회에 속한 사람들의 소유[권]를 정했다. 최초에 사람이 거주한, 따라서 가장 사람이 많이 살고 있었을 법한 세상의 저 부분에서, 심지어 아브라함 시대만큼이나 후대에조차, 그들은 자기 무리와 더불어 그리고 그들의 재산sub-

stance인 가축 떼와 함께 이리저리 자유롭게 돌아다녔기 때문인데, 게다가 아브라함의 경우는 이 일을 자신이 이방인이던 나라에서 했던 것이다. 그러므로 적어도 대부분의 토지가 공유로 남아 있었고, 거주민들은 그것을 가치 있게 여기지 않았으며, 자기들이 사용하는 것보다 더 많은 토지에 소유를 주장하지도 않았음이 분명하다. 그러나 동일한 장소에 자신들의 가축 떼를 함께 먹여 기를 공간이 충분하지 않게 되었을 때, 그들은 아브라함과 롯이 그랬듯(『창세기』 13.5) 동의에 의해 가장 마음에 드는 목초지를 따로 나눠서 넓혀 나갔다. 그리고 같은 이유로 에서 역시 자기 아버지와 형제로부터 떠나서 세이르산에 뿌리를 내렸다(『창세기』 36.6).

39. 따라서 다른 모든 인간을 배제한 채 아담에게만 온 세상에 대한 어떤 사적인 지배권과 소유가 있다고 가정 — 이는 어떤 식으로도 입증될 수 없고, 어느 누구의 소유가 그것으로부터 만들어질 수도 없다 — 하지 않고, 오히려 세상이 그 모습 그대로 인간의 자손들에게 공동으로 주어졌다고 가정함으로써 우리는 노동이 어떻게 인간들에게, 그들이 사적으로 이용하도록, 세상의 여러 구획에 대한 뚜렷이 구별되는 자격을 만들어 줄 수 있는지 보게 된다. 거기에는 권리에 대한 그 어떤 의심도, 일체 다툼의 여지도 있을 수 없을 것이다.

40. 노동의 소유가 토지의 공유를 압도할 수 있어야 한다는 것 또한, 아마도 고찰하기 전에 그래 보이는 것만큼 그렇게 기이하지는 않다. 모든 사물에 가치의 차이를 부여하는 것은

정녕 노동이기 때문이다. 어느 누구든 담배나 사탕수수를 심고 밀이나 보리의 씨를 뿌린 토지 1에이커와 아무런 농사도 짓지 않은 채 공유 상태로 있는 같은 토지 1에이커 간의 차이가 무엇인지 숙고해 보라. 그러면 그는 노동이 이뤄 내는 개량이 가치의 훨씬 더 큰 부분을 만들어 낸다는 것을 발견하게 될 것이다. 내가 생각하기에, 인간 삶에 유용한 땅의 산물들 가운데 10분의 9가 노동의 결과물[44]이라고 말하는 것은 그저 대단히 조심성 있는 계산일 것이다. 아니, 우리가 사물들을 우리 용도에 맞는가에 따라 올바로 평가해서 그중 무엇이 순전히 자연에 빚진 것이고 무엇이 노동에 빚진 것인지 그것들과 관련된 여러 비용을 계산해 본다면, 그 대부분의 경우에 100분의 99가 전적으로 노동 장부에 기재되어야 한다는 것을 발견하게 될 것이다.

41. 아메리카인들의 몇몇 부족들로 이 점을 예증하는 것보다 더 분명하게 어떤 것을 예증하는 일은 있을 수 없다.[45]

---

44) 여기에 쓰인 'effects'라는 말 자체에 '자산', '동산', '물건'이라는 뜻이 들어 있다. 즉, '노동이 만들어 낸 결과물'이면서 '노동이 만들어 낸 재산'이라는 뜻이기도 하다.

45) 로크는 각종 형태의 아메리카 기행문들을 탐독했을 뿐만 아니라 잉글랜드의 아메리카 식민지 정책에 깊이 관여하기도 했기 때문에 당대 아메리카의 사정을 비교적 소상히 알고 있었다. 허먼 르보빅스(Lebovics 1986)나 데이비드 아미티지(Armitage 2004)의 연구에 따르면, 로크는 단순히 식민지 행정 실무에 조언을 제공하는 수준을 넘어 캐롤라이나 기초 헌법 제·개정에 참여할 정도의 영향력을 지녔으며 그의 경제적 수입도 상당 부분 아메리카 식민지에서 나왔다고 한다.

그들은 토지는 풍부한데 삶의 모든 편의 수단은 빈약하다. 자연이 그들에게 충분한 양의 자원을, 그러니까 음식과 의복, 즐거움에 소용될 만한 것을 풍부하게 산출하기에 적합한 비옥한 토양을 여느 다른 인민들에게 제공한 것만큼이나 넉넉하게 제공했지만, 노동으로 그것을 개량하는 일이 여간해서 없기 때문에 우리가 누리는 편익의 100분의 1도 누리지 못하는 것이다. 그래서 그곳의 어떤 크고 비옥한 영토를 가진 왕이 잉글랜드의 한낱 일용 노동자보다 더 열악하게 먹고 기거하고 입는다.

42. 이 점을 좀 더 분명히 하기 위해, 그저 몇몇 일상 생활 용품이 여러 진전을 거쳐 우리가 사용하는 데까지 이르는 과정을 추적해서 그것들이 지니는 가치 가운데 얼마만큼을 인간의 근면으로부터 얻는지만 살펴보기로 하자. 빵과 포도주, 옷감은 일상에 사용되는 사물들이고 아주 풍부하지만, 그럼에도 불구하고 노동이 우리에게 이런 더 유용한 물품들을 제공해 주지 않았다면 도토리와 물, 그리고 잎사귀나 가죽이 우리의 빵, 음료, 옷이 될 수밖에 없다. 빵이 도토리보다, 포도주가 물보다, 그리고 천이나 비단이 잎사귀나 가죽이나 이끼보다 얼마만큼 더 가치가 있든 그것은 온전히 노동과 근면 덕택이다. 이것들 가운데 한쪽은 아무 도움을 빌리지 않는unassisted 자연이 우리에게 제공해 주는 음식과 의복이요 다른 한쪽은 우리의 근면과 수고가 우리를 위해 마련해 주는 물자인데, 이에 대해서 후자가 전자를 가치에 있어 얼마만큼이나 능가하는지 누구든 계산해 본다면, 그때 그는 세상에서 우리가 누리는 사물들이 가진 가치의 최대 부분을 얼마만큼이나 노동이 만들어 내는지

를, 그리고 그런 자원을 산출하는 땅덩이는 거의 계산에 들어가지 않거나 기껏해야 그 가치의 대단히 작은 부분일 따름임을 알게 될 것이다. 심지어 우리들 사이에서조차 온전히 자연에 남겨진 토지, 즉 목축이나 경작 또는 재배로 개량이 이루어지지 않은 토지는 실제 그 모습 그대로 황무지라 불릴 정도로 거의 가치가 없어서, 우리는 그것이 가지는 유익이 전혀 없는 것이나 마찬가지임을 발견하게 될 것이다.

이것은 지배하는 영토가 넓은 쪽보다 인간의 수가 많은 쪽이 더 선호되어야 함을, 그리고 토지의 증대[46]와 그 올바른 이용이야말로 위대한 통치 기술임을 보여 준다. 또한 확립된 자유의 법으로 권력의 억압과 정파의 편협함에 맞서 인류의 순수한 근면을 보호하고 장려하는 안전판을 확보해 줄 정도로 현명하며 하느님 같게Godlike 될 군주[47]는 그의 이웃들에게는 너

---

46) 여기에 쓰인 원문의 표현은 "the increase of Lands"이다. 그런데 전후 맥락으로 볼 때 이 대목에서 로크가 강조하고자 하는 바는 정부가 단순히 영토를 확장하기보다는 인구와 노동생산성을 증대하는 데 힘써야 한다는 것이므로, 여기서 'lands'가 쓰인 것은 어색하다는 주장도 있다. 그에 따라 어떤 편집본은 'lands'를 'hands'(일손)로 수정해 놓기도 하는데, 정작 로크 자신은 생전에 여러 차례 원고 수정 기회를 가지는 동안 이 부분에 손을 대지 않았다. 따라서 텍스트를 군이 자의적으로 고쳐 읽을 필요는 없고, 다만 로크가 그저 토지 규모의 증대가 아니라 인간의 노동 및 기술을 이용한 토지 생산성의 증대를 옹호하고 있다는 점에 유의하는 것으로 충분할 것이다.

47) 『두 번째 논고』의 대다수 주석들은 여기서 로크가 1689년 2월에 잉글랜드의 새로운 왕으로 즉위한 윌리엄 3세를 염두에 두고 있다고 본다. 이는 곧 42절의 이 두 번째 단락이 초고 집필 당시에 쓰인 게 아니라 나

무나도 다루기 어려운 자가 될 것임을 보여 준다. 그러나 이건 말이 났으니 한 말이고, 이제 현하의 논변으로 되돌아가기로 하자.

43. 이곳[48]에서 20부셸[49]의 밀을 산출하는 토지 1에이커와 동일한 농사일을 하면 비슷한 양을 산출할 아메리카의 토지 1에이커는 의심할 여지 없이 동일한 자연적인 내재적 가치를 지닌다. 그렇지만 전자로부터 인류가 1년에 얻게 되는 유익은 5파운드의 가치가 있는데 후자로부터 얻게 되는 유익은, 설사 인디언이 그 토지로부터 얻는 이득 전부에 가치를 매겨 여기서 판다고 가정해도, 아무리 많아 봤자 1페니 가치도 안 되며, 내가 사실을 말해도 된다면, 하다못해 1000분의 1의 가

중에 추가로 삽입된 것이라는 의미다. 실제로 이 단락은 제4판에 처음 실렸고, 크라이스트 사본에서 손 글씨로만 전해진다. 그러니까 아마도 1698년 이후부터 로크가 사망한 1704년 사이 어느 시점에 작성되었을 것으로 짐작되는데, 그 시기는 로크가 상무부의 고문으로 활동했던 기간 (1696~1700년)과 상당 부분 겹친다. 당시 윌리엄 3세 정부는 루이 14세 치하의 프랑스와 갈등 관계에 있었고, 영토를 권력의 원천으로 이해하던 프랑스 절대군주정과 달리 인구 증대를 더 중시했다. 따라서 이 단락의 내용은 윌리엄 3세에 대한 로크의 지지를 드러낸 것이면서 동시에 그 정부의 일원으로서 로크 자신이 추구한 정책적 목표를 압축적으로 서술한 것이라 볼 수 있다.

48) 즉, 잉글랜드를 가리킨다.

49) 부셸bushel은 곡물이나 과일의 무게 또는 부피를 재는 단위다. 1부셸이 무게로는 62파운드(즉, 28.1킬로그램), 부피로는 8갤런(즉, 36.4리터)에 해당한다.

치도 안 된다. 그렇다면 토지에 가치의 최대 부분을 부여하는 것은 노동이며, 노동이 없다면 토지는 거의 아무런 가치도 없게 될 것이다. 토지에서 나오는 모든 유용한 산물의 최대 부분을 우리는 노동에 빚지고 있다. 밀을 심은 토지 1에이커에서 나오는 모든 것, 즉 밀짚, 겨, 빵은 황무지로 놓여 있는 똑같이 좋은 토지 1에이커에서 나오는 산물보다 더 가치가 있으며, 그것은 모두 노동의 결과물이니 말이다. 우리가 먹는 빵을 계산할 때 들어가야 하는 [것은] 단지 쟁기질한 인간의 수고, 수확한 사람과 타작한 사람의 고생, 빵 만든 사람의 땀만이 아니다. 황소를 길들인 사람들, 철과 돌들을 캐내고 두들긴 사람들, 쟁기, 제분기, 가마, 혹은 이 곡식이 씨로 뿌려질 때부터 빵으로 만들어지기까지 필요한 엄청나게 많은 수의 여타 도구들과 관련하여 이용된 목재를 베고 짜 맞춘 사람들의 노동이 모두 노동 장부에 청구되어야 하며, 노동의 결과물로 받아들여져야 하기 때문이다. 자연과 땅은 그것들 자체로서는 거의 가치 없는 자원을 제공할 따름인 것이다. 빵 덩이 하나하나에 관해서 그것을 우리가 사용하게 되기까지 근면이 제공하고 사용하는 것들을 추적해 본다면, 그건 기이한 사물들의 목록이 될 것이다. 이를테면, 철, 나무, 가죽, 나무껍질, 목재, 돌, 벽돌, 석탄, 석회, 천, 염색약, 역청, 타르, 돛대, 밧줄 및 선박 — 작업자들 중 누군가가 사용하는 어떤 물품이든 그 작업의 어느 부분으로 가져다준 — 에서 사용되는 모든 자재들처럼 말이다.[50] 이런 모든 것은 일일이 열거하기가 거의 불가능하며, 적어도 너무 길 것이다.

44. 이 모든 것으로부터 다음이 명백하다. 자연의 사물들은 공동으로 주어졌지만, 인간은 자신의 주인이고 자기 인신과 그 인신이 하는 행위 혹은 노동의 소유자Proprietor이므로 여전히 자신 안에 소유의 큰 토대를 가지고 있었다. 그리고 발명과 기술이 삶의 편익을 증진했을 때 그가 자기 존재를 부양하거나 안락하게 하는 데 적용한 것의 대부분을 이루는 것은 완벽히 그 자신의 것이었고 남들에게도 공동으로 속하는 것이 아니었다.

45. 따라서 태초에 노동은 소유의 권리를 주었는데, 오랫동안 대부분이 공유물로 남아 있었으며 지금 인류가 사용하는 것보다 더 많은 것이 공유물이었던 무언가에 누구든 기꺼이 노동을 투여하는 곳 어디에서나 그랬다. 처음에 인간들은 아무 도움도 빌리지 않는 자연이 그들의 필요를 위해 제공한 것에 대체로 만족했다. 하지만 나중에 세상의 일부 지역(즉, 화폐의 사용과 더불어 사람들과 자산의 증가가 토지를 희소하게 만들고, 그래서 모종의 가치를 갖게 만든 지역)에서 몇몇 공동체들은 뚜렷이 구별되는 자기 영토의 한계를 정했고, 그들 내부에서는 법률로 자기들 사회에 속한 사적인 인간의 소유[권]를 규제했으며, 그리하여 노동과 근면이 시작시킨 소유[권]를 협약과 합의에 의해

---

50) 여기서 로크는 선박 제조 및 운항에 들어가는 사물들의 목록을 예시하고 있다. 아마도 선박이 당대 가장 뛰어나면서 가장 자본집약적인 생산품으로 꼽혔기 때문이었을 것이다.

확정했다. 몇몇 국가States와 왕국 사이에서 명시적으로든 암묵적으로든 다른 국가 및 왕국이 보유하고 있는 토지에 대한 모든 요구와 권리를 포기함으로써 만들어진 연맹은 원래 자기들이 저 나라들에 대해 갖고 있던 자연적인 공동 권리에 대한 주장을 공동의 동의에 의해 포기했으며, 그리하여 그들 간에 지상의 상이한 부분과 구획에 있어서의 소유[권]를 실정적인 합의에 의해 확정했다. 하지만 (그 거주민이 자기들 공동의 화폐를 사용하기로 동의하는 데 여타 인류와 합류하지 않고 있어서) 황무지로 놓여 있는 여전히 큰 면적의 땅덩이가 발견되는데, 그것은 그 위에 살고 있는 사람들이 사용하거나 사용할 수 있는 정도보다 더 많으며, 그래서 여전히 공유 상태에 있다. 화폐 사용에 동의한 인류의 저쪽 부분에서는 이런 일이 거의 일어날 수가 없지만 말이다.

46. 인간 삶에 정말로 유용한 사물들, 그리고 지금 아메리카인들에게 그렇듯 생존의 필요가 세상의 첫 공유자들로 하여금 구하게 만들었던 그런 사물들의 태반은 일반적으로 지속 기간이 짧은 것들이다. 사용해서 소비하지 않으면 저절로 썩거나 없어져 버릴 그런 유의 것들 말이다. 금, 은, 다이아몬드는 변덕스러운 기호나 합의가 실제 용도와 삶의 필수적인 부양을 넘어서는 가치를 부여해 준 사물들이다. 이제 자연이 공유로 제공한 저런 좋은 것들에 대해 모든 사람은 (이미 말한 바와 같이) 그가 사용할 수 있는 만큼의 것에 대한 권리를 가지고 있었고, 그의 노동으로 영향을 미칠 수 있는 모든 것에 소유[권]가 있었다. 자연이 놓아 둔 그 상태에서 바꿔 놓기 위해 그의 근면이 도달

할 수 있는 모든 것은 그의 것이었다. 100부셸의 도토리나 사과를 모은 자는 그럼으로써 그것들에 소유[권]가 있었고, 그것들은 모아지자마자 그의 재물이었다. 그는 다만 썩기 전에 그것들을 사용하도록 주의하면 될 뿐이었다. 그러지 않으면 그는 자기 몫보다 더 많은 것을 취하고 남들의 것을 빼앗은 셈이었다. 그리고 실로 자기가 사용할 수 있을 만큼보다 더 많이 쌓아 두는 것은 부정직할 뿐만 아니라 어리석은 일이기도 했다. 만일 그가 다른 누군가에게 일부를 넘겨주어서 자기가 보유하고 있는 동안 그것이 무용지물로 썩어 없어지지 않았다면, 그는 이것들 역시 사용한 셈이다. 그리고 그가 또한 1주일 내로 썩게 될 자두를 내주고 1년 내내 먹기 좋은 상태로 유지될 견과로 바꿨다면, 그는 아무런 위해도 가한 게 아니었다. 아무것도 그의 손에서 무용지물로 썩어 없어지지 않는 한 그는 공동자산을 낭비하지 않은 것이고 남들에게 속하는 몫의 재물 가운데 그 어떤 부분도 파괴한 게 아니었다. 또한 만일 그가 색깔이 마음에 든다고 금속 한 조각을 자기 견과를 주고 바꾸거나 자기 양을 조개와 교환하거나 양모를 반짝이는 조약돌 혹은 다이아몬드와 교환해서 그것들을 일평생 자기 곁에 간직한다면, 그는 남들의 권리를 침해한 것이 아니다. 그는 이런 내구성 있는 사물들을 자기가 원하는 만큼 쌓아 둘 수도 있었는데, 그의 정당한 소유의 한계를 넘어서는 일은 그의 소유물이 많다는데 있는 것이 아니라 그의 소유물 가운데서 어떤 사물이 무용지물로 썩어 없어진다는 데 있기 때문이다.

47. 그런 식으로 화폐의 사용이 시행되었다. 화폐는 인간

들이 썩히지 않고 보관할 수 있는 어떤 영속적인 사물로서, 상호 동의에 의해 인간들은 참으로 유용하지만 썩어 없어지기 쉬운 생활용품과 교환하여 화폐를 받게 되었다.

48. 그리고 근면의 정도가 상이함에 따라 그런 근면이 인간들에게 제공하는 소유물의 비율도 상이하기가 쉬운 것처럼, 이런 화폐의 발명은 그들에게 소유물을 지속시키고 확대할 기회를 제공했다. 이유인즉슨 이렇다. 여타 세상과의 가능한 모든 교역으로부터 분리되어 있는 섬 하나를 가정해 보자. 거기에는 단 100개의 가족뿐이지만, 양, 말, 암소 및 다른 유용한 동물들, 건강에 좋은 과일들, 그리고 무려 10만 배나 되는 사람들이 먹을 곡식을 내기에 충분한 토지가 있다. 그러나 그 섬에 있는 어떤 것도, 흔하기 때문이든 썩어 없어지기 쉬운 탓이든, 화폐 노릇을 하기에 적당하지 않다. 그렇다면 누군가가, 그들 자신의 근면이 산출한 것에서든 아니면 비슷하게 썩어 없어지기 쉽지만 유용한 물품으로 남들과 바꿀 수 있는 것에서든, 자기 가족의 용도와 가족이 소비하기에 충분한 비축량을 넘어서 소유물을 확대할 무슨 이유를 가질 수 있겠는가? 내구성 있으면서 희소하기도 한, 그래서 쌓아 둘 만큼 귀중한 어떤 것이 없는 경우에 인간들은, 그 토지가 아주 비옥하지 않거나 자신들이 취하기에 아주 자유로운 게 아니라면, 토지 소유물을 확대하려 들지 않을 것이다. 이유인즉슨, 내가 묻겠다. 한 인간에게 이미 개간이 되어 있고 가축들도 잘 갖춰져 있는 우수한 토지 1만 혹은 10만 에이커가 있는데, 아메리카의 내륙 부분 한가운데에 있어서 생산물을 팔아 자기에게 화폐를 끌어다 줄 교역을 세

상의 여타 지역과 벌일 아무런 희망도 없다면, 그가 그 토지를 무슨 소중한 것으로 여기겠는가? 그것은 울타리 칠 가치도 없을 것이고, 우리는 그가 자신과 자기 가족이 누릴 삶의 편익을 제공하는 것 이상으로 그 토지에서 얻게 되는 것은 무엇이 됐든 다시 자연의 야생 공유지에 내놓는 것을 보게 될 것이다.

49. 이와 같이 태초에는 온 세상이 아메리카였다. 그것도 지금 그런 것보다 더 많이 그랬다. 화폐 같은 것은 어느 곳에서든 전혀 알려져 있지 않았으니 말이다. 누군가가 자기 이웃들 사이에서 화폐의 용도와 가치를 가지는 무언가를 발견했다고 해보자. 당신은 바로 그 인간이 당장 자기 소유물을 확대하기 시작하는 것을 보게 될 것이다.

50. 그러나 금과 은이 음식, 의복, 탈것에 비해 인간 삶에 별로 유용하지 않음에도 불구하고 가치를 가지는 건 오로지 인간들의 동의가 있어서이다. 그것에 관해 [가치를 매기는] 척도 대부분을 만들어 내는 건 노동이지만 말이다. 따라서 인간들이 땅을 불균형하고 불평등하게 보유하는 데 합의한 것은, 한 인간이 자기가 그 산물을 사용할 수 있는 것보다 더 많은 토지를 공정하게 보유해도 되는 방식을 그들이 암묵적이고 자발적인 동의에 의해 찾아냈기 때문임이 명백하다. 잉여물을 주는 대신에 금과 은을 받음으로써 그럴 수 있었는데,[51] 이 금속들은 소장하고 있는 사람의 손에서 썩거나 부패하지 않는 것이어서 누구에게도 위해를 끼치지 않은 채 쌓아 둘 수 있다. 사적 소유물들이 불평등한 상태에서 사물들이 이렇게 나뉘는 것은 인간

들이 사회의 경계 밖에서, 게다가 협약도 없이 단지 금과 은에 가치를 부여하고 화폐 사용에 암묵적으로 합의함으로써 실행 가능하게 만들어서이다. 정부 아래에서는 법률이 소유의 권리를 규제하고 토지 소유물이 실정적 헌법[52]에 의해 결정되기 때문이다.

51. 따라서 내가 생각하기에, 어떻게 노동이 최초에 자연

---

51) 이 대목 이하 이 절 끝까지 이어지는 문장들은 제4판에서 추가된 것으로, 크라이스트 사본에 손 글씨 상태로 남아 있다. 로크는 이 대목을 대폭 수정했는데, 크라이스트 사본의 내용은 알아보기 힘들게 뒤죽박죽이어서 라슬렛 편집본도 해당 대목의 의미는 제4판과 대조해서만 분명하게 파악할 수 있다고 밝히고 있다. 이 같은 사례로 미루어 볼 때, 지금은 남아 있지 않지만 크라이스트 사본의 수정 내용 대부분을 담은 원고가 존재했고, 그것이 제4판의 원본이었으리라는 추정이 가능하다. 골디 편집본이 제4판을 편집의 토대로 삼은 데는 이런 추정도 한몫했다.

52) 이 책에서 로크는 'constitution'이라는 단어를 여러 차례 사용하는데, 맥락에 따라 '체제'나 '구성' 등으로 옮긴 경우도 있지만 여기서는 '헌법'을 번역어로 선택했다. 옥스퍼드 영어 사전 등에 따르면, 'constitution'이라는 단어는 14세기 이래로 교회나 세속의 우월한 권위에 의해 만들어진 칙령·법령·법률·규정을 뜻하는 말로도 사용되었다는 기록이 있다. 예컨대, 사도들이 만들었다고 칭해지는 (그러나 실은 훨씬 후대의 것으로 알려진) 교회 규정집이 'Apostolical Constitutions'로 불렸다. 우리말에서 '헌법'은 한 나라의 통치 체제에 관한 근본법이자 최고 법규를 뜻하므로, 이 단락과 76절, 153~156절, 200절, 226절에서는 문맥상 ('구조', '구성', '체제' 등보다) '헌법'으로 옮기는 것이 자연스럽다고 판단했다. 라슬렛은 154절과 156절에 사용된 'constitution'만이 오늘날 우리가 의미하는 바의 '헌법'으로 볼 수 있고, 그 외에는 '최우선 법'overriding law이라는 의미로 사용되었다고 해석한다.

의 공유물들에서 소유의 차격을 시작시킬 수 있었는지, 그리고 그것을 우리 용도에 따라 쓰는 일이 어떻게 그것에 한계를 부여했는지 아무 어려움 없이 떠올리기란 아주 쉽다. 그러니 자격을 두고 다툴 아무런 이유도 있을 수 없었고 그것이 준 소유물의 크기를 두고 어떤 의심의 여지도 있을 수 없었다. 권리와 편익은 함께 가는 것이었다. 인간이 자기 노동을 투여할 수 있는 모든 것에 대한 권리를 가졌던 만큼, 자기가 사용할 수 있는 것보다 더 많은 것을 위해 노동해 볼까 하는 유혹은 그에게 전혀 없었기 때문이다. 이는 그런 자격에 관한 논란의 여지도, 다른 사람들의 권리를 침해할 여지도 전혀 남기지 않았다. 인간이 자기 몫으로 잘라 낸 부분은 알아보기가 쉬웠고, 자신에게 너무 많이 잘라 주거나 자기가 필요한 만큼보다 많이 가져가는 것은 부정직할 뿐만 아니라 쓸데없는 일이기도 했다.

6장
부친 권력에 대하여[53]

52. 이런 종류의 담론에서 세상에 통용되어 온 단어와 이름을 트집 잡는 것은 어쩌면 부적절한 비판이라는 비난을 받을지도 모른다. 하지만 부친 권력이라는 이 단어가 아마도 그래 왔던 것처럼, 오래된 것이 인간을 실수하도록 이끌기 쉽다면 새로운 것들을 제안하는 게 잘못하는 일이 아닐 수도 있다. 부친 권력이라는 단어는 자녀들에 대한 부모의 권력을 온전히 아버지한테만 위치시키는 것으로 보인다. 마치 어머니는 그 권력에 아무런 몫을 갖지 않는다는 듯이 말이다. 반면에, 이성이나 계시를 참조한다면 우리는 어머니도 동등한 자격을 가진다는 것을 발견하게 될 것이다. 이는 부친 권력을 부모 권력으로 불러야 더 적절한 것이 아닌까 하는 질문을 제기할 한 가지 이유를 제공할 수 있다. 자연 및 출산의 권리가 자녀들에게 부과하는 의무가 무엇이든 간에, 그것은 그들로 하여금 출산에 공동으로 작용하는 두 원인 모두에게 동등하게 속박되게 함이 틀림없다. 따라서 하느님의 실정법이 도처에서 자녀들의 순종을 명할 때 아무런 차별 없이 아버지와 어머니를 함께 묶는 것

---

53) 6장은 필머가 절대군주정의 근거를 모든 권위(아버지의 권위, 남편의 권위, 가장의 권위, 정치적 권위 등)의 원형인 아담의 가부장권에 놓는 데 대해 『첫 번째 논고』에서 로크 자신이 비판한 내용을 요약한 것으로 알려져 있다.

을 보게 된다. "너의 아버지와 너의 어머니를 공경하라"(『출애굽기』 20.12), "누구든지 자기 아버지나 자기 어머니를 저주하는 자는"(『레위기』 20.9), "너희 각 인간은 자기 어머니와 자기 아버지를 두려워해야 한다"(『레위기』 19.3), "자녀인 여러분은 여러분의 부모에게 복종하십시오"(『에베소서』 6.1) 등이 구약 성서와 신약 성서의 표현법이다.

53. 그 문제를 더 깊숙이 살펴보지 않고도 이 한 가지 사항만 잘 고찰했더라면 아마도 인간들이 부모의 이런 권력에 관해 저질러 온 저 중대한 실수들에 맞닥뜨리는 일을 막을 수 있었을 것이다. 그 권력은 부친 권력이라는 명칭 아래 아버지에게만 어울리는 것으로 보였을 때는 크게 거슬리는 일 없이 절대적 지배권과 군왕의 권위를 나타내는 이름일 만했을지 몰라도, 만일 자녀들에 대한 이 소위 절대 권력이 부모 권력으로 불렸더라면, 그럼으로써 그 권력이 어머니에게도 속한다는 걸 밝혔더라면, 그저 이상야릇하게만 들렸을 것이고 바로 그 이름 자체에서부터 자가당착을 드러냈을 것이다. 어머니가 그 권력에 어떤 몫을 가져야 한다는 것은 그것을 그렇게 [부친 권력이라고] 부를 만큼 아버지로서 가진 절대 권력과 권위를 대단하게 주장하는 사람들의 성정을 만족시키기가 아주 어려울 따름일 테니 말이다. 또한 그들이 오직 단일한 한 사람만 다스리는 자신들의 정부를 도출해 내는 원천인 저 근본적인 권위가 한 사람이 아니라 두 사람에게 공동으로 놓여 있음이 바로 그 이름에 의해 드러나게 되면, 그것은 그들이 주장해 마지않는 일인 군주정을 옹호해 주기도 어려웠을 것이다. 그러나 이름에 대

해서는 이 정도로 넘어가기로 하자.

54. 위의 2장에서 나는 모든 인간이 자연에 의해 평등하다고 말했지만, 모든 종류의 평등으로 이해하라는 말로 생각해서는 안 된다. 나이나 덕행이 인간에게 정당한 우선성을 부여할 수도 있고, 탁월한 자질과 업적이 다른 사람들을 평균 수준보다 높은 위치에 올려놓을 수도 있다. 꼼짝없이 특정인을 공손히 대할 수밖에 없게 되는 게 어떤 사람들에게는 태생 때문일 수 있고, 다른 사람들에게는 결연 관계나 이득 때문일 수 있는데, 그들이 그렇게 하는 것을 당연하게 만든 것이 자연일 수도 있고 감사나 다른 존경심일 수도 있다. 하지만 이 모든 것은 모든 인간이 관할권이나 지배권의 측면에서 서로에 대해 누리는 평등과 양립한다. 그것은 그곳에서 내가 당면한 사안에 고유한 것으로 이야기했던 그 평등, 그러니까 모든 인간이 어떤 다른 인간의 의지나 권위에 종속되지 않은 채 자신의 자연적 자유에 대해 가지는 저 평등한 권리다.

55. 아이들은 이 완전한 평등 상태로 태어나지는 않는다는 것을 나는 인정한다. 그 상태로 가기 위해 태어나는 것이긴 하지만 말이다. 그들이 세상에 들어올 때 그리고 이후 일정 시간 동안 부모는 그들에 대해 모종의 규칙과 관할권을 가지지만, 그건 그저 일시적인 것일 뿐이다. 이 복종의 굴레는 나약한 젖먹이 시절에 그들을 감싸서 지탱해 주는 포대기 같은 것이다. 그들이 자라면서 나이와 이성이 그 굴레를 느슨하게 하다가 결국엔 완전히 떨쳐 버리고서 한 인간을 자기 자신의 자유로운

처분에 맡기게 된다.

56. 아담은 그의 몸과 마음이 힘과 이성을 온전히 지닌 완벽한 인간으로 창조되었고, 그래서 그가 존재하게 된 첫 순간부터 자기 자신의 생계와 보존을 가능하게 할 능력과 하느님이 그에게 심어 놓은 이성법의 명령에 따라 자신의 행위를 통제할 능력이 있었다. 그에게서부터 후손들이 나와 세상에 살게 되었는데, 그들은 모두 앎이나 이해가 없는 나약하고 무력한 아기로 태어난다. 그러나 이런 불완전한 상태의 결점을 성장과 나이가 제거해서 개선할 때까지 보완해 주기 위해 아담과 이브 및 그들 뒤를 이은 모든 부모는 자연법에 의해 자기들이 낳은 자녀를 보존하고 먹여 기르며 교육해야 할 의무 아래 있었다. 그들 자신의 작품이 아니라 그들 자신을 만든 자, 그들이 자녀에 대해 책임을 지게 될 그 전능자의 작품으로서 말이다.

57. 아담을 통제하게 된 법은 그의 모든 후손을 통제하게 된 것과 동일한 법, 즉 이성법이었다. 그러나 그의 자손은 또 다른 방식으로 세상에 들어오기 때문에, 그러니까 그와는 달리 무지하고 이성을 사용하지 못하는 상태로 그들을 태어나게 하는 자연적 출생에 의해 세상에 들어오기 때문에, 곧바로 저 법 아래 있지 않았다. 그 누구도 자기에게 공포되지 않은 법 아래 있을 수는 없는데, 이 법은 오직 이성에 의해서만 공포되거나 알려지는 것이어서 자기 이성을 사용하게 된 상태가 아닌 자는 이 법 아래 있다고 말할 수 없다. 그리고 아담의 자녀들은 태어나자마자 곧바로 이 이성법 아래 있지는 않았으므로

곧바로 자유롭지는 않았다. 그 진정한 의미에서 법은 자유롭고 지성적인 행위자가 자신의 고유한 이해관계로 향하는 걸 제한하기보다 오히려 지도하며, 저 법 아래 있는 자들의 일반적인 좋음을 위한 것을 넘어서는 어떤 것도 명하지 않기 때문이다. 법 없이 그들이 더 행복할 수 있다면 그 법은 무용한 것으로서 저절로 사라질 것이며, 단지 수렁이나 절벽으로부터 보호하기 위해 우리를 울타리로 에워싸는 것은 구속이라는 이름으로 불릴 만하다고 보기 어렵다. 따라서 어떻게 오해된다 한들 법의 목적은 자유를 폐기하거나 제지하는 것이 아니라 보존하고 확대하는 것이다. 법률을 이행할 수 있게끔 창조된 존재들이 처해 있는 모든 상태에서, 법이 없는 곳에는 자유도 없기 때문이다. 자유란 남들로부터의 제지와 폭력으로부터 자유로운 것인데, 법이 없는 곳에서는 그럴 수가 없으니 말이다. 하지만 자유는, 우리가 듣는 대로 모든 인간이 자기 마음에 드는 것을 할 자유가 아니다. (다른 모든 인간의 기분이 자기를 좌지우지할 수 있다면 대체 누가 자유로울 수 있겠는가?) 오히려 그를 주관하는 법률이 용인하는 범위 내에서 자기 마음에 드는 대로 자신의 인신과 행위, 소유물 그리고 자기 소유 전체를 처분하고 정할, 그럼으로써 다른 사람의 자의적 의지에 종속되는 것이 아니라 자기 자신의 의지를 자유롭게 따를 자유다.

58. 그렇다면 자기 자녀에 대해 부모가 가지는 권력은 그들에게 지위지는 의무, 즉 자손이 불완전한 아이 상태일 동안 돌보아 줄 의무로부터 생겨난다. 이성이 그 자리를 대신하여 부모로 하여금 저 수고에서 벗어나게 할 때까지, 아직 무지한

미성년 자녀의 마음을 함양하고 행위를 통제하는 것은 자녀가 필요로 하는 일이요 부모가 해야 할 일이다. 인간에게 자기 행위를 지도할 지성을 준 하느님은 그에게 의지의 자유와 행위의 자유를, 그를 주관하는 저 법의 한계 내에서 마땅히 그에게 속하는 것으로서 허락했다. 그러나 자기 의지를 지도할 자기 자신의 지성을 가지지 못한 상태[54]에 있는 동안 그는 따라갈 자기 자신의 어떤 의지도 갖지 못하는 것이 된다. 그를 위해 대신 이해해 주는 사람이 그를 위해 대신 의지 또한 발동해 주어야 한다. 그 사람이 그의 의지에 명령하고 그의 행위를 규제해야 하는 것이다. 그러나 자기 아버지를 자유인으로 만든 그 상태에 이르게 될 때에는 아들 또한 자유인이다.

59. 이것은 자연법이든 시민법이든 인간이 그 아래 있는 모든 법들에서 유효하다. 어떤 인간이 자연법 아래 있는가? 저 법의 무엇이 그를 자유롭게 만들었는가? 무엇이 그에게 저 법의 반경 내에서 자기 자신의 의지를 따라 자기 소유를 자유롭게 처분하도록 해주었는가? 나는 이렇게 대답한다. 저 법을 알 능력이 있다고 생각될 수 있을 만한, 그래서 자기 행위를 저 법의 한계 내에 머물게 할 수 있을 만한 성년기 상태가 그렇게 했다고 말이다. 그런 상태를 획득했을 때 그는 저 법이 어디까지 자신의 인도자가 될 수 있는지 그리고 그가 어디까지 자신의

---

54) 이 책에서 로크는 'estate'를 보통 '자산'의 의미로 사용하지만, 여기서처럼 간혹 '상태', '조건' 혹은 '시기'를 뜻하는 말로 쓰기도 한다.

자유를 사용해도 좋은지 안다고 추정되며, 따라서 그것을 가지게 된다. 그때까지는 그 법이 어디까지 자유를 허용하는지 안다고 추정되는 어떤 다른 사람이 그를 인도해야 한다. 그런 이성 상태, 그런 사리 분별을 하는 나이가 그를 자유롭게 만들었다면 똑같은 것이 그의 아들도 자유롭게 만들 것이다. 어떤 인간이 잉글랜드의 법 아래 있는가? 저 법의 무엇이 그를 자유롭게 만들었는가? 다시 말해, 무엇이 그로 하여금 저 법의 허용 범위 내에서 자기 자신의 의지에 따라 자기 행위와 소유물을 처분할 자유를 갖게 만들었는가? 저 법을 아는 능력이다. 그것은 저 [잉글랜드] 법에 의해서는 21세의 나이로 상정되며, 어떤 경우에는 더 이른 시기로도 상정된다. 이것이 아버지를 자유롭게 만들었다면 아들도 자유롭게 만들 것이다. 그때까지는 그 법이 아들에게 어떤 의지도 갖도록 허용하지 않으며, 그는 다만 자신을 위해 대신 이해를 해줄 아버지나 보호자의 의지에 의해 인도되어야 한다는 것을 우리는 안다. 그리고 만일 아버지가 죽었는데 신탁 대리인을 세우지 못했다면, 만일 아들이 미성년인 동안, 그러니까 지성이 결여된 기간 동안 그를 통제할 후견인을 예비해 두지 못했다면, 법이 맡아서 그 일을 행하고 다른 누군가가 그를 통제하며 그에게 의지가 되어 주어야 한다. 그가 자유 상태에 도달해서 그의 지성이 자기 의지를 다스리기에 적합하게 될 때까지 말이다. 그러나 그 이후에는 아버지와 아들이 미성년기 이후의 후견인과 피보호자만큼이나 평등하게 자유롭고, 함께 동일한 법률에 평등하게 종속된 자들이다. 그들이 단지 자연 상태에서 자연법 아래 있든 아니면 확립된 정부의 실정법 아래 있든, 아버지에게 자기 아들의 생명, 자유, 혹은 자산에 대한 어떤 지배권도 남아 있지 않은 채로 말이다.

60. 그러나 자연의 통상적인 진행에서 벗어나 생길 수 있는 결함 때문에, 누군가가 법을 알 능력이 있고 그래서 법이 정한 규칙들의 범위 내에서 살아갈 능력이 있으리라 상정될 수 있는 정도의 이성에 이르지 못하게 되면, 그는 결코 자유로운 인간이 될 능력이 없고, (자기 의지의 한계를 전혀 알지 못하며 그것을 이끌 적절한 인도자인 지성도 갖고 있지 않기 때문에) 결코 그 자신의 의지대로 처분하도록 놓여나지 못하며, 오히려 그 자신의 지성이 저 책임을 맡기에 무능력한 그 모든 시간 동안 계속 다른 사람들의 후견과 통제 아래 있다. 따라서 미치광이와 백치는 자기 부모의 통제로부터 결코 자유로워지지 못한다. 후커는 "아직 이성을 가질 만한 나이에 이르지 못한 아이들, 그리고 자연적 결함에 의해 그것을 가질 가능성이 차단된 백치들, 셋째로, 당장은 그들 자신을 인도하도록 올바른 이성을 사용하는 것이 도저히 불가능한 미친 사람들은, 그들을 위해서 그들의 좋음을 찾고 확보하도록, 그들의 후견인인 다른 인간을 인도하는 이성을 그들의 인도자로서 가진다"라고 말한다(『교회 정체의 법률들』 제1권 제7절). 이 모든 것은 하느님과 자연이 다른 피조물들만이 아니라 인간에게 부과한 저 의무, 즉 자기 자손이 혼자 힘으로 꾸려 나갈 능력을 가질 수 있을 때까지 그들을 보존할 의무에 지나지 않는 것으로 보이며, 부모의 군왕적 권위의 한 사례나 증거나 되기엔 부족할 것이다.

61. 이렇게 우리는 이성적으로 태어난 만큼 자유롭게 태어났다. 그렇다고 해서 우리가 [태어나면서부터] 양쪽을 실제로 행사하는 것은 아니다. 한쪽을 가져오는 나이가 그것과 더불어 다른 쪽도 가져온다. 따라서 우리는 어떻게 자연적 자유와 부모에 대한 복종이 서로 양립할 수 있으며 어떻게 그 둘이 동일한 원리에 기초를 두고 있는지를 알게 된다. 아이는 자기 아버지의 자격에 의해, 즉 그가 자기 자신의 지성을 가질 때까지 그를 통제해 주게 될 자기 아버지의 지성에 의해 자유롭다. 사리 분별을 하는 나이가 된 인간의 자유와 그 나이에 아직 미치지 못하는 동안 자기 부모에 대한 아이의 복종은 양립하면서도 구별되는 것이어서 아버지로서의 권리에 입각하여 군주정을 가장 맹목적으로 옹호하는 자들도 이 차이를 못 보고 지나칠 수 없으며, 가장 완고한 자도 그것들의 일관성을 인정하지 않을 수 없다. 이유인즉슨 이렇다. 그럴 리 없지만, 그들의 교설이 전부 참이라 치자. 아담의 정당한 상속자가 이제 알려져서 그 자격으로 어떤 군주가, 로버트 필머 경이 이야기하는 그 모든 절대적인 무제한적 권력을 부여받은 채 왕좌에 앉았다고 해보자. 그런데 만일 그의 상속자가 태어나자마자 그가 죽게 된다면 그 아이는, 결코 그리 자유롭지 못하고 결코 그리 대단히 주권적이지도 못하겠지만, 나이와 교육이 그에게 자신과 남들을 다스릴 이성과 능력을 가져다줄 때까지 자기 어머니와 보모에게, 후견인들 및 통치자들에게 복종해야 하지 않겠는가? 자기 생활의 필수품과 몸의 건강, 마음의 함양을 위해서 그는 자기 자신의 의지가 아니라 다른 사람들의 의지에 의해 지도를 받아야 필요가 있을 것이다. 하지만 그렇다고 해서 이런 제약

과 복종이 그가 권리를 가진 저 자유나 주권과 양립하지 않는다거나 그에게서 저 자유나 주권을 빼앗는다고, 혹은 그가 미성년인 동안 정부를 맡았던 자들에게 그의 제왕적 지배권[55]을 줘버리는 것이라고 생각할 사람이 누가 있겠는가? 그보다 상위에 있는 이런 정부는 그저 그로 하여금 통치를 위한 준비를 더 잘 그리고 더 빨리 하게 하는 것에 불과하다. 누군가가 나에게 언제 내 아들이 자유로워질 나이가 되느냐고 묻는다면, 나는 그의 군주가 통치할 나이가 되는 바로 그때라고 대답할 것이다. 사려 깊은 후커는 『교회 정체의 법률들』 제1권 제6절에서 이렇게 말한다. "그런데 어느 시점에 한 인간이 자기 행위를 인도하기 위해 반드시 의거해야만 하는 법률에 능숙하게 될 정도로 충분히 이성을 사용하는 수준에 도달했다고 이야기될 수 있을까? 이것은 누군가가 기술이나 학식으로 결정하기보다는 감각이 분간하도록 하는 게 훨씬 더 쉬운 문제다."

62. 국가 자체도 인간이 자유로운 인간처럼 행위하기 시작하게 될 때가 있다는 점을 의식하고 받아들이며, 따라서 그때까지는 자기 나라의 정부에 대한 신의 내지 충성 서약이나 다른 공적인 인정 혹은 굴복을 요구하지 않는다.

---

55) 여기에 쓰인 'empire'는 전근대적 맥락에서 영토 범위보다는 주권 또는 최고 지배권을 나타내는 표현이었는데, 로크 역시 그런 의미로 이 단어를 사용하고 있다. 아래 105절이나 113절, 196절 등에서와 같이 문맥상 '제국'으로 읽는 것이 자연스러운 경우를 제외하고 대부분 'empire'는 '제왕적 지배권'으로 옮긴다.

63. 그렇다면 인간의 자유와 자기 자신의 의지에 따라 행위할 자유는 그가 이성을 가진다는 데 근거를 두고 있다. 그가 자신을 다스릴 때 의거하게 될 저 법을 그에게 가르쳐 줄 수 있고, 또 그로 하여금 자기 자신의 의지의 자유에 얼마만큼이 맡겨져 있는지 알게 해줄 수 있는 이성 말이다. 그가 자기를 인도할 이성을 갖기도 전에 제약받지 않는 자유를 누리도록 그를 놓아 주는 것은 그에게 자유로워질 본성의 특권을 허용하는 것이 아니라 야수들 속으로 그를 몰아내어 야수들의 상태만큼이나 끔찍하고 인간 이하인 상태에 버려두는 것이다. 이것이 부모 손에 미성년기 자녀를 다스릴 권위를 부여한 까닭이다. 하느님은 자손에게 이런 돌봄을 베푸는 것을 부모의 일로 만들었으며, 또한 자녀가 그 권력 아래 있을 필요가 있는 한은, [부모가] 이 권력을 누그러뜨리고 그것을 그[하느님]의 지혜가 의도한 대로 자녀의 좋음에 적용하도록 그들 안에 다정함과 관심이라는 적절한 성향을 넣어 주었다.

64. 그런데 무슨 이유로 자기 자손에게 베풀어야 할 부모의 이런 돌봄이 향후 아버지의 절대적인 자의적 지배권으로 진전될 수 있는가? 아버지의 권력이란 그가 가장 효과적이라고 여기는 그런 규율에 따라 자녀들이 그들 자신과 다른 사람들에게 가장 유용하게 되기에 적합하도록 그들의 몸에 힘과 건강을, 그들의 마음에 활력과 청렴을 제공하는 것 이상으로는, 그리고 만일 그의 여건상 필요하다면 그들이 능력이 될 때 자신의 생존을 위해 일을 하게 만드는 것 이상으로는 전혀 미치지 않는데 말이다. 게다가 이 권력에는 아버지와 더불어 어머

니도 자기 몫이 있다.

65. 아니, 이 권력은 어떤 특유의 자연권에 의해서 아버지에게 속하는 것이긴 거의 어렵고 단지 그가 자녀들의 보호자이기 때문에 그런 것이어서, 그가 그들에 대한 돌봄을 그만두면 그들에 대한 권력을 잃는다. 그 권력은 자녀들의 양육 및 교육에 도저히 뗄 수 없이 덧붙어 있어서 그것들과 함께 움직이게 되니 말이다. 그리고 그 권력은 한 아이의 생부에게 속하는 만큼 다른 버려진 아이의 양부에게도 속한다. 그래서 어떤 남자Man[56)]가 그저 자녀를 태어나게 하는 행위만 했을 뿐 그의 모든 돌봄이 거기서 끝나고 이것이 그가 아버지라는 이름과 권위에 대해 가진 자격의 전부라면, 그것만으로 그가 자녀들에 대해 부여받는 권력은 거의 없다. 그리고 한 여자가 한 번에 둘 이상의 남편을 가지는 세상 저쪽 지역에서는 이 부친 권력이 어떻게 될 것인가? 혹은 남편과 아내가 헤어지는 일이 자주 있는데 그럴 때면 아이들은 모두 어머니에게 맡겨져 어머니를 따라가서 전적으로 어머니의 돌봄과 양육을 받게 되는 아메리카의 저 지역들에서는 어떤가? 자녀들이 아직 어릴 때 아버지가 죽으면 자연스럽게 그들은 어디에서든, 미성년인 동안 아버지가 살아 있다면 아버지에게 지게 될 것과 똑같은 순종 의무를 어머니에게 지게 되지 않는가? 그런데 어머니가 자기 자녀들에 대해 입법 권력을 가진다고, 그래서 상시적인 규칙들을 만들 수 있는데 그 규칙들은 영구적 의무가 되어 자녀들이 그 규칙에 의거해서 일생 동안 자신의 소유에 대한 모든 관심사를 규제하고 자신의 자유를 구속해야만 한다고 어느 누가 말

하겠는가? 혹은 어머니가 사형을 내세워 그 규칙들의 준수를 강제할 수 있는가? 이것은 통치권자의 고유 권력으로서, 아버지조차 그것을 털끝만큼도 가지지 못하니 하는 말이다. 자녀들에 대한 아버지의 명령권은 그저 일시적인 것일 뿐이며, 그들의 생명이나 소유에는 미치지 못한다. 그것은 단지 미성년인 자녀의 나약함과 불완전함에 대해 주는 도움, 즉 그들의 교육에 필수적인 훈육일 뿐이다. 그리고 아버지는 자녀가 궁핍해서 죽게 될 위험에 처한 상황이 아니라면 자기 자신의 소유물을 자기 좋을 대로 처분할 수 있겠지만, 그럼에도 불구하고

56) 앞서도 언급했듯이, 이 저서에서 로크가 사용하는 'man/men'은 거의 모든 맥락에서 '인간/인간들'로 읽는 것이 자연스럽고 타당하다. 하지만 이 절과 78절에서는 'man'이 'woman'과 대비되어 '남자'를 뜻하는 말로 사용되고, 77절과 80절, 82, 83절에서는 'wife'와 대비되어 '남편'을 가리키는 표현으로 쓰이기도 한다. 사실 로크나 당대 로크의 독자들은 오늘날 우리 시대의 평균적인 젠더 감수성gender-sensitivity에 한참 못 미치는 남성 중심적 관점 및 관행에 익숙했을 것이므로, 'man/men'이라고 쓰고 '인간/인간들'로 읽으면서도 실제로 머릿속에서는 '남자/남자들'을 떠올렸을지 모른다. 그러기에 'man'이 어느 순간 'husband'나 'male'의 동의어로 쓰일 수 있었을 것이다. 그럼에도 불구하고, 이 책에 등장하는 'man/men'은 대부분 ('남자/남자들' 대신) '인간/인간들'로 옮겼으며, 여기서처럼 '남자'나 '남편'을 뜻하는 말로 사용된 것이 분명하거나 또는 그렇게 읽는 것이 자연스러운 경우에는 'man/men'을 병기하고 그렇게 옮긴다. 맥락상 '성인'으로 옮기는 것이 적절한 경우에도 그렇게 했다. 로크의 여성관에 대한 연구 혹은 그의 정치사상을 젠더 관점에서 분석·평가한 연구로는 멜리사 버틀러(Butler 1978), 테레사 브레넌과 캐럴 페이트먼(Brennan & Pateman 1979), 윌리엄 워커(Walker 1990), 메리 샨리(Shanley 1991), 메리 월시(Walsh 1995), 낸시 허시먼과 커스티 매클루어(Hirschmann & McClure 2007) 등 참조.

그의 권력이 자녀의 생명이나 재물 — 그들 자신의 근면으로 그들 것이 되었든 다른 사람의 선심으로 그들 것이 되었든 — 에까지 미치지는 않으며, 그들이 참정권을 부여받는 사리 분별 할 나이에 일단 이르게 되면 그들의 자유에도 미치지 않는다. 그때 아버지의 제왕적 지배권은 끝나며, 그 이후로 그는 다른 어떤 인간의 자유에 대해서 그렇듯 자기 아들의 자유도 더 이상 처분할 수 없다. 그리고 그것[아버지의 제왕적 지배권]은 절대적 혹은 영구적 관할권과는 아주 거리가 먼 것임이 틀림없기에, 남자Man는 "아버지와 어머니를 떠나 자기 아내와 결합"[57]하도록 신성한 권위로부터 허가를 받아 그 지배권에서 탈퇴해도 무방한 것이다.

66. 그런데 아버지 자신이 다른 누군가의 의지에 복종하는 데서 자유로운 것처럼 아이도 자기 아버지의 의지와 명령에 복종하는 데서 자유롭게 되는 때가 있고, 또 그들 각각은 자연법이든 아니면 그들 나라의 국내법이든 간에 양자 모두에게 공통된 제약 말고는 다른 그 어떤 제약 아래에도 있지 않지만, 그렇다고 해서 이 자유가 아들에게 하느님의 법과 자연법에 의해 자기 부모에게 돌려야 할 저 공경을 면제해 주는 것은 아니다. 하느님은 부모를 인간 종족을 지속시키고 아이들에게 삶의 기회를 주려는 자신의 큰 계획의 도구로 삼아서 부모에게는 자손을 먹여 기르고 보존하고 양육할 의무를 부과했고 아이들에

57) 『창세기』 2장 24절 및 『마태복음』 19장 5절의 인용으로 보인다.

게는 자기 부모를 공경할 영구적 의무를 부과했다. 이 의무에는 내면의 존경과 존중을 모두 외적인 표현으로 드러내 보여야 한다는 것이 포함되어 있는데, 그것은 아이가 자신에게 생명을 부여해 준 사람들의 행복이나 생명을 조금이라도 손상하거나 훼손하거나 방해하거나 위태롭게 할 그 어떤 일도 하지 못하도록 속박하며, 또한 그로 하여금 자기가 존재하게 되고 삶을 즐길 수 있게 되는 데 수단이 되어 준 사람들을 옹호하고 구제하고 지원하고 안락하게 하는 일체의 행위에 종사하게 한다. 어떤 상태, 어떤 자유도 자녀를 이 의무에서 면제해 줄 수 없다. 그러나 이것은 부모에게 자녀에 대한 명령의 권력 또는 법을 만들어 그들의 생명이나 자유를 자기들이 좋을 대로 처분할 권위를 주는 것과는 아주 거리가 멀다. 공경, 존중, 감사와 지원을 표할 의무가 있다는 것과 절대적 순종 및 굴복을 요구하는 것은 별개다. 부모에게 마땅히 바쳐야 할 공경은 왕좌에 앉은 군주도 자기 어머니에게 표해야 하는 것이지만, 이것이 그의 권위를 줄이지는 않으며 그를 그녀의 통치에 종속시키지도 않는다.

67. 미성년자의 복종은 그 아버지에게 일시적인 통치, 즉 아이의 미성년기가 끝남과 동시에 종료되는 통치를 부여한다. 그리고 아이로부터 마땅히 받아야 할 공경은 또한 그 부모에게 존중과 존경, 부양, 순종을 받을 영구적 권리를 부여하는데, 아이의 교육에 들어간 아버지의 돌봄, 비용, 친절이 많거나 적음에 따라 많거나 적게 부여한다. 이것은 미성년기[의 종료]와 함께 끝나지 않고 한 인간의 삶의 모든 부분과 상황에서 유지

된다. 이 두 권력, 즉 아버지가 [자녀의] 미성년기 동안 후견의 권리로 가지는 권력과 그의 일생 동안 계속되는 공경받을 권리로 가지는 권력을 제대로 구별하지 못한 데에 아마도 이 문제에 관한 실수들 대부분의 원인이 있을 것이다. 정확히 말하자면, 이 가운데 전자는 부친 권력의 어떤 특혜라기보다 오히려 자녀의 특권이요 부모의 의무니까 말이다. 자녀를 양육하고 교육하는 것은 자녀의 좋음을 위해 부모에게 부과되는 책임이어서 어떤 것도 그들이 그 책임을 떠맡는 걸 면제할 수 없다. 비록 그 책임에는 자녀에게 명령을 내리고 벌을 줄 권력이 따르지만, 하느님이 인간 본성의 원리 안에 자손에 대한 다정함을 엮어 넣어 뒀기 때문에 부모가 자신의 권력을 너무나도 엄격하게 사용할 염려는 거의 없다. 엄한 쪽으로 과할 경우란 좀처럼 드물고 지연의 강력한 편향은 다른 쪽으로 끌고 가기 마련인 것이다. 따라서 전능한 하느님은 이스라엘 민족을 부드럽게 대하는 자신의 태도를 표현할 때, 비록 그들을 훈계하더라도 "그는 마치 인간이 자기 아들을 훈계하듯이 그들을 훈계했다"(『신명기』 8.5)고, 즉 다정함과 애정을 가지고 했다고 말하며, 그들에게 절대적으로 최선인 수준, [그보다] 느슨하게 했더라면 오히려 덜 친절한 것이 되었을 수준의 엄격함을 조금도 넘어서지 않는 훈육 상태에 그들을 두었다고 말한다. 이것이 바로 부모의 수고와 돌봄이 늘어나거나 빈약하게 보상받는 일이 없도록 하기 위해서 자녀가 순종을 명령받은 그 권력이다.

68. 다른 한편, 부모에 의해 그리고 부모로부터 받은 혜택에 보답하려는 감사의 마음이 요구하는 일체의 공경과 부양은

자녀의 필수 불가결한 의무요 부모의 고유한 특권이다. 이것은 부모의 이익을 위해 있는 것이다. 다른 쪽[58]이 자녀의 이익을 위해 있는 것이듯 말이다. 물론 어린 시절의 무지와 허약함이 제지와 교정을 필요로 하고 그것은 규칙의 가시적인 실행이요 일종의 지배권이기 때문에, 부모의 의무인 교육이 가장 권력을 많이 가지는 것처럼 보이기는 한다. 그리고 공경이라는 단어에 함축되어 있는 저 의무는 순종을 덜 요구한다. 비록 그 의무가 어린 자녀보다는 다 자란 자녀에게 더 강하지만 말이다. "자녀인 여러분은 여러분의 부모에게 순종하십시오"[59]라는 명령이 자녀를 둔 어떤 인간한테 그의 아버지에게 하도록 요구하는 복종과 아직 어린 그의 자녀한테 그에게 하도록 요구하는 복종이 똑같은 것이라고 누가 생각할 수 있겠는가? 그리고 권위에 대한 자부심 때문에 아버지가 무분별해져서 그를 여전히 소년으로 취급한다 하더라도 이 계율에 따라 그가 자기 아버지의 모든 명령에 순종해야만 한다고 누가 생각할 수 있겠는가?

69. 그렇다면 부친의 권력, 아니 더 정확히 말해서 부친의 의무의 첫째 부분인 교육은 특정 시기에 종료되는 방식으로 아버지에게 속한다. 교육하는 일이 끝나면 그 권력은 저절로 멈추며, 또한 그 전에 양도할 수도 있다. 어떤 인간이 자기 아

---

58) 자녀를 양육하고 교육할 부모의 의무를 가리킨다.
59) 『에베소서』 6장 1절의 인용이다.

들의 후견을 남의 손에 맡길 수 있는데, 자기 아들을 다른 사람의 도제로 만든 아버지는 그 시간 동안 아버지인 자신과 어머니에 대한 그 아들의 순종을 대부분 면제한 것이기 때문이다. 그러나 다른 한쪽 부분, 즉 그들에 대한 공경 의무 전체는 그럼에도 불구하고 온전하게 남아 있으며 어떤 것도 그 의무를 취소할 수 없다. 그것은 아버지와 어머니 둘 다로부터 분리될 수 없는 것이어서 아버지의 권위가 어머니에게서 이 권리를 없앨 수 없고 어떤 인간이든 아들에게서 그를 낳아 준 어머니를 공경하는 일을 면제할 수도 없다. 그러나 [부친 권력의] 이 두 부분 모두 법률을 만들고 자산과 자유, 신체, 생명에 미칠 수 있는 처벌을 사용하여 그것을 강제할 권력과는 아주 거리가 멀다. 명령을 내리는 권력은 미성년기가 종료됨과 동시에 끝난다. 그 이후에는 공경과 존중, 지원과 옹호, 그리고 자연적으로 받아 누릴 수 있는 최고의 혜택에 대해 한 인간이 고맙게 여기는 모든 종류의 감사가 언제나 아들로부터 그의 부모에게 마땅히 주어지지만, 그렇다고 이 모든 것이 결코 아버지의 손에 왕홀[60]을, 그러니까 명령을 내리는 주권적 권력을 쥐여 주지는 않는다. 그는 아들의 소유나 행위에 대한 아무런 지배권을 가지지 않으며, 그의 의지가 모든 일에 있어서 아들들에게 지시를 내릴 어떤 권리도 없다. 물론 아들이 자신과 자기 가족에게

---

[60] 여기서 '왕홀'로 옮긴 'Scepter'는 왕권 및 그에 준하는 권위와 위엄의 상징이다. 중국과 우리 전통 시대에는 대부大夫나 사士들이 쥐는 상아나 목재로 만든 홀과 왕이 쥐는 옥으로 만든 규圭로 나뉘었으므로, 엄밀하게 따지면 '규'에 해당한다.

88

대단히 불편하지 않은 여러 일들에서 아버지의 지배권을 존중하게 될 수는 있지만 말이다.

70. 인간은 오랜 세월을 살았거나 지혜로운 인간에게 공경과 존중을 표할 의무가 있을 수 있고, 자기 아이나 친구에게 옹호를, 고통스러워하는 사람에게 구제와 지원을, 그가 가진 모든 것과 그가 할 수 있는 모든 것이 충분히 갚아 낼 수 없을 정도로 은혜를 베푼 사람에게는 감사를 표할 의무가 있을 수도 있다. 그러나 이런 모든 것이 누구에게든, 그런 의무를 지는 상대방에 대해 법률을 제정할 그 어떤 권위도 그 어떤 권리도 주지 않는다. 게다가 이 모든 것은 한낱 아버지라는 자격에만 주어져야 하는 게 아님이 명백하다. 이는 이미 말했듯 그것이 어머니에게도 표해져야 하기 때문이면서, 또한 부모에게 지는 이런 의무와 자녀에게 요구되는 것의 정도가 돌봄과 친절, 수고와 비용의 상이함에 따라 달라질 수 있기 때문이기도 하다. 종종 그런 것이 한 아이에게 다른 아이보다 더 많이 들기도 하니까 말이다.

71. 이것은 그들 자신이 신민으로 있는 사회에서 부모가 어떻게 자기 자녀에 대한 권력을 계속 보유하고 그들의 복종에 대한 권리를 자연 상태에 있는 부모만큼이나 가지게 되는지 그 이유를 보여 준다. 이는 만일 모든 정치권력이 부친 권력일 뿐이어서 사실상 그것들이 하나의 동일한 것이라면 도저히 있을 수가 없는 일이다. 그렇게 되면 모든 부친 권력이 군주에게 있게 되는 것이므로, 신민은 자연히 그것을 조금도 가질 수 없

게 될 테니 말이다. 그러나 이 두 권력, 즉 정치권력과 부친 권력은 아주 완벽하게 별개로 분리된 것이고, 아주 다른 토대 위에 구축되어 있으며, 아주 상이한 목적들을 위해 주어진 것이어서, 아버지인 모든 신민은 군주가 그의 자녀에 대해 가진 것과 똑같은 만큼의 부친 권력을 자기 자녀에 대해 가지고, 부모를 가진 모든 군주는 자기 신민들 가운데 가장 비천한 자가 그의 부모에게 표해야 하는 것과 똑같은 만큼의 효도 및 순종을 자기 부모에게 표할 의무가 있다. 그러므로 [부친 권력은] 군주나 통치권자가 자기 신민에 대해 가지는 유의 지배권 중 어떤 부분도 혹은 어떤 정도도 지닐 수 없다.

72. 부모가 자녀를 양육할 의무와 자녀가 부모를 공경할 의무는 한편으로는 권력 일체를, 다른 한편으로는 복종을 포함하는데, 이는 이 관계에 고유하다. 하지만 통상 아버지에게는 또 다른 권력이 있어서, 그것을 가지고 그는 자녀가 순종하도록 구속한다. 이 권력은 다른 인간들과 그에게 공통된 것이지만, 그것을 보여 줄 기회는 거의 항상 개별 가정 내의 아버지들에게 발생하고 다른 데서는 그 사례가 희소하며 눈에 덜띄기 때문에, 세상에서는 아버지의 관할권의 일부로 통한다. 그리고 이것은 인간들이 일반적으로 자신의 자산을 자기가 가장 마음에 들어 하는 자들에게 증여하는 데서 가지는 권력이다. 아버지의 소유물은 자녀가 상속을 기대하다가 받게 되는것인데, 통상은 각 나라의 법과 관습에 따라 특정의 비율로 이루어진다. 하지만 그 소유물을 더 인색하게 나눠 주거나 더 넉넉하게 나눠 주는 것은 보통 아버지의 권력에 달려 있고, 이는

그의 의지와 기질에 맞게 처신한 게 이 아이냐 저 아이냐에 따라 결정된다.

73. 이것은 자녀의 순종을 끌어내는 결코 작지 않은 구속이다. 그리고 토지의 향유에는 언제나 그 토지가 일부를 이루며 속해 있는 나라의 정부에 대한 복종이 수반된다. 아버지는 자기 후손에게 그 자신이 신민인 저 정부에 대해 의무를 지울 수 있으며, 그의 협약이 그들을 구속한다고 보통 생각되어 왔다. 그러나 사실 그것은 토지에 부가된 필요조건일 뿐이며, 저 정부 아래 있는 자산의 상속은 단지 그 조건 위에서 상속을 받을 자들에게만 미친다. 따라서 그것은 자연적 구속이나 약속이 아니라 자발적인 복종이다. 모든 인간의 차손은 자연에 의해 그 인간 자신이나 언젠가 살았던 그의 조상들 중 어느 누구 못지않게 자유로우므로, 저 자유 상태인 동안은 자신들이 어떤 사회에 가입할지 어떤 국가 아래 자신들을 둘지를 선택할 수 있기 때문이다. 그러나 자기 조상들이 물려준 유산을 향유하려 한다면, 그들은 조상들이 가졌던 것과 동일한 조건으로 그 유산을 받아야 하며 그런 소유물에 부가되어 있는 모든 조건에 복종해야만 한다. 이 권력에 의해서 실로 아버지들은 심지어 자녀가 미성년기를 지났을 때조차도 자신들에게 복종할 의무를 지우며, 가장 흔하게는 그들을 이러저러한 정치권력에 복종시키기도 한다. 그러나 이 두 경우 중 어느 쪽도 아버지로서의 어떤 고유한 권리에 의해서가 아니라 그런 [복종 명령] 준수를 강제하고 그것에 보답해 주기 위해 자기들 수중에 가지고 있는 보상에 의해서 그렇게 하는 것이며, 그러니 어떤 프랑스

인이 그가 남길 자산에 대한 희망을 줌으로써 자신에게 복종하도록 강하게 구속하고 있는 어떤 잉글랜드인에 대해 가지는 것 이상의 권력이 아니다. 그리고 그 자산이 그 잉글랜드인에게 남겨졌을 때 그가 그것을 향유하려면, 그게 프랑스건 잉글랜드건 간에 자산이 놓여 있는 저 나라에서 토지를 보유하는 데 부가된 조건에 입각하여 그것을 취해야 하는 게 확실하다.

74. 그럼 이제 결론을 내리자면 이렇다. 명령을 내리는 아버지의 권력은 자녀들의 미성년기를 넘어서까지는 절대 미치지 않으며, 그것도 미성년 나이의 훈육과 통치에 적합한 정도까지만 미친다. 그리고 공경과 존중 및 라틴족 사람들이 효심이라 부르는 모든 것은, 부모에게 마땅히 바쳐야 할 모든 지원과 옹호에 대해 자녀들이 일생 동안 모든 상황에서 반드시 자기 부모에게 표해야 하는 것이지만, 그렇다고 아버지에게 통치하는 권력, 즉 자녀들에 대해 법률을 만들고 처벌을 규정하는 권력을 부여하지는 않는다. 그런 모든 것에 의해 아버지가 아들의 소유나 행위에 대해 무슨 지배권을 갖게 되는 것도 전혀 아니지만 말이다. 그러나 세상의 최초 시대에는, 그리고 인구가 적은 탓에 가족들이 서로 갈라져 임자 없는 지역으로 가서 사는 게 허용되고 아직 빈 거주지로 옮겨 가서 정착할 여유가 있는 곳에서는 여전히, 가족의 아버지가 그 가족의 군주가 되는 것이 얼마나 쉬웠을지 확연하게 상상해 볼 수 있다.[61] 그는 자녀의 유아기가 시작될 때부터 지배자였고 일정한 통치 없이는 그들이 함께 살아가기 어려웠을 것이므로, 자녀가 성장하면 그들의 명시적 혹은 암묵적 동의에 따라 아버지가 통치를

맡게 되어 거기서는 거의 아무런 변화 없이 그것이 계속되는 것처럼 보였을 개연성이 아주 높았다. 그때에는 실로, 모든 자유로운 인간이 자연적으로 가지는 자연법의 저 실행 권력을 가족 내에서 아버지가 혼자 행사하도록 용인하고 또 그렇게 용인함으로써 자신들이 가족 안에 남아 있는 동안 아버지에게 군주적 권력을 위탁하는 것 이상의 그 무엇도 통치에 요구되지 않았다. 그러나 이것이 어떤 아버지로서의 권리에 의해서가 아니라 오로지 자녀의 동의에 의해서였다는 점은 다음으로부터 명백하다. 만일 어떤 외지인이 우연히 혹은 일이 있어서 그의

*61) [저자의 주] "따라서 모든 가정의 우두머리인 인물은 언제나, 말하자면 왕이었다는 대철학자의 의견이 아예 말도 안 되는 소리는 아니다. 많은 가정이 함께 시민사회에 참여했을 때, 왕은 그들 사이에서 첫 번째 종류의 통치자였으며, 이는 또한 아버지들의 이름이 아버지로부터 지배자가 된 사람들 속에 계속 유지되었던 이유이기도 한 것으로 보인다. 마찬가지로 통치자들이 멜기세덱처럼 행동하여 왕이면서 아버지가 행하던 제사장직을 수행하는 고대 관습 역시 처음에는 아마도 똑같은 계기에 의해 늘어났을 것이다. 하지만 이것이 세상에 받아들여져 온 유일한 종류의 지배 체제는 아니다. 한 종류가 불편하면 여러 다른 종류를 고안하게 되었고, 그렇게 해서, 한마디로 말해, 온갖 종류의 공적 지배 체제 일체가 그것이 편리하고 적절하다고 판단하는 인간들 사이의 숙고된 조언, 협의, 조정으로부터 생겨난 것이 명백해 보인다. 인간이 어떤 공적 지배 체제 없이도 살 수 있었으리라는 것은 자연 그 자체만 고려하면 자연에서 전혀 불가능한 일은 아니니까 말이다." 후커의 『교회 정체의 법률들』 제1권 제10절. [여기서 '대철학자'는 아리스토텔레스를 가리킨다. 그의 『정치학』은 당시 정파를 가리지 않고 도처에서 인용되었는데, 예컨대 토리는 주로 1권에 나오는 국가의 가족적 기원을 강조했고 휘그는 3권의 혼합정체 이야기를 강조하는 식이었다.]

가족에게 왔다가 거기서 그의 자녀 중 누군가를 죽였거나 혹은 어떤 다른 범행을 저질렀다면, 그의 자녀 중 누군가뿐만 아니라 그도 역시 그 외지인에게 죄를 물어 사형에 처하거나 다른 식으로 처벌할 수 있었다는 점을 아무도 의심하지 않는다. 그런데 자기 아이도 아닌 어떤 사람에 대해 그가 아버지로서의 권위에 힘입어서 그런 일을 한다는 것은 불가능했고, 다만 인간으로서 그가 가지고 있던 저 자연법 집행 권력에 힘입어서만 그렇게 할 수 있었다. 그리고 그런 권력 행사로 인해 자녀의 존중이 쌓여서 나머지 가족 구성원을 지배하는 존엄과 권위가 그에게 남아 있도록 그들이 기꺼이 양보했을 경우에는 그의 가족 내에서 오직 그만이 그 외지인을 처벌할 수 있었다.

75. 이와 같이 암묵적이며 거의 불가피한 동의에 의해 자녀가 아버지의 권위와 통치에 길을 열어 주는 것은 쉽고 거의 자연스러운 일이었다. 그들은 어린 시절에 그의 지도를 따르고 자기들 사이의 사소한 다툼도 그에게 물어 해결하는 데 익숙해 있었는데, 어른이 되었다고 달리 누가 그들을 지배하기에 더 적합하겠는가? 그들의 소유가 얼마 되지 않고 탐심도 더 적었기에 더 큰 논란이 벌어질 여지가 거의 없었거니와, 논란이 일어났을 때에도 아버지보다 더 적합한 심판자를 그들이 어디서 구할 수 있었겠는가? 그들 각자가 생존을 유지하고 자란 것이 그의 돌봄 덕이요 그들 모두에 대해 다정함을 가진 것도 그였으니 말이다. 피보호자 상태로부터 벗어나고 싶은 아무런 욕구도 가질 수 없을 때라면, 그들이 미성년기와 성년기를 전혀 구분하지 않고 21세든 다른 나이든 그들을 자기 자신과 재산

Fortunes의 자유로운 처분자로 만들어 줄 수 있을 나이에 신경을 곤두세우지도 않았던 것은 그리 놀라운 일이 아니다. 그들이 피보호자 상태에 있는 동안 받았던 통치는 그들에 대한 제약이라기보다 오히려 보호로서 여전히 계속되었던 것이다. 게다가 그들은 아버지의 지배 아래에서보다 자신의 평화와 자유, 재산을 더 안전하게 지키는 길을 그 어디에서도 발견할 수 없었다.

76. 이리하여 가족의 자연적 아버지는 눈치채기 어려운 변화에 의해 동시에 가족의 정치적 군주가 되었다. 그리고 그들이 마침 오래 살아서 여러 대에 걸쳐 유능하고 덕망 있는 후계자들을 남기기도 했고 그러지 못하기도 했다. 그렇게 그들은 우연이나 의도적인 고안 또는 기회가 빚어내게 되는 바에 따라 이러저러한 헌법과 풍습 아래에서 세습제가 됐든 선출제가 됐든 왕국의 토대를 세웠다. 그러나 만일 군주들이 가진 자격이 그들의 아버지로서의 권리에 있고, 아버지들은 흔히 통치의 행사가 사실상 그들 수중에서 이루어진다는 걸 우리가 발견하게 되는 자들이므로 그것이 정치적 권위에 대한 아버지들의 자연적 권리의 충분한 증거라고 한다면, 그러니까 이 논변이 좋은 것이라면, 그것은 다음과 같은 주장도 마찬가지로 강하게 입증해 주게 될 것이다. 모든 군주는, 아니 정확히 말해 오직 군주만이 제사장이어야 한다는 주장 말이다. 애초에 가족의 아버지가 제사장이었다는 것은 그가 자기 자신의 가정 내에서 지배자였다는 것만큼이나 확실하기 때문이다.[62]

62) 이 문장은 74절의 저자 주에서 로크 자신이 인용한 후커의 언급, 즉
아버지가 왕이면서 동시에 제사장이라는 언급을 염두에 둔 것으로 보
인다. 후커가 예시한 멜기세덱은 성서에서 왕이자 제사장으로 기술된 첫
인물(『창세기』 14.18)인데, 17세기에 잉글랜드에서 에라스투스주의를 받
아들인 일부 이론가들은 실제로 왕에게 준-제사장적 권위를 부여하기
도 했다. 하지만 당시 대부분의 국교도 왕당파들은 그런 입장에 반대했
고, 이 대목에서 로크는 바로 그 점을 노려 필머를 비롯한 왕당파 이론
가들의 논리가 지닌 허점을 지적하고 있다.

7장
정치사회 혹은 시민사회에 대하여

77. 하느님은 인간을 다음과 같은 피조물로 만들었다. 즉, 그 자신이 판단하기에 인간이 혼자 있는 것은 좋지 않아서 필요와 편리, 기질의 강한 속박 아래 그를 두어 사회 속으로 들어가게 했을 뿐만 아니라 그에게 지성과 언어를 갖춰 줘서 사회를 유지하고 향유할 수 있도록 했다. 최초의 사회는 남편Man과 아내 간의 사회였는데, 그것이 부모와 자녀 간의 사회에 발단을 제공했고, 시간이 지나면서 거기에 다시 주인과 종 간의 사회가 더해지게 되었다. 그리고 이 모든 사회가 한꺼번에 모여 있을 수 있고 또 통상 그래서 단 하나의 가족을 이루었는데, 거기서는 남자 주인 혹은 여자 주인이 한 가족에 적절한 모종의 규칙을 가지고 있었다. 하지만 이런 사회들 각각은 물론 그것들을 다 합해도 정치사회에는 미치지 못했다. 이는 앞으로 우리가 이런 사회들 각각의 서로 다른 목적, 결속 장치 및 한계를 살펴보면 알게 될 일이다.

78. 부부 사회는 남자Man와 여자Woman 간의 자발적인 협약에 의해 만들어진다. 그리고 그 협약은 대체로 그 주된 목적, 즉 생식에 필수적인 서로의 몸에 있어서의 교감 및 권리에 대한 것이지만, 그것과 더불어 서로간의 지원과 조력 그리고 이해관계의 교감 또한 끌어내는데, 이는 그들의 돌봄과 애정을 결속하는 데 필수적일 뿐만 아니라 그들 공동의 후손에게도

필수적이다. 후손들은 스스로 생계를 책임질 수 있을 때까지 그들에 의해 양육받고 부양받을 권리를 가지니까 말이다.

79. 왜냐하면 남성Male과 여성Female 간의 결합의 목적은 그저 생식에만 있는 것이 아니라 종의 지속에도 있으므로 남성과 여성 간의 이런 결합은 생식 이후에도, 그러니까 자력으로 삶을 꾸려 가며 생계를 책임질 수 있게 될 때까지 낳은 자들에 의해 부양받아야 할 어린 자녀의 양육과 지원에 필수적인 동안에는 지속되어야 하기 때문이다. 무한한 자인 지혜로운 조물주가 자기 손으로 만든 작품들에 대해 세워 둔 이런 규칙을 하등 피조물들이 한결같이 따른다는 걸 우리는 발견한다. 풀을 먹고 사는 태생 동물들에서 수컷과 암컷 간의 결합은 교미 행위 자체보다 조금도 더 길게 지속되지 않는다. 새끼가 풀을 먹고 살 수 있을 때까지 어미의 젖꼭지만으로도 새끼를 먹여 기르기에 충분해서, 수컷은 새끼를 낳게만 할 뿐 암컷한테든 아니면 자기가 부양에 아무런 기여도 할 수 없는 새끼한테든 관심을 두지 않기 때문이다. 그러나 육식동물에게 있어서는 결합이 더 오래 지속된다. 어미가 잡은 먹이만으로는 어미 자신이 먹고 살면서 많은 새끼들을 먹여 기를 수가 없는 데다가 이렇게 먹이를 잡아먹고 사는 것은 풀을 먹고 사는 것에 비해 더 위험할 뿐만 아니라 더 힘든 생존 방식이기도 해서 수컷의 조력이 그들 공동의 가족을 보존하는 데 필수적이기 때문이다. 그들 공동의 가족은 암컷과 수컷이 함께 돌보지 않고서는 새끼들이 자력으로 먹이를 잡아먹을 수 있게 될 때까지 존속할 수 없는 것이다. 똑같은 일이 (먹을 것이 풍부해서 수컷이 어린 새끼들을 먹이고 돌보는 수

고를 하지 않아도 되는 몇몇 가금류家禽類를 제외하고) 모든 새들한 테서도 관찰되는데, 둥지에 있는 새끼들이 먹이를 필요로 하므로 수컷과 암컷은 새끼들이 날개를 사용해서 자력으로 먹이를 잡아먹을 수 있게 될 때까지 계속 짝을 이루고 산다.

80. 그리고 내가 생각하기에, 왜 다른 피조물들보다 인간 남성과 여성이 더 긴 결합에 속박되는지에 대한, 유일한 이유는 아니더라도, 주된 이유가 여기에 있다. 즉, 앞서 낳은 아이가 부모 도움에 의존하여 부양을 받는 데서 벗어나 자력으로 삶을 꾸려 갈 수 있고 부모로부터 받아야 할 모든 조력을 다 받게 되기 한참 전에 여성이 임신할 수 있고 또 실제로 보통 다시 아이를 가지며 새 아이를 낳기까지 하기 때문인 것이다. 그래서 자기가 낳게 한 아이들을 돌보아야만 하는 아버지는 다른 피조물들보다 길게 같은 여자와 부부 사회를 계속 유지해야 할 의무가 있다. 다른 피조물들의 경우는 번식기가 다시 돌아오기 전에 새끼들이 스스로 생존해 갈 수 있어서 암수 결합은 저절로 해소되고, 휘멘[63]이 연례 활동기에 다시 불러 새 짝을 고르게 할 때까지 그것들은 자유로운 몸이 된다. 이 점에서 우리는 위대한 창조주의 지혜에 경탄하지 않을 수 없다. 그는 인간에게 선견지명을 주고 현재의 필요를 충족할 뿐만 아니라 미래를 위해 비축할 능력까지 주어서 다른 피조물들 사이에서 수컷과 암컷의 사회보다 남편Man과 아내의 사회가 더

---

63) 희랍신화에 나오는 결혼의 신.

길게 지속되어야 하는 것이 필수적이도록 만들었다. 그럼으로써 그들의 근면이 장려되고 그들의 이해관계가 더 잘 결속되어 그들 공동의 자녀를 위해 필수품을 공급 및 비축할 수 있게 하려는 것이었는데, 이런 일은 부부 사회가 불확실하게 섞이거나[64] 쉽고 빈번하게 해소되어서는 크게 방해받을 것이다.

81. 그러나 이런 것들이 다른 종의 동물들보다 인간에게서 부부 결합이 더 확고하고 지속적이도록 만드는, 인류에게 있어서의 결속 장치이긴 하지만, 그럼에도 불구하고 그 결합은 다음과 같은 질문을 제기할 한 가지 이유를 제공할 것이다. 왜 이 협약은 생식과 교육이 확보되고 상속이 처리된 상황에서 다른 어떤 자발적 협약과 마찬가지로 동의에 의해서나 아니면 특정 시점에 혹은 특정 조건들 위에서 종결될 수 있게 만들어져서는 안 되는가 하는 질문이 그것이다. 그 일의 본성에도 목적에도 협약이 반드시 일생 동안 늘 지속되어야 할 필연성은 전혀 없으니 말이다. 그러니까 내 말은, 이런 모든 계약[65]이 영구적이길 명하는 어떤 실정법상의 제약도 전혀 없는 경우들에 있어

64) 일부다처제의 경우를 의미하는 것으로 보인다.

65) 우리가 통상 '사회계약'social contract을 언급할 때 사용하는 '계약'contract이라는 용어가 여기서 처음 등장하여 잠깐 사용되고 이후에도 아주 제한적으로 사용되는데, 주로 특수한 맥락들, 즉 결혼 관련 계약(82, 83절), 고용 노동 계약(85절), 토지 임대계약(194절) 등에 등장하게 된다. 이 용어 대신 우리가 통상 사용하는 '계약'에 해당하는 말로 로크는 '협약'compact이라는 말을 14절에서 처음 사용한 이래 줄곧 사용하고 있다.

서는 그렇지 않느냐 하는 것이다.

82. 그런데 남편과 아내는, 비록 단 하나의 공통 관심사를 가지고 있긴 하지만, 서로 다른 지성을 갖고 있기에 때로는 불가피하게 서로 다른 의지 또한 가지게 될 것이다. 그러므로 최종 결정, 즉 규칙이 어딘가에서 정해져야 할 필요가 있는데, 그 일은 더 유능한 자요 더 강한 자로서의 남편Man 몫으로 자연스럽게 돌아간다. 하지만 이것은 그들 공동의 이해관계와 소유에 속하는 일들에만 영향을 미치는 것이어서, 아내는 계약에 의해 그녀 고유의 권리인 것을 완전하고 자유롭게 계속 보유하며 남편은 아내가 그의 삶에 대해 아무런 권력을 가지지 않는 것과 마찬가지로 그녀의 삶에 대해 아무런 권력도 갖지 않는다. 남편의 권력은 절대군주의 권력과 아주 거리가 먼 것이어서 아내는 자연권이나 그들 사이의 계약이 허용하는 많은 경우에 남편과 별거할 자유를 가진다. 그 계약이 자연 상태에서 그들 자신에 의해 맺어진 것이든 아니면 그들이 사는 나라의 관습이나 법률에 의한 것이든 간에 말이다. 그리고 이렇게 별거가 이루어졌을 때 자녀는 그런 계약이 정하는 대로 아버지 쪽이나 어머니 쪽에 속하게 된다.

83. 왜냐하면 모든 결혼 생활의 목적은 자연 상태에서처럼 정치적 통치하에서도 달성되어야 하므로 시민 통치권자는 그런 목적에, 즉 생식과 부부가 함께 지내는 동안 상호 지원 및 조력에 자연적으로 필수적인 어느 한쪽의 권리나 권력을 축소하지는 않고, 다만 그것들을 두고 남편Man과 아내 사이에서 일

어날 수 있는 논란에 대해서만 결정을 내릴 뿐이기 때문이다. 만일 그렇지가 않고 저 절대적 주권과 생사여탈권이 남편에게 자연적으로 속하고 남편Man과 아내 간의 사회에 필수적이라고 한다면, 남편에게 그런 절대적 권위가 전혀 허용되지 않는 나라들에서는 어디서건 일체 결혼이란 있을 수 없을 것이다. 그러나 결혼의 목적은 남편에게 그런 권력이 있을 것을 전혀 요구하지 않기에 부부 사회의 조건은 그런 권력을 그에게 두지 않으며 그것은 저 상태에 전혀 필수적이지 않다. 부부 사회는 그런 권력 없이도 존속하여 그 목적을 달성할 수 있을 것이다. 아니, 재물의 공유와 재물에 대한 권력, 상호 조력과 부양, 그 밖에 부부 사회에 속하는 여타의 것들은 남편Man과 아내를 그 사회로 결합하는 저 계약에 의해 얼마든지 달라지고 규제될 수 있다. 그 계약이 생식과 양립하며 또 자녀가 자력으로 삶을 꾸려 갈 수 있을 때까지 그들을 양육하는 일과도 양립하는 한은 말이다. 어떤 사회가 만들어진 목적에 필수적이지 않은 것은 아무것도 그 사회에 필수적이지 않기 때문이다.

84. 부모와 자녀 간의 사회 및 그들 각각에게 속하는 서로 구별되는 권리와 권력은 앞선 장에서 아주 충분히 다루었으므로, 여기서 내가 그것에 대해 어떤 것이든 말할 필요는 없을 것이다. 그리고 그 사회가 정치사회와 매우 다르다는 것은 명료하다고 생각한다.

85. 주인과 종은 역사만큼이나 오랜 이름이지만, 그 이름이 주어지는 자들의 조건은 매우 상이하다. 이유인즉슨 이렇다. 자

유인은 다른 사람에게 일정 기간 동안 해주기로 약속한 노역을 팔아 자기가 받게 될 임금과 교환함으로써 자신을 다른 사람의 종으로 만든다. 그리고 통상 이 일은 그를 자기 주인의 가족 안으로 들어가 그 가족의 일상적인 규율 아래 놓이게 하는데, 그럼에도 불구하고 그것은 주인에게 그에 대한 단지 일시적인 권력만을 부여할 뿐 그들 간의 계약에 포함된 것 이상의 그 어떤 권력도 부여하지 않는다. 하지만 우리가 노예라는 특유의 이름으로 부르는 또 다른 종류의 종이 있는데, 이들은 정당한 전쟁에서 잡힌 포로여서 자연권에 의해 자기 주인의 절대적 지배권과 자의적 권력에 종속되어 있다. 이런 인간들은, 내가 말하는 대로라면, 자신의 생명[권]을 박탈당했고, 그것과 더불어 자신의 자유를 박탈당했으며, 자산을 잃었다. 그래서 어떤 소유의 능력도 없는 노예 상태에 있기에, 그 상태에서는 시민사회의 어떤 부분으로도 간주될 수 없다. 시민사회의 주된 목적은 소유의 보존이니 말이다.

86. 그러므로 한 가족의 가정 규칙 아래 통합되어 있는 아내, 자녀, 종, 노예 등과 이 모든 종속 관계를 맺고 있는 어떤 가족의 남자 주인에 대해 고찰해 보자. 그 가족은 질서와 직책들은 물론 수에 있어서도 작은 국가와 어떤 유사성이든 가질 수 있을 테지만, 구조와 권력 그리고 목적에 있어서는 국가와 아주 거리가 멀다. 혹은, 그 가족이 군주정이고 가장은 절대군주로 생각되어야 한다면, 절대군주정은 대단히 약화된 단기간의 권력만 가지게 되는 데 그칠 것이다. 앞에서 이야기된 바에 따라 그 가족의 남자 주인은 가족 내에 있는 그런 여러 사람들

에 대해 시간과 범위 모두에 있어 아주 뚜렷이 구별되고 상이한 방식으로 제한된 권력을 가진다는 것이 명료하니 말이다. 노예를 제외하면 — 그런데 노예가 있든 없든 그 가족은 똑같이 가족이고 가장으로서 그의 권력도 똑같이 크다 — 그는 그들 누구에 대해서도 생사여탈의 입법 권력을 전혀 가지지 않으며, 그와 마찬가지로 어떤 가족의 여자 주인도 똑같이 가질 법한 것 말고는 아무것도 가지지 않기 때문이다. 그리고 가족 내 모든 개별 구성원에 대해 매우 제한된 권력을 가질 뿐인 그가 전체 가족에 대해 절대 권력을 가질 수 없음은 확실하다. 하지만 가족 혹은 다른 어떤 인간들의 사회가 고유하게 정치사회인 것과 어떻게 다른지는 정치사회라는 것 자체가 어디에 있는지를 고찰해 봄으로써 가장 잘 알게 될 것이다.

87. 이미 입증한 바 있듯이, 인간은 완전한 자유와 자연법의 모든 권리 및 특권을 제어받지 않고 향유할 자격을 다른 어떤 인간 혹은 세상의 많은 인간들과 동등하게 가지고 태어났다. 그렇기 때문에 여타 인간들이 가하는 위해와 공격에 대항하여 자신의 소유, 즉 자기 생명과 자유, 자산을 보존할 권력뿐만 아니라 타인이 저지르는 저 법의 위반을 심판하고 그 위법 행위가 응당 받을 만하다고 자신이 확신하게 되는 대로 처벌할 권력 또한 자연에 의해 가지는데, 이 처벌 권력은 그가 보기에 위반 사실의 극악함이 사형을 요구하는 범죄인 경우 심지어 사형으로도 처벌할 수 있다. 그러나 소유를 보존하고 또 그러기 위해 그 사회 모든 사람들의 위법 행위를 처벌할 권력을 자체적으로 갖지 않고서는 어떤 정치사회도 있을 수 없고 존속할

수도 없기 때문에, 공동체에 의해 확립된 법에 보호를 청구할 길이 자기한테 열려 있는 모든 사안에서 구성원 한 사람 한 사람이 이런 자연적 권력을 포기하고 그것을 공동체의 수중에 양도한 곳, 오직 그곳에만 정치사회가 있다. 그리고 이렇게 모든 개별 구성원의 사적 심판은 일체 배제된 가운데, 공동체가 확정된 상시적 규칙에 의해 모든 당사자들에게 불편부당하고 동일한 심판자가 되어 그 사회의 구성원들 간에 어떤 권리의 문제와 관련하여 생겨날 수 있는 모든 불화에 대해서는 확정된 상시적 규칙의 집행을 위해 공동체로부터 권위를 부여받은 사람들이 결정을 내리도록 하고, 어떤 구성원이 사회에 대해 저지른 위법 행위는 법이 확립한 형벌들로써 처벌한다. 이로써 누가 정치사회에 함께 있고 누가 그렇지 않은지를 분간하기란 쉽다. 한 몸으로 결속되어 있을뿐더러 그들 사이의 논란을 종결짓고 위반자들을 처벌할 권위를 가진 공통의 확립된 법과 소를 제기할 수 있는 재판소를 가진 자들은 서로와 더불어 시민사회에 있다. 그러나 소를 제기할 이런 공통의 재판소가 없는 자들, 그러니까 내 말은 지상에 가지고 있지 않은 자들은 여전히 자연 상태에 있다. 다른 어떤 재판관도 없어서 각자가 자신을 위한 재판관이자 집행자인 채로 말이다. 이것은 내가 앞에서 보여 주었던 것처럼 완전한 자연 상태다.

88. 이렇게 해서 국가는 그 사회 구성원들 사이에서 저질러진, 처벌을 받을 만하다고 그들이 생각하는 여러 위반들에 무슨 처벌이 해당될지를 정할 권력(즉, 법률을 만드는 권력)을 얻게 될 뿐만 아니라 그 사회에 속하지 않는 누군가가 그 사회 구성

원 중 누군가에게 가한 위해에 대해 처벌할 권력(즉, 전쟁과 평화의 권력)을 가지게 된다. 그리고 이 모든 것은 그 사회 구성원 모두의 소유를 가능한 한 최대로 보존하기 위함이다. 그런데 시민사회에 참여해서 어떤 국가의 구성원이 된 모든 인간은 그럼으로써 자연법에 어긋나는 위반 행위를 사적 심판을 실행하여 처벌할 권력을 포기한 것이지만, 그가 통치권자에게 소를 제기할 수 있는 모든 사안에서 위반 행위에 대한 심판을 입법부에 양도함으로써 그는 국가가 판결을 집행하기 위해 그에게 요청할 때마다 자신의 위력을 사용할 권리를 국가에 준 것이기도 하다. 국가의 판결은 그 자신이나 그의 대표자에 의해 이루어진 것이기에 실로 자기 자신의 판결이다. 그리고 여기서 우리는 시민사회의 입법 권력과 집행 권력의 기원을 알게 된다. 그것은 국가 내에서 위법 행위가 지질러졌을 때 어느 정도까지 처벌해야 하는지를 상시적인 법률에 의해 판결하는 권력이면서 또한 외부로부터의 위해에 어느 정도까지 맞대응해야 하는지를 당면한 실제 상황에 기반하여 수시로 판결을 내림으로써 결정하는 권력이며, 이 두 경우 모두에서 필요하다면 모든 구성원의 모든 위력을 사용하는 권력이다.

89. 따라서 여하한 수의 인간들이 각자 자신의 자연법 집행 권력을 포기하고 그것을 공중에게 양도할 만큼 하나의 사회로 결속되어 있는 곳에, 오직 그곳에만 정치사회 혹은 시민사회가 있다. 그리고 이것은 자연 상태에 있는 여하한 수의 인간들이 사회에 참여하여 하나의 최고 정부 아래 하나의 인민, 하나의 정치체를 만드는 곳이면 어디서든 이루어진다. 아니면

누군가가 이미 만들어진 어떤 정부에 가입해서 통합될 때 이루어진다. 이렇게 함으로써 그는 사회 혹은 사회나 매한가지인 입법부에 그 사회의 공공선이 요구하게 되는 대로 자기를 위해 법률을 만들 권한을 부여하며, 집행부에 대해서는 (자기 명령에 대해 그러듯이) 그의 조력이 제공될 것이기 때문이다. 그리고 이 일은 그 국가의 어떤 구성원에게든 생길 수 있는 모든 논란을 종결짓고 위해를 시정하는 권위를 가진 재판관을 지상에 둠으로써 인간을 자연 상태에서 나와 국가 상태로 옮겨 가게 한다. 이 재판관은 입법부이거나 입법부가 임명한 통치권자들이다.[66] 그리고 어떤 방식으로 결사를 이루고 있든 간에 여하한 수의 인간들이 그처럼 소를 제기할 수 있는 결정적 권력을 전혀 가지고 있지 않은 곳이라면 그게 어디든 그들은 여전히 자연 상태에 있다.

90. 이로부터 다음이 명백하다. 어떤 인간들[67]이 세상에서

---

66) 여기서 로크가 '재판관'을 "사법부이거나 입법부가 임명한 판사들"이라고 말하지 않는다는 데 주목할 필요가 있다. 위법 여부를 '심판'하고 처벌의 수위와 정도에 대해 '판결'을 내리는 것은 흔히 사법 권력에 속하는 일로 생각되지만, 로크는 자신의 정치사회 및 국가에 대한 논의에서 사법부나 사법 권력을 따로 상정하지 않는다. 그는 사법 권력이 입법 권력과 집행 권력 아래 포함되는 것으로 간주하는데, 이 점은 특히, 그가 국가권력을 입법 권력과 집행 권력, 결맹 권력으로 구분하고 그 종속 관계를 논하는 12, 13장에서 분명히 드러난다.

67) 맥락상 왕당파와 토리에 속한 절대군주정 지지자들을 가리키는 것으로 보인다.

유일한 정부로 간주하기도 하는 절대군주정은 실로 시민사회와 양립하지 않으며, 따라서 시민 정부의 그 어떤 형태도 결코 될 수가 없다는 점 말이다. 이유인즉슨 이렇다. 시민사회의 목적은 모든 인간이 자기 자신의 사안에 재판관이라는 데서 필연적으로 따라 나오는 자연 상태의 불편을 피하고 치유하려는 것인데, 이는 자기가 입은 위해나 생길 수 있는 논란에 대해 그 사회의 모든 사람이 소를 제기할 수 있을뿐더러 또 복종해야만 하는 잘 알려진 권위를 세움으로써 이루어진다.[68] 그렇기 때문에 그들 사이의 어떤 불화에 대해 결정을 내려 주도록 소를 제기할 수 있는 그런 권위를 가지고 있지 않은 사람들이 있는 곳이라면 어디든, 거기에서 그들은 여전히 자연 상태에 있는 것이다. 그리고 모든 절대군주 또한 그의 지배권 아래 있는 사람들에 대해서 그렇다.

91. 왜냐하면 그는 입법 권력과 집행 권력 둘 다를 혼자서 가진다고 상정되기에, 군주로부터 당하거나 혹은 그의 명령에 의해 겪을 수 있는 어떤 위해 또는 불편에 대해서 공정하고 불편부당하게 권위를 가지고 결정을 내려 줄 재판관, 그래서 그

[68] [저자의 주] "모든 사회의 공적 권력은 같은 사회에 포함되어 있는 모든 영혼 위에 있다. 그리고 그 권력의 주된 용도는 그 아래 있는 모두에게 법률을 제공하는 것인데, 이성법이나 하느님의 법이 그 반대를 명한다고 부득불 강하게 주장할 만한 이유가 있는 것으로 보이지 않는 한 그런 사안들에서 우리는 그 법률에 복종해야만 한다." 후커의 『교회 정체의 법률들』 제1권 제16절.

의 결정을 통해 그런 위해나 불편에 대한 구제와 시정을 기대해 봐도 좋을 그런 재판관은 도무지 찾을 수 없고 소를 제기할 길이 누구에게도 열려 있지 않기 때문이다. 그래서 차르Czar[69]라 부르든 그랑 시뇨르Grand Signior[70]라 부르든 아니면 당신이 마음에 드는 대로 달리 어떻게 부르든 그런 인간은 그의 지배권 아래 있는 모든 사람들과, 그가 여타 인류와 더불어 그런 것만큼이나, 자연 상태에 있다. 어떤 두 인간이 어느 곳에 있든지 간에, 그들 사이에서 벌어지는 권리에 대한 논란을 종결짓기 위한 아무런 상시적 규칙도 없고 소를 제기할 수 있는 공통의 재판관도 지상에 없는 경우 그들은 여전히 자연 상태에,[*71]

---

69) 라틴어 '카이사르'Caesar에서 유래한 칭호로 슬라브권에서 '군주'를 가리키기 위해 쓰였다.

70) '대군주'라는 뜻으로 오스만튀르크 제국의 술탄을 가리킨다.

*71) [저자의 주] "그런 모든 상호 간의 불평거리, 위해와 악행, 즉 자연 상태의 인간들에게 수반되는 그런 것들을 제거하기 위해서는, 그들 사이에서 조정과 합의가 점차 발전하게 만들고 모종의 공적인 정부를 임명하여 자신들을 신민으로서 그 정부에 복종시킴으로써 결국 그들이 다스리고 통치할 권위를 부여한 자들에 의해 여타 사람들의 평화와 안온, 행복한 상태가 얻어질 수 있게 하는 것 말고 달리 아무런 방법이 없었다. 인간들은 위력과 위해가 가해지는 곳에서는 자신이 자기 자신의 방어자가 되어도 좋다는 것을 언제나 알고 있었다. 또한 그들은 인간이 자기 자신의 유익을 어떤 식으로 추구해도 무방하지만, 만일 이것이 타인에게 위해를 가하면서 행해진다면, 그것은 참고 견딜 일이 아니라 모든 인간이 모든 수단을 동원하여 저항해야 할 일이라는 점을 알고 있었다. 끝으로 그들은 모든 인간이 자기 자신과 자신이 매우 애착을 가진 자들에게 편파적인 한은 그 어떤 인간도 자기 자신의 권리를 결정하는 일을 스스로 떠맡아서 자신의 결정에 따라 그대로 밀고 나가도록 해서는 당

자연 상태의 그 모든 불편 아래에 있는 것이기 때문이다. 그 경우에 절대군주의 신민, 아니 더 정확히 말해 노예에게는 다음과 같은 통탄할 만한 차이가 있을 뿐이다. 보통의 자연 상태에서라면 그는 자신의 권리에 대해 판단을 내리고 가용한 자기 권력을 최대로 활용해서 그것을 유지할 자유를 가진다. 그런데 이제 절대군주의 신민은 군주의 의지와 명령에 의해 자신의 소유가 침해될 때마다, 사회에 있는 사람들이라면 마땅히 가지고 있어야 할 소 제기할 데를 전혀 가지고 있지 않을 뿐만 아니라 마치 이성적 피조물들의 평균적인 상태로부터 퇴보되기라도 한 양 자신의 권리에 대해 판단을 내리거나 옹호할 자유를 부정당하기까지 한다. 그리하여 그는, 아무런 제약을 받지 않는 자연 상태에 있으면서 게다가 아첨으로 타락해 있고 권력으로 무장까지 되어 있는 누군가로부터 한 인간이 겪게 될까 두려워할 만한 일체의 불행과 불편에 노출되는 것이다.

92. 절대 권력은 인간의 피를 정화하며 인간 본성의 비천함을 교정한다고 생각하는 자가 그 반대를 확신하기 위해서는 그저 이 시대 혹은 다른 어떤 시대의 역사를 읽는 것만으로도

연히 안 된다는 것을, 그러므로 그들이 합의해 주어야 마땅한 어떤 자들이 명령을 내리도록 공동으로 동의 — 이런 동의가 없다면 한 인간이 다른 인간들에 대해서 주재자 혹은 재판관이 되는 일을 떠맡아야 할 아무런 이유가 없을 것이다 — 를 하지 않는 한은 다툼과 분란이 끝없이 계속되리라는 것을 알고 있었다." 후커의 『교회 정체의 법률들』 제1권 제10절.

충분하니까 말이다. 아메리카의 숲속에 있었다면 방자하고 해를 끼쳤을 자가 왕좌에 앉는다고 해서 훨씬 더 나아지는 일은 아마 없을 텐데, 이 경우에는 그가 자기 신민들에게 행할 그 모든 일을 정당화하려고 아마도 학식과 종교가 물색될 것이고, 거기에 감히 토를 다는 자들의 목소리는 모두 칼이 당장 잠재우게 될 것이다. 이런 종류의 정부가 완벽하게 성장한 상황에서 절대군주정이 제공하는 보호란 무엇인지, 그것은 군주를 그들 나라의 어떤 종류의 아버지로 만드는지, 또 그것이 시민사회에 어느 정도의 행복과 안전을 가져다주는지는 실론에 대한 최근 이야기[72]를 주의 깊게 들여다보면 누구라도 쉽게 알 수 있을 것이다.

93. 세상의 다른 정부들과 마찬가지로 절대군주정에서도

---

72) 1681년에 출간된 로버트 녹스Robert Knox(1640년경~1720년경)의 『동인도제도에 있는 실론섬의 역사 이야기』*An Historical Relation of the Island of Ceylon in the East Indies*를 가리킨다. 이 책은 잉글랜드에 소개된 실론(스리랑카)에 대한 최초의 설명으로 알려져 있다. 옥스퍼드 대학교의 보들레이안 도서관이 보관하고 있는 로크의 장서 3600여 권 가운데 주제가 '철학'으로 분류되는 것이 269권인 데 비해 '기행 또는 지리'로 분류되는 것은 275권이라는 사실에서 짐작할 수 있듯이, 로크는 각종 형태의 다양한 기행문을 왕성하게 섭렵했다. 앤 탤벗(Talbot 2010) 같은 연구자는 그런 독서를 통해 얻은 지식과 정보가 로크의 주요 철학적 업적의 토대가 되었음을 역사기록 연구historiographical research를 통해 보여 준다. 이 『두 번째 논고』의 논변을 전개함에 있어서도 역사·기행·지리와 관련된 그의 독서 이력을 곳곳에서 확인할 수 있는데, 그중 녹스의 책은 출간 연도로 볼 때 아마도 로크가 읽은 가장 최근작이었을 것이다.

실로 신민들은 그들 서로 간에 생겨날 수 있는 논란을 종결짓고 폭력을 제지하기 위해 소를 제기할 법과 재판관을 가지고 있다. 모든 사람은 이것이 필수적이라고 생각하며, 그것을 제거하려 드는 자야말로 사회와 인류의 공공연한 적으로 간주될 만하다고 믿는다. 그러나 이것이 인류와 사회에 대한 진정한 사랑에서, 우리 모두가 서로에게 빚지고 있는 그런 자선에서 나온 것인지 의심해 볼 이유가 있다. 이것은 자기 자신의 권력, 이익 혹은 위대함을 사랑하는 모든 인간이 할 법하며 또 자연적으로 틀림없이 할 일, 즉 오로지 자신의 쾌락과 이득을 위해서만 노동하고 수고하는 저 동물들이 서로를 해치거나 파괴하지 못하도록 지키는 것에 지나지 않기 때문이다. 그러니 저 동물들은 주인이 그들을 사랑해서가 아니라 자기 자신을 사랑해서, 그들이 자신에게 이익을 가져다주기에 돌봄을 받는 것일 뿐이다. 그런 상태에서 이 절대적 지배자의 폭력과 압제에 맞서는 무슨 안전장치가, 무슨 울타리가 있느냐고 묻는다면 어떨까? 그런 질문 자체가 거의 생겨날 수가 없다. 그들은 당신에게 답할 준비를 끝내 놓고 있다. 안전을 묻는[73] 것만으로도 죽을 만하다고 말이다. 그들은 신민과 신민 사이에 그들 상호 간의 평화와 안전을 위해서 척도와 법률, 재판관이 있어야 한다고 인정할 것이다. 그러나 지배자로 말할 것 같으면, 그는 절

---

[73] 여기에 사용된 표현인 "ask after Security"에서는 일상어를 활용한 언어유희가 엿보인다. 원어 뉘앙스에 더 가깝게는 '안전의 안부를 묻는', 따라서 '안전이 안전한가를 묻는'으로 옮길 수 있을 것이다.

대적이어야 하며 그런 모든 상황 위에 있다. 그는 더 많은 가해와 부당 행위를 할 권력을 가지고 있기 때문에, 그가 그것을 하면 그냥 그것은 옳은 일이다. 당신이 피해나 위해로부터 어떻게 보호받을 수 있을지를 묻는 것은, 그런 일을 하려고 최강자가 손을 놀리는 저쪽 편에서 보면, 곧바로 분열과 반란의 목소리다. 마치 인간이 자연 상태를 그만두고 사회 안으로 들어갈 때 한 사람을 제외한 자기들 모두는 법률의 제약 아래 있어야 하지만 그 한 사람은 자연 상태의 모든 자유, 그것도 권력을 이용하여 증대되고 처벌 면제를 통해 제멋대로 해도 상관없게 된 자유를 여전히 보유해야 한다고 동의라도 했다는 듯이 말이다. 이는 인간이 긴털족제비나 여우가 저지를 수도 있는 악행은 피하려고 조심하면서도 정작 사자한테 잡아먹히는 것은 감수할 정도로, 아니 정확히 말해 안전하다고 여길 정도로 어리석다고 생각하는 것이다.

94. 그러나 아첨꾼들이 인민의 지성을 호도하기 위해 무슨 말을 하든지 간에, 인간들이 느끼는 것까지 막지는 못한다. 그래서 그들은, 무슨 지위에 있든 어떤 인간이 자신들이 속해 있는 시민사회의 경계 밖에 있다는 점 그리고 그에게서 입을지도 모르는 어떤 손해에든 맞서 자신들이 지상에 소를 제기할 데가 전혀 없다는 점을 감지하면, 그렇다는 것을 알게 된 그 인간에 관해서는 자신들이 자연 상태에 있다고 생각해서 가능한 한 빨리 시민사회에서의 저 안전과 안보를 얻기 위해 애쓰게 되기 마련이다. 바로 그것을 위해 애초에 시민사회가 조직되었으며, 그들이 시민사회에 참여한 까닭도 오직 그것을 위해

서였으니 말이다. 따라서 아마도 처음에는 (장차 이 담론의 이어지는 부분에서 전체적으로 더 보여 주게 될 텐데) 훌륭하고 탁월한 어떤 한 인간이 여타 인간들보다 두각을 나타내게 되어 그의 훌륭함과 탁월함에 대해, 마치 일종의 자연적 권위에 대해서처럼, 다음과 같은 존경을 표하게 되었을 것이다. 즉, 그의 반듯함과 지혜에 대해 그들이 가진 확신 말고는 다른 아무런 주의도 기울이지 않은 채, 그들 간의 불화에 대한 중재와 함께 최고의 지배를 암묵적 동의에 의해 그의 수중에 맡겼던 것이다. 하지만 부주의하고 앞을 내다보지 못하는 첫 시대의 순진함 때문에 시작된 관습에 시간이 권위와 (어떤 인간들이 우리를 설득하려던 것처럼) 신성함을 부여하면서 또 다른 유형의 계승자들을 불러들이게 되자, 인민은 (정부란 소유의 보존 외에 다른 어떤 목적도 가지지 않는 것인 데 반해) 그 정부 아래에서는 자신의 소유[권]가 예전에 그랬던 것만큼 안전하지 못함을 발견하고, 원로원[74]이나 의회 혹은 당신이 마음에 드는 뭔가로 불리는 인간들의 집합체에 입법부가 설치되기 전까지는 결코 안전할 수도 마음을 놓을 수도 없으며 자신들이 시민사회에 있다고 생각할 수도 없음을 깨닫게 된다.[*75] 입법부라는 수단에 의해 각 개인은 바로 그

---

74) 고대 로마에서 '민회'와 구분하여 '원로원'을 가리키는 말로 쓰였던 'senate'의 용례를 따라 '원로원'으로 옮겼다. 하지만 'senate'의 희랍적 기원이 'boulē'(council)라는 점에서 '평의회'로 번역할 수도 있다.

*75) [저자의 주] "최초에 어떤 특정한 종류의 지배 체제가 일단 정해지면, 그때는 모든 것을 그 지배자들의 지혜와 사리 분별에 맡기는 것 말고는 통치의 방식에 대해 더 이상 아무것도 생각하지 못했을 법하다. 이런 식

자신이 입법부의 일원으로서 확립했던 그런 법률에, 여타의 가장 비천한 인간들과도 동등하게 복종하는 신민이 되었다. 또한 일단 만들어지고 나면 그 법의 위력은 어느 누구도 자신의 권위로 회피할 수가 없었으며, 우월성을 과시하는 어떤 주장에 입각해서든 자기 자신이나 자기 수하 누군가의 과오를 특별히 눈감아 주도록 면책을 청구할 수도 없었다. 시민사회에서는 어떤 인간도 그 사회의 법률에서 면제될 수 없다.[76] 어떤 인간이 자기가 적절하다고 생각하는 것을 무엇이든 행할 수 있는데 그가 끼칠 어떤 손해에 대해서도 원상 복구나 안전을 위해 소를 제기할 데가 지상에 없다면, 나는 묻는다. 그는 여전히 완벽하게 자연 상태에 있는 것이 아닌지, 그래서 누군가가 자연 상태와 시민사회가 하나이자 동일한 것이라고 말하지 않는 한 그는 처 시민사회의 어떤 부분도 구성원도 될 수 없는 것이 아닌지 말이다. 아직 나는 그렇다고 긍정할 만큼 무정부 상태를 그토록 대단히 옹호하는 자를 한 번도 본 적이 없다.

의 지배는 경험상 그것이 모든 부분에 있어 대단히 불편해서 마치 치유를 위해 고안해 낸 것이 실은 치유했어야 할 상처를 더 확대시키는 꼴이나 마찬가지임을 발견하게 될 때까지 계속되었다. 그들은" 한 인간의 의지에 따라 산다는 것이 모든 인간의 불행의 원인이 된다는 것을 "알게 되었다. 이것은 그들을 법률로 나아가게 만들었는데, 법률 안에서 모든 인간은 자신의 의무를 미리 볼 수 있고 그것을 위반할 때 받을 처벌을 알 수 있었다." 후커의 『교회 정체의 법률들』 제1권 제10절. [같은 주석이 111절에도 사용된다.]

[76] [저자의 주] "시민법은 정치체 전체의 행위이므로 바로 그 정치체의 여러 부분 각각을 압도한다." 후커, 같은 곳.

8장
정치사회들의 시작에 대하여

95. 이미 말했듯이 인간은 자연에 의해 모두 자유롭고 평등하고 독립적이어서, 아무도 그 자신의 동의 없이는 이 상태로부터 내몰려 타인의 정치권력에 종속될 수 없다. 어떤 사람이 자신의 자연적 자유를 포기하고 시민사회의 구속을 받아들이는 유일한 방식은, 자기 소유물을 안전하게 향유하고 그 공동체에 속해 있지 않은 누군가에게 맞서 더 큰 안전을 보장받으면서 서로 간에 편안하고 안전하고 평화로운 삶을 살기 위해 다른 인간들과 합의함으로써 공동체에 가입하여 결속하는 것이다. 어하한 수의 인간이든 이 일을 할 수가 있다. 왜냐하면 그것이 여타 인간들의 자유에는 해를 끼치지 않기 때문인데, 그들은 늘 그래 왔듯이 자연 상태의 자유 안에 남아 있다. 여하한 수의 인간이 하나의 공동체 혹은 정부를 만들기로 동의했을 때, 그럼으로써 그들은 곧바로 통합되어 하나의 정치체를 만드는데, 거기서는 다수[77]가 나머지 사람들을 행위하게 하며 구속할 권리를 가진다.

---

77) 이 장을 통해 전개되는 논의의 맥락에서 볼 때, '다수'는 엄밀히 말해 '과반 다수'를 뜻한다. 하지만 문맥상 분명할 경우 이렇게 줄여 쓰기로 한다.

96. 왜냐하면 여하한 수의 인간이 각 개인의 동의에 의해 공동체를 만들었을 때, 그럼으로써 그들은 그 공동체를 한 몸으로서 행위할 권력을 가진 하나의 몸으로 만든 것인데, 그런 권력은 오직 다수의 의지와 결정에 입각해 있기 때문이다. 어떤 공동체를 행위하게 하는 것은 오직 그 공동체에 속하는 개인의 동의뿐이고, 한 방향으로 움직이는 것이 한 몸인 것에 필수적이므로, 더 큰 힘, 즉 다수의 동의가 이끄는 방향으로 그 몸이 움직여야 하는 것은 필연적이니까 말이다. 그렇지 않으면 그것이 한 몸, 즉 하나의 공동체를 행위하게 하거나 지속하기란 불가능한데, 한 몸으로 결속한 각 개인의 동의는 그 몸이 바로 그래야 한다고 합의한 바 있다. 그래서 모든 사람은 저 동의에 따라 다수에 의한 구속을 받아들일 의무가 있다. 그러므로 우리는 실정법에 의해 행위할 권한을 부여받은 회의체에서, 거기에 권한을 부여하는 저 실정법이 아무 수도 설정해 놓지 않은 경우에, 다수의 행위가 전체의 행위로 통하며 자연법과 이성법에 의해 전체의 권력을 가지는 것으로서 으레 결정을 내리는 것을 본다.

97. 이렇게 해서 모든 인간은 하나의 정부 아래 하나의 정치체를 만들기로 다른 사람들과 동의함으로써 자신을 저 사회 모든 사람에 대한 의무, 즉 다수의 결정에 복종하고 그것에 의해 구속될 의무 아래에 둔다. 그렇지 않으면, 그러니까 그가 자유로운 채로 남아 있고 이전의 자연 상태에서와 다른 그 어떤 속박 아래에도 있지 않다면, 그로 하여금 다른 사람들과 더불어 하나의 사회로 통합되게 하는 이 원초적 협약은 아무런 의

미가 없게 될 것이고 어떤 협약도 아니게 될 것이다. 거기에 무슨 협약의 외양이랄 게 있겠는가? 그가 스스로 적절하다고 생각하고 실제로 동의했던 것 외에는 그 사회의 어떤 명령에도 얽매이지 않는다면, 무슨 새로운 약속이란 게 있겠는가? 이는 그자신이 협약을 하기 이전에 가졌던 자유, 혹은 자연 상태에 있으면서 자신이 적절하다고 생각하면 그 사회의 어떤 행위에 복종하고 동의할 수도 있는 다른 누군가가 가지는 자유만큼이나 여전히 큰 자유일 것이다.

98. 이유인즉슨 이렇다. 만일 다수의 동의가 전체의 행위로 당연하게 받아들여져서 모든 개인을 구속하게 되지 않는다면, 각 개인의 동의만이 어떤 것을 전체의 행위로 만들 수 있다. 그러나 그런 동의를 얻는 깃은 거의 불가능에 가깝다. 한 국가의 사람 수보다야 훨씬 적겠지만 많은 경우에 숱한 사람들을 부득불 공적 회의에 나가지 못하도록 막을 건강상의 허약함과 업무의 번다함을 고려하면 말이다. 거기에 인간들의 온갖 모임에서 어쩔 수 없이 생겨나는 의견의 다양성과 이해관계의 대립까지 더해 보면, 그런 조건으로 사회에 들어온다는 것은 카토[78]

---

78) 같은 이름을 가진 감찰관 카토Marcus Porcius Cato Censor(기원전 234~기원전 149년)의 증손자여서 소 카토라고도 불리는 우티카의 카토Marcus Porcius Cato Uticensis(기원전 95~기원전 46년)를 가리킨다. 그는 로마 공화정 말기 카이사르에 대적하여 공화정을 수호하려 한 정치인이자 스토아 철학자인데, 키케로는 그를 죽어 가는 로마 공화국을 지키려 한 순교자 영웅으로 존숭했다.

가 단지 다시 나가기 위해서만 극장에 들어오는 것과 다를 바 없는 일일 뿐일 것이다.[79] 이와 같은 체제는 힘센 리바이어던[80]을 가장 연약한 피조물들보다 더 짧게 존속하도록 만들어서 그것이 태어난 날도 못 넘기게 할 것이다. 이런 일은, 이성적 피조물들이 단지 해체되기 위한 사회를 원하며 설립한다고 우리가 생각할 수 있기 전에는 상정될 수 없다. 다수가 나머지 사람들을 구속할 수 없는 곳에서 그들은 한 몸으로 행위할 수 없으며, 그 결과 곧바로 다시 해체될 것이기 때문이다.

99. 그러므로 자연 상태를 벗어나 공동체로 결속하는 자는

[79] 고대 로마의 풍자시인인 마르쿠스 발레리우스 마르티알리스Marcus Valerius Martialis의 『경구시집』*Epigrams* 1권 머리말에 나오는 내용으로 알려져 있는데, 이는 발레리우스 막시무스Valerius Maximus의 『아홉 권의 기억할 만한 언행들』*Factorum et dictorum memorabiliun libri IX* 2권 10장 8절에 소개되어 있는 일화를 바탕으로 한 것이다. 그가 자주 언급하는 카토가 소 카토인지 아니면 그의 증조부 대 카토인지 때때로 구별하기 어려운 경우도 없지 않다. 그러나 아무튼 로크가 이 대목에서 인용하는 카토의 일화는 당시 로마의 부패하고 부도덕한 상황을 못마땅하게 여기고 스토아적 신조에 충실하려 했던 태도를 풍자한 것이다. 워낙에 유흥과 거리가 멀고 검소하며 로마 전래의 도덕적 전통을 중시하는 사람이었던 카토는 어쩔 수 없이 연극을 보러 극장에 가게 되는 경우라도 곧장 자리를 뜨는 것으로 당대 문화에 대한 자신의 못마땅함을 드러냈다고 한다.

[80] 원래 '리바이어던'은 구약 성서 『욥기』 41장에서 혼돈의 근원이자 하느님의 적으로 묘사되는 바다 괴수다. 하지만 전후 맥락으로 볼 때, 여기서 로크가 염두에 두고 있는 것은 1651년에 출간된 홉스의 저서 『리바이어던』의 그 '리바이어던'임이 분명하다. 이렇듯 로크는 자신이 홉스의 독자임을 간접적으로 드러낸다.

누구든 그들이 사회로 결속하는 목적에 필요한 권력 일체를 그 공동체의 다수에게 양도하는 것으로 이해되어야 한다. 다수보다 더 큰 어떤 수[81]로 하자고 그들이 명시적으로 합의하지 않는 한은 말이다. 그리고 이런 권력 양도는 하나의 정치사회로 결속하는 데 단순히 합의함으로써 행해지는데, 이 합의야말로 어떤 국가에 가입하거나 그것을 구성하는 개인들 간에 이루어지는 혹은 이루어질 필요가 있는 협약의 전부다. 이와 같이 어떤 정치사회를 시작시키고 실제로 설립하는 것은 다수를 형성할 수 있는 여하한 수의 자유인들이 그런 사회로 결속하여 통합을 이루기로 하는 동의밖에 없다. 그리고 이것이, 오직 이것만이, 세상의 모든 합법적인 정부에 시작을 부여했고, 또 부여할 수 있었다.

100. 이에 대해 두 개의 반론이 제기되어 있음을 발견한다.

첫째, 독립적이며 서로 평등한 한 무리의 인간들이 함께 만나서 이런 방식으로 정부를 시작하고 수립했던 어떤 사례도 역사에서 찾아볼 수 없다.

둘째, 인간이 그렇게 한다는 것은 당연히 불가능한데, 왜냐하면 모든 인간은 정부 아래에서 태어나므로 그 정부에 복종해야 하며, 그래서 새로운 정부를 시작할 만큼 자유로운 상태에 있지 않기 때문이다.

---

81) 이를테면 '3분의 2 다수' 같은 어떤 압도적 다수로 이해할 수 있을 것이다.

101. 첫째 반론에 대해서는 이렇게 답변할 수 있다. 역사가 자연 상태에서 함께 살았던 인간들에 대해 아주 적은 설명만 우리에게 제공한다는 것은 전혀 놀라운 일이 아니라고 말이다. 그[자연 상태] 상황의 불편함과 사회에 대한 애정 및 필요가 여하한 수의 그들을 모이게 하자마자 그들은 계속 함께하기로 작정한 것처럼 곧바로 결속하고 통합했다. 그리고 만일 인간이 한 번이라도 자연 상태에 있었던 적이 있다고 상정하면 안 되는 이유가 그런 상태에 있는 인간들에 대해 우리가 별로 들은 게 없기 때문이라고 한다면, 마찬가지로 우리는 살마나세르[82]나 크세르크세스[83]의 군대가 아이였던 적이 결코 없었다고 상정해도 되는데, 그 이유는 성인$_{Men}$이 되어 군대에 편

---

82) 성서에 이름이 등장(『열왕기하』 17.3~9, 18.9~12)하는 살마나세르Salmanasser는 기원전 722년에 북이스라엘을 멸망시킨 아시리아 왕 '샬마네세르Shalmaneser 5세'(한글 성서에서는 '살만에셀')다. 그러나 로크가 이 대목에서 언급하는 살마나세르는 '샬마네세르 3세'를 가리킬 수도 있는데, 그의 이름 자체는 성서에 등장하지 않지만 성서 역사에서 중요한 인물로 거론된다. 기원전 9세기에 아시리아를 확장하는 정복 전쟁을 주도했던 샬마네세르 3세는 북이스라엘 왕 예후가 그에게 엎드려 절하는 장면이 새겨진 오벨리스크 부조로 잘 알려져 있으며, 조공 등 치욕적 굴욕을 겪던 북왕국이 방금 언급한 대로 기원전 8세기 샬마네세르 5세의 아시리아에게 멸망하게 된다. 앞으로 보게 되겠지만, 로크는 16장 말미 196절에서 『열왕기하』 18장 7절을 언급하며 해당 성서 배후의 야사까지 거론하는데, 아마도 북이스라엘의 마지막 시기를 다루는 『열왕기하』 17, 18장에 매우 집중했던 것 같다. 따라서 북이스라엘 왕국이 멸망에 이르는 데 중대한 영향을 미쳤던 샬마네세르 3세가 이 대목에서 그의 군대를 통해 언급되는 것일 가능성이 높다. 라슬렛과 골디도 이 대목의 '살마나세르'를 "기원전 9세기 아시리아의 정복자"로 설명한다.

성될 때까지 그들에 대해 우리가 듣는 게 거의 없기 때문이다. 정부는 모든 곳에서 기록보다 앞서 있으며, 문자가 사람들 사이로 들어오는 것은 시민사회가 오래 지속되어 다른 더 필수적인 기술에 의해 그들의 안전과 안락과 풍족함이 갖춰진 다음의 일이다. 그때서야 그들은 창건자들의 역사를 추적하며 자신들의 기원을 탐색하기 시작하는데, 그때는 이미 그들에게 그 기원에 대한 기억이 사라진 뒤였다. 개별 인간들의 경우 보통 그들 자신의 출생과 유아기에 대해 무지하기 마련인데, 이는 국가들의 경우도 마찬가지다. 그리고 만일 그들이 자신의 기원에 대해 뭔가 아는 게 있다면, 그것은 다른 사람들이 보존해온 우연적인 기록들을 보고 찾아낸 것일 뿐이다. 세상에서 어떤 정체Polities의 시작에 대해 우리가 가지고 있는 기록들은 모두 내가 언급했던 것과 같은 그런 시작의 명료한 사례이거나, 아니면 적어도 그런 시작의 뚜렷한 발자취를 보여 준다. 하느님 자신이 직접 개입한 유대인들의 정치체의 시작은 예외인데, 그것도 아버지의 지배권에 우호적인 것은 전혀 아니다.

102. 로마와 베네치아의 시작은 자연적인 우월성이나 종속이 전혀 없는 자들 사이에서 서로 자유롭고 독립적인 여러 인간이 함께 결속함으로써 이루어졌다는 점을 인정하지 않으

---

83) 헤로도토스의 『역사』에 등장하는 크세르크세스Xerxes는 기원전 5세기에 아버지 다리우스에 이어 희랍 정복(제2차 희랍-페르시아 전쟁)을 시도한 페르시아 왕인데, 살라미스해전에서 패해 후퇴했다.

려는 자는 명백한 사실의 문제를 그것이 자기 가설과 일치하지 않을 때 부인해 버리는 이상한 경향을 보여 주는 것이 틀림없다. 그리고 조지퍼스 아코스타[84]의 말을 받아들여도 좋다면, 그는 우리에게 아메리카의 많은 지역에 그 어떤 정부도 없었다고 전한다. 페루 사람들을 두고 그는 이렇게 말한다. "이 사람들은 오랫동안 왕도 없고 국가도 없이 다만 무리를 이루어 살았다는 중대하고 명확한 추측이 있다. 오늘날 플로리다에 사는 사람들, 체리콰나족,[85] 브라질 사람들 및 그 밖에 왕을 정해 놓지 않고 다만 평화 시나 전쟁 시에 기회가 될 때마다 자기들의 우두머리를 자기들이 좋을 대로 뽑는 다른 많은 부족들이 그러듯 말이다"(『인디아스의 자연과 도덕의 역사』 제1권 25장). 만일 그곳의 모든 사람이 태어나면서부터 자기 아버지나 자기 가족의 우두머리에게 종속된다고 이야기해 보자. 자녀가 아버지에게 마땅히 해야 할 복종이 그가 적절하다고 생각하는 정치사회로 결속할 그의 자유를 빼앗는 것은 아니라는 점은 이미 입증되었다. 그러나 그 문제가 어떻게 되든지 간에 이 인간들이 실제

---

84) 스페인어 이름으로는 호세 데 아코스타José de Acosta(1539~1600년)인 조지퍼스 아코스타Josephus Acosta는 스페인의 예수회 사제이자 자연주의자요 탐험가로서 라틴아메리카에 선교사로 파견되어 활동했다. 그의 책 『인디아스의 자연과 도덕의 역사』Historia natural y moral de las Indias(1590년)를 로크는 1681년에 읽었다(영어로는 'the Indies'로 표기되는 '인디아스'는 콜럼버스가 아메리카를 '인도'India라고 잘못 칭한 데서 비롯된 표현인데, 아시아에 있는 인도와 구분하기 위해 '서인도'로 불리기도 했다. 그러나 당대 스페인 왕실은 통상 아메리카를 '인디아스'라고 불렀으므로, 그대로 옮겼다).

85) 안데스산맥 동쪽 숲에 살던 부족.

로 자유로웠다는 것은 명백하다. 그리고 요즈음 일부 정치가들[86]이 그들 중 누군가에게 어떤 우월성을 부여하든지 간에 그들 자신은 우월성을 요구하는 주장을 하지 않았고, 오히려 동의에 의해 그들 모두 평등했다. 같은 동의에 의해 지배자를 자신들 위에 두기 전까지는 말이다. 그래서 그들의 정치사회는 모두 자발적 연합으로부터 그리고 자신의 통치자와 정부 형태를 선택함에 있어 자유롭게 행위하는 인간들 상호 간의 합의로부터 시작되었다.

103. 그리고 나는 유스티누스 제3권 제4장에 언급된, 팔란투스와 함께 스파르타를 떠났던 자들이 서로 독립적인 자유인들이었으며 그들 자신의 동의에 따라 자기들 위에 정부를 수립했음을 인정받으리라 기대한다.[87] 이렇게 해서 나는 자연 상태

---

86) 이 책에서 로크는 'politician'이라는 단어를 이곳에서 처음이자 마지막으로 쓰는데, 그에게 있어 '정치가'란 정치에 관해 글을 쓰는 사람, 즉 정치 평론가에 가까운 사람을 뜻한다. 직접 정치에 몸담고 활동하는 사람들은 보통 'statesman'으로 불렀다.

87) 팔란투스Palantus 혹은 희랍어 표기로 팔란토스Phalanthos는 기원전 8세기 이탈리아의 타렌툼을 창건한 스파르타의 지도자다. 이 대목에서 로크가 인용하는 이야기는 로마제국의 역사가 그나이우스 폼페이우스 트로구스Gnaeus Pompeius Trogus의 『필리포스 역사』Historiae Philippicae를 기원후 2세기 혹은 3세기 무렵 마르쿠스 유니아누스 유스티누스Marcus Junianus Justinus가 발췌한 『폼페이우스 트로구스의 필리포스 역사 요약』Epitoma Historiarum Philippicarum Pompei Trogi에 나온다. 제1차 메세니아 전쟁 기간에 혼외자로 출생한 일군의 젊은 스파르타인들('파르테니아이')이 비록 자유인이긴 했지만 시민으로서의 온전한 권리를 평등하게 누리지 못하

에서 차유로운 사람들이 함께 만나 통합하여 국가를 시작시킨 몇몇 실례를 역사로부터 제시했다. 그리고 그런 사례가 부족하다는 것이 정부가 그렇게 시작되지 않았고 시작될 수도 없었음을 입증하는 논변이라면, 추측건대 아버지의 제왕적 지배권을 주장하는 자들은 자연적 자유에 맞서 그것을 역설하기보다 차라리 그냥 내버려두는 편이 나을 것이다. 그들이 아버지로서의 권리에 입각해서 시작된 정부의 그토록 많은 사례를 역사로부터 제시할 수 있다면, 내 생각에 (기껏해야 지금까지 그래 왔다는 것에서 당연히 그래야 한다는 것으로 넘어가는 수준의 논변은 강한 설득력을 전혀 갖지 못하긴 하지만) 우리가 그들에게 그 문제를 양보하는 것이 크게 위험을 무릅쓰는 일은 아닐 것이기 때문이다. 그러나 그 사안에 대해 내가 그들에게 조언을 해도 된다면, 그들은 사실에서부터 시작했던 만큼 정부의 기원을 너무 그렇게 많이 탐색해 들어가지 않는 것이 좋을 것이다. 그래 봤자 대다수 정부의 토대에서 그들이 내세우는 구도와 그들이 주장하는 그런 권력을 뒷받침하기에 유리한 어떤 것을 찾기란 아주 어려울 테니까 말이다.

104. 그러나 결론을 말하자면, 이성은 인간이 자연적으로 자유롭다는 우리 편에 있는 것이 분명하며, 역사의 실례들은

다가 결국 팔란토스의 지휘하에 스파르타를 떠나 타렌툼을 창건했다. 이 요약본의 원본인 『필리포스 역사』는 기원전 1세기 무렵의 작품으로서 유스티누스에 따르면 총 44권에 달했다고 하는데 전해지지는 않는다.

평화롭게 시작된 세상의 정부들이 저 토대 위에서 시작을 다졌고 인민의 동의에 의해 만들어졌다는 것을 보여 준다. 그렇기에 정부의 최초 건립에 관해 옳은 쪽이 어디인지에 대해서든 아니면 이제까지 인류의 의견이나 관행이 무엇이었는지에 대해서든 의심의 여지가 거의 있을 수 없다.

105. 역사가 우리를 인도하는 한 멀리 거슬러 올라가서 국가의 기원을 들여다보게 될 경우, 일반적으로 그것이 한 인간의 통치와 행정 아래 있었음을 발견하게 되리라는 것을 나는 부정하지 않겠다. 그리고 한 가족이 자기들끼리 생존하기에 충분할 정도의 인원으로 구성되어 있고, 토지는 많은데 사는 사람은 별로 없는 곳에서 흔히 그렇듯이, 가족 전체가 다른 사람들과 섞이지 않은 채 그대로 계속 모여 살았던 곳에서는 정부가 통상 아버지한테서 시작되었다고 나 또한 믿기 쉽다. 아버지는 자연법에 의해 자기가 적절하다고 생각하는 대로 그 법의 위반을 처벌할 권력을 다른 모든 인간과 똑같이 가지고 있으므로, 그에 따라 자연법을 위반한 자기 자녀를, 심지어 그들이 성인Man으로 자라서 피보호자 상태를 벗어나 있을 때조차도, 처벌할 수 있었을 것이기 때문이다. 그리고 자녀는 으레 그의 처벌에 복종했을 것이며, 그들이 위반자를 처벌할 상황에서는 모두가 아버지와 손을 잡고 그 위반자에게 맞섰을 것이다. 그럼으로써 아버지에게 어떤 위반에 대해서든 그가 내린 판결을 집행할 권력을 주고, 그리하여 사실상 그를 그의 가족에 속해 있는 모두에 대한 입법자요 통치자로 만들면서 말이다. 신뢰하기에는 아버지가 가장 적절했다. 아버지로서의 애정이 그의 돌

봄 아래 있는 자녀의 소유와 이해관계를 안전하게 지켜 주었고, 어린 시절 아버지에게 복종하던 습관은 다른 어느 누구보다 그에게 복종하는 것을 더 쉽게 만들었기 때문이다. 그러니 함께 사는 인간들 사이에 정부는 거의 피할 수 없는 것이라서 그들이 자신을 지배할 한 사람을 가져야 했다면, 그들 공통의 아버지만큼 그렇게 적임자가 될 것 같은 사람이 누가 있었겠는가? 태만, 잔인함 혹은 다른 어떤 마음이나 몸의 결점이 그를 그 일에 부적절하게 만들지 않는 한은 말이다. 그러나 아버지가 다음 후계자를 남기고 죽었는데 나이나 지혜, 용기 또는 그 밖에 다른 어떤 자질이 부족해서 그가 지배에 덜 적절할 때, 아니면 여러 가족이 만나서 계속 함께하기로 동의한 경우에, 그들이 판단하기에 가장 유능하며 필시 자신들을 잘 지배할 것 같은 자를 세우고자 그들의 자연적 자유를 사용했으리라는 건 의심할 수 없다. 이에 부합하는 아메리카 인민이 있다는 것을 우리는 발견한다. 그들은 (페루와 멕시코라는 두 위대한 제국[88])의 정복의 칼날과 뻗어 나가는 지배력의 범위 밖에 살면서) 그들 자신의 자연적 자유를 누렸는데, 왕이 죽으면 다른 조건들이 같은 경우 통상 그의 후계자를 선호하지만, 만일 그가 어떤 측면에서 약하거나 무능하다는 걸 알게 되면 그를 제치고 가장 굳세며 용감한 인간을 자기들의 지배자로 세운다.

106. 이와 같이 세상에 사람이 거주하게 된 일과 민족들의

---

88) 즉, 잉카제국과 아즈텍 제국을 가리킨다.

역사에 대해 어떤 설명이든지 우리에게 제공하는 기록들을 최대한 거슬러 올라가서 살펴보면, 우리는 통상 정부가 한 사람의 수중에 있음을 발견하게 된다. 하지만 그렇다고 해서 그 점이 내가 단언하는 것, 즉 정치사회의 시작이 한 사회에 가입하여 그것을 만드는 개인들의 동의에 의존하며 그들이 이렇게 통합할 때 자기들이 적절하다고 생각하는 그런 정부 형태를 세울 수 있다는 주장을 무너뜨리지는 않는다. 그러나 그 점은 인간들로 하여금 자연에 의해 정부는 군주정적이었고 아버지에게 속했다고 착각할 계기를 제공했다. 그러므로 여기서 왜 인민이 애초에 일반적으로 군주정 형태를 택했는지 고찰하는 것은 잘못된 일이 아닐 것이다. 일부 국가들이 최초로 설립되던 당시에는 아마도 아버지의 탁월함이 군주정 형태를 부각해서 애초에 권력을 한 사람의 수중에 두었을 수 있다. 하지만 단일한 한 사람에게 통치를 맡기는 그런 형태를 지속시킨 이유는 아버지로서의 권위에 대한 어떤 존중이나 존경이 아니었음이 명료하다. 모든 소규모 군주정들, 즉 거의 모든 군주정들이 그 초창기 무렵에는 통상, 적어도 때때로, 선출제였기 때문이다.

107. 그렇다면 처음에 사물들이 시작될 때 아버지가 자기에게서 난 자들의 어린 시절에 통치했기 때문에 그들은 한 인간의 지배에 익숙해졌고, 또한 그것이 그 지배 아래 있는 자들에게 신중하면서도 솜씨 있게 그리고 애정과 사랑으로 행사되기만 하면 인간들 모두에게 그들이 사회에서 추구하는 정치적 행복을 확보하고 보존해 주기에 충분하다는 것을 배우게 되었다. 그들이 저 [한 인간이 지배하는] 정부 형태를 택해서 자연스럽

게 그리로 이르게 된 것은 전혀 놀랄 일이 아니다. 유년기부터 그들은 그 형태에 온통 익숙해져 있었고, 경험에 의해 그것이 편하기도 안전하기도 하다는 것을 알게 되었던 것이다. 거기에다 덧붙이자면, 군주정은 단순하고 가장 분명한 정부 형태였다. 경험을 통해 정부 형태들에 대해 알게 되지도 못했고, 제왕적 지배권의 야망 또는 오만을 통해 대권Prerogative이 저지르는 침해나 절대 권력 — 군주정이 계승되면 으레 요구하고 부과하기 일쑤인 — 의 폐해를 조심해야 한다고 배우지도 못했던 인간들에게 있어서는 말이다. 그러니 그들이 자신들에게 행사할 권위를 부여해 준 그런 자들의 과도한 행위를 제지할 방법 및 정부 권력의 여러 부분을 서로 다른 수중에 쥐어 줌으로써 그 권력의 균형을 이룰 방법을 생각해 내려고 그리 많은 수고를 하지 않았다는 것은 전혀 이상한 일이 아니었다. 그들은 참주정적 지배권tyrannical Dominion[89]의 억압을 느껴 본 적이

---

89) 아리스토텔레스가 도식화하여 전한 정치체제 유형 분류를 따를 때 'tyranny'는 'monarchy'와 대비되는 일인 지배 체제의 나쁜 형태이며, 한글 번역어로는 대개 '참주정'이 선택된다. 고대 희랍 전통에서 'tyranny'는 '비합법적인 수단으로 권력을 장악한 자가 지배하는 체제'를 뜻하고 우리말 '참주정'은 '왕을 참칭하는 자가 다스리는 체제'로 이해될 수 있으므로 'tyranny'의 번역어로서 '참주정'은 적절하다고 볼 수 있고, 이 대목에서도 'tyrannical'을 '참주정적'으로 옮기는 데 의미상 무리가 없다. 이하 134절의 로크 원주에 등장하는 'tyranny' 또한 '참주정'으로 옮긴다. 그런데 왕의 자격 및 왕위의 적법성 여부 자체보다는 지배의 목적과 내용을 따지는 맥락에서 'tyranny'를 '참주정'으로 번역하면 어색할 때가 있는데, 이 책 16장 이하의 논의에서 특히 그렇다. 그 경우에는 'tyranny'를 '폭정'으로 옮길 것임을 미리 밝혀 둔다. '전제정'을 번역어로 선택할 수

없었을 뿐만 아니라 당대 사회 풍습도 (탐욕을 부리거나 야망을 가질 여유가 거의 없었던) 그들의 소유물이나 생활양식도 그런 억압을 우려하거나 그것에 대비할 어떤 이유를 그들에게 제공하지 않았다. 따라서 그들이 내가 말했듯 가장 분명하고 단순할 뿐만 아니라 복수의 법률보다는 외지인들의 침입과 위해에 대한 방어가 더 필요한 자신들의 현재 상태와 조건에 가장 잘 들어맞기도 한 그런 정부의 틀로 자신을 들여보내는 것은 전혀 놀라운 일이 아니다. 단순하고 빈곤한 생활 방식의 평등은 그들의 욕구를 각 인간의 작은 소유의 좁은 한계 내로 한정했기에 거의 논란을 만들어 내지 않았고, 그래서 그런 논란에 대해 결정을 내려 줄 많은 법률이 전혀 필요치 않았으며, 불법 침해와 범죄자가 모두 거의 없는 상황에서 재판의 절차를 맡거나 재판의 집행을 돌볼 다양한 관리들 또한 전혀 필요하지 않았다. 당시 서로를 아주 좋아해서 사회에 참여하게 된 사람들은 어느 정도 친분과 우정을 함께 가지고 있을 뿐만 아니라 서로에 대한 어느 정도의 신뢰 또한 가지고 있다고 상정되지 않을 수 없기 때문에, 그들은 서로에 대해서보다는 다른 사람들에 대해 더 크게 우려하지 않을 수 없었다. 따라서 그들이 최우선적으로 염려하고 생각을 집중한 문제는 외세로부터 자신들의 안전을 확보할 방법이었을 것으로 상정될 수밖에 없다. 그들로서

도 있지만, 로크가 '전제적'이라는 의미로 'despotical'이라는 단어를 사용하기 때문에 혼동을 피하기 위해 '전제정'은 배제했다. 'tyrant' 또한 맥락에 따라 '참주' 또는 '폭군'으로 옮긴다.

는 그 목적에 가장 잘 복무하는 정부의 틀 아래 자신을 맡기는 것이 자연스러웠으며, 전쟁에서 자신을 지휘하고 적과 맞선 위험 상황으로부터 자신을 벗어나게 할 수 있는 그리고 주로 이 점에서 자신의 지배차가 될 수 있는 가장 지혜롭고 가장 용감한 인간을 택하는 것이 자연스러웠다.

108. 이리하여 우리는 나라에 비해 거주자가 너무 적은 데다가 사람과 화폐가 부족해서 인간들이 토지 소유물을 확대하거나 더 넓은 크기의 땅덩어리를 위해 다툼을 벌일 아무런 유혹도 느끼지 않았던 아시아와 유럽의 최초 시대 유형으로 여전히 남아 있는 아메리카에서 인디언들의 왕이 군대의 장군에 불과하다는 것과 그들이 전쟁에서는 절대적으로 명령권을 행사하지만 국내에서 그리고 평화 시에는 아주 적은 지배권을 행사하고 아주 제한된 주권을 가질 뿐 평화와 전쟁의 최종 결정권은 보통 인민에게 있거나 아니면 평의회에 있다는 것을 알게된다. 물론 전쟁 자체는 다수의 통치자를 허용하지 않는 것이어서 자연스럽게 명령권을 왕의 유일한 권위로 넘겨주지만 말이다.

109. 또한 이리하여 이스라엘 자체에서 채판관들[90]과 최초 왕들의 주된 업무는 전쟁에서 지휘관이요 군대의 지도자였던 것으로 보인다. 이는 (백성 앞에서 나가고 들어오는 일[91])이 자기

90) 개신교 성서 용어로는 '사사'士師.

군대 선두에 서서 행군하여 전쟁으로 나아가고 다시 돌아오는 것을 의미한다는 점 외에도) 입다 이야기에서 명료하게 드러난다. 암몬족이 이스라엘에 전쟁을 걸자 길르앗인들은 두려워서, 자기 가문의 혼외자라고 쫓아냈던 입다에게 사람을 보내 그가 자신들을 도와 암몬족을 대적해 주면 그를 자신들의 지배자로 삼겠다고 약조한다. 이것을 그들은 다음과 같은 말로 나타낸다. "그리고 백성은 그를 자신들의 우두머리이자 지휘관으로 삼았다"(『사사기』 11.11). 이는 재판관이 된다는 것과 매한가지였던 것으로 보인다. "그리고 그는 이스라엘을 재판했다"(『사사기』 12.7).[92] 즉, 6년 동안 그들의 지휘관-장군이었다. 그래서 요담이 세겜인들을 그들의 재판관이자 지배자였던 기드온에게 그들이 진 의무를 들어 질책할 때, 그들에게 이렇게 말하는 것이다. "그가 여러분을 위해 싸웠고, 생명을 잃을 위험을 무릅쓰고 여러분을 미디안인들의 손에서 구하여 냈으니"(『사사기』 9.17)라고 말이다. 그가 장군으로서 했던 일 말고는 그에 대해 아무 언급도 없으며, 실로 그것이 그의 역사에서 혹은 여타 재판관들의 역사 어디에서든 발견되는 전부다. 그리고 아비멜렉은 기껏해야 세겜인들의 장군이었을 뿐이지만 특별히 왕으로 불린다. 또한 사무엘의 아들들의 못된 행실에 넌더리가 난 이스라엘 자손이

---

91) 『민수기』 27장 17절에 기록되어 있는 표현이다. 이제까지 'the people'은 '인민'으로 옮겼는데, 성서 맥락에서는 '이스라엘 인민' 대신 '이스라엘 백성'이라 부르므로 여기서도 그 관행을 따른다.

92) 통상적인 한글 성서 번역의 정신을 따르면 '이스라엘의 재판관이었다'로 옮길 수 있다.

"모든 민족처럼 그들을 재판하며 그들 앞에서 나가고 그들의 싸움을 싸워 줄 왕"(『사무엘상』 8.20)을 바랐을 때, 하느님은 그들의 바람을 들어 주면서 사무엘에게 이렇게 말한다. "내가 너에게 한 사람을 보낼 것이니, 너는 그에게 기름을 부어 나의 백성 이스라엘의 지휘관이 되게 하라. 그러면 그가 나의 백성을 블레셋인들의 손에서 구해 낼 것이다"(『사무엘상』 9.16). 마치 왕의 유일한 업무가 군대를 이끌고 나가서 그들을 지켜 주기 위해 싸우는 일이었던 것처럼 말이다. 그리고 그 말에 따라 사울의 즉위식에서 그에게 기름병을 부으며 사무엘은 사울에게 선언한다. "주께서 그대에게 기름을 부어 그분의 유산을 이끄는 지휘관이 되게 하셨습니다"(『사무엘상』 10.1). 그러므로 사울이 미스바에서 부족들에 의해 엄숙하게 선택되고 예우를 받은 후 그를 자신들의 왕으로 삼는 게 못마땅했던 자들은 바로 다음과 같은 반론을 제기한다. "이 사람이 어떻게 우리를 구하겠는가?"(『사무엘상』 10.27). 마치 이 사람은 전쟁에서 우리를 지키기에 충분한 기량과 지도력을 가지고 있지 않아서 우리의 왕이 되기에 부적합하다고 말했던 것이나 마찬가지인 셈이다. 그리고 하느님이 다윗에게 통치를 넘겨주기로 결심했을 때 그것은 다음과 같은 말로 표현된다. "그러나 이제 당신의 왕국은 계속되지 못할 것입니다. 주께서 그분 자신의 마음에 맞는 한 사람을 찾았고, 주께서 그에게 그분의 백성을 이끄는 지휘관이 되라고 명했습니다"(『사무엘상』 13.14). 마치 왕의 권위 전체가 그들의 장군이 되는 것 말고는 다른 아무것도 아니라는 듯이 말이다. 따라서 사울의 가문에 충실하고 다윗의 치세에 반대했던 부족들이 그에게 복종할 조건을 가지고 헤브론에 왔을 때,

그들은 자기들의 왕에게 하듯 그에게 복종해야 한다는 취지의 다른 논변들 가운데서도 특히 다음을 그에게 말한다. 그가 사울의 시대에도 사실상 자기들의 왕이었다고, 따라서 그를 자신들의 현재 왕으로 받아들이지 못할 아무런 이유가 없다고 말이다. (그들이 말하기를) "또한 예전에 사울이 우리의 왕이었을 때에도 당신은 이스라엘을 이끌고 나갔다가 데리고 들어온 사람이었으며, 주는 당신에게 '네가 나의 백성 이스라엘을 먹여 기를 것이고, 네가 이스라엘을 이끄는 지휘관이 될 것이다.'라고 말씀하셨습니다."[93]

110. 이와 같이 한 가족이 점차 국가로 성장하여 아버지로서의 권위가 맏아들에게 계속 이어져 온 경우에는, 모두가 저마다 그런 권위 아래에서 자랐기 때문에 암묵적으로 그 권위에 복종했고 그것이 주는 편안함과 평등이 누구에게도 거슬리지 않았기에 모든 사람이 묵인했는데, 결국 시간이 그 권위를 확정해 준 것으로 보이며 규정에 의해 계승권을 정착시키기에 이르렀다. 혹은 우연히, 인근 지역에 살아서, 아니면 업무상 함께 모이게 된 몇몇 가족 혹은 그 후손들이 사회로 결속한 경우, 그들을 지도해서 전시에 적들로부터 그들을 방어해 줄 장군이 필요했기 때문에 그리고 (언제든 한 번이라도 세상에서 존속한 정부를 시작시킨 거의 모든 사람들이 그렇듯) 저 가난하지만 덕스러운 시대의 순진함과 성실함이 인간들 서로에게 큰 신뢰를 부여했으

---

93) 『사무엘하』 5장 2절을 출처로 한다.

므로, 국가를 처음 시작한 자들은 사물의 본성과 통치의 목적이 요구하는 것 외에 다른 어떤 명시적인 한계나 제약 없이 일반적으로 한 사람의 수중에 지배를 맡겼다. 처음에 지배를 단일한 한 사람의 수중에 맡긴 것이 저 두 경우 중 어느 쪽이든 간에, 공공선과 안전을 위해서가 아니고서는 그 누구도 지배를 위탁받은 적이 도대체 없었고, 국가의 유아기에는 통상 그런 목적에 그것을 사용했다. 그리고 지배를 맡은 자들이 그렇게 하지 않았다면 갓 태어난 신생 사회들은 존속할 수 없었을 것이다. 그토록 다정하게 공공복리를 신경 쓰면서 돌봐 주는 아버지들이 없었다면 모든 정부는 유아기의 허약함과 질병에 짓눌려 가라앉았을 것이고 군주와 인민은 일찌감치 함께 멸망했을 테니 말이다.

111. 그러나 (헛된 야망과 소유에 대한 저주받은 사랑, 즉 사악한 정욕이 인간들의 마음을 타락시켜 참된 권력과 명예에 대해 오인하게 만들기 전인) 황금시대에는 덕이 더 많아서 결과적으로 통치자들이 더 훌륭했을 뿐만 아니라 신민들은 덜 사악했다. 그리고 그때는 한편에서 인민을 억압하는 대권의 팽창이 전혀 없었고, 그에 따라 다른 편에서 통치권자의 권력을 축소하거나 제약하려는 특권에 관한 이의 제기 또한 전혀 없었다. 그러니 지배자들과 인민 간에 통치자나 통치에 관한 어떤 다툼도 없었다.[94] 하지만 후대에 야망과 사치가, 권력에 부여된 업무는 수행하지 않으면서 권력을 보유하고 증대할뿐더러 아첨의 도움을 받아 군주들에게 자기 인민과 구분되는 별개의 이해관계를 가지도록 가르치자, 인간은 정부의 기원과 권리를 더 주의 깊게 검토할

필요가 있다는 것, 그리고 저 권력의 과도함을 체지하고 남용을 막을 방도를 찾아낼 필요가 있다는 것을 깨닫게 되었다. 그들 자신의 좋음을 위해 다른 사람의 수중에 맡긴 권력이 도리어 자신들에게 해를 입히는 데 사용된다는 걸 알게 되었으니 말이다.

112. 이렇게 해서 우리는 다음과 같은 일이 얼마나 있음직한지를 알 수 있게 된다. 즉, 자연적으로 자유로웠으며 자신의 동의에 의해 자기 아버지의 통치에 복종했거나 아니면 서로 다른 가족이 함께 결속하여 하나의 정부를 만들었던 인민이 일반적으로 지배를 한 인간의 수중에 맡기고 단일한 한 사람의 지도 아래 있기로, 그것도 그의 권력을 제한하거나 규제할 명시적 조선에 의거하지조차 않으면서 그리 하기로 선택한다는 것은 아주 있을 법한 일이다. 그들은 그 인간의 정직함과 사려 깊음으로 보아 그렇게 하는 것이 충분히 안전하다고 생각했던

*94) [저자의 주] "최초에 어떤 특정한 종류의 지배 체제가 일단 정해지면, 그때는 모든 것을 그 지배자들의 지혜와 사리 분별에 맡기는 것 말고는 통치의 방식에 대해 더 이상 아무것도 생각하지 못했을 법하다. 이런 식의 지배는 경험상 그것이 모든 부분에 있어 대단히 불편해서 마치 치유를 위해 고안해 낸 것이 실은 치유했어야 할 상처를 더 확대시키는 꼴이나 마찬가지임을 발견하게 될 때까지 계속되었다. 그들은" 한 인간의 의지에 따라 산다는 것이 모든 인간의 불행의 원인이 된다는 것을 "알게 되었다. 이것은 그들을 법률로 나아가게 만들었는데, 법률 안에서 모든 인간은 자신의 의무를 미리 볼 수 있고 그것을 위반할 때 받을 처벌을 알 수 있었다." 후커의 『교회 정체의 법률들』 제1권 제10절. [같은 주석이 94절에도 제시되었다.]

것이다. 그렇다고 해도 그들은 군주정이 신성한 권리에 의한 것이라고는 꿈에도 생각해 본 적이 없었는데, 요 근래 신학[95]이 우리에게 밝혀 주기 전까지는 우리도 그것을 인류 사이에서 들어 본 적이 전혀 없다. 또한 그들은 부친 권력이 지배권에 대한 권리를 가지도록 혹은 모든 정부의 토대가 되도록 허용한 적도 결코 없었다. 그리고 이 정도만으로도, 역사에서 어떤 빛이든 얻게 되는 한 우리는 정부의 모든 평화로운 시작이 인민의 동의에 놓여 있었다고 결론 내릴 이유가 있다는 점을 보여 주기에 충분할 것이다. 내가 평화로운이라고 말하는 건 다른 곳에서 정복에 대해 이야기할 기회를 가지게 될 것이기 때문인데, 어떤 사람들은 그것이 정부가 시작되는 한 방식이라고 여긴다.

내가 언급한 방식으로 정체들이 시작되었다는 데 대해 제기되는 나머지 한 반론으로 내가 발견하는 것은 다음과 같다. 즉,

113. 모든 인간은 이러저러한 정부 아래 태어나기에 그들 중 누구든 단 한순간이라도 자유로워서 함께 결속하여 새로운 정부를 시작하기로 할 만큼 자유로운 상태에 있다거나 혹은 단 한 번이라도 합법적인 정부를 세울 수 있다는 것은 불가능하다.

이 논변이 좋다고 한다면 나는 묻겠다. 그토록 많은 합법적인 군주정들이 어떻게 세상에 나왔단 말인가? 누구라도 저 가정에 입각해서 세상의 어느 시대에서든 합법적인 군주정을 시작할 만큼 자유로운 어떤 한 인간을 내게 보여 줄 수 있다면,

---

95) 스튜어트왕조 시대 성직자들의 논고와 설교를 가리키는 것으로 보인다.

나는 그에게 왕정하에서든 다른 어떤 형태하에서든 동시에 결속해서 새 정부를 시작할 만큼 자유로운 상태에 있는 열 명의 다른 자유로운 인간들을 보여 줄 부담을 기꺼이 지겠다. 다른 사람의 치배권 아래에서 태어난 어떤 사람이 새로운 별도의 제국에서 다른 사람들에게 명령을 내릴 권리를 가질 만큼 자유로울 수 있다는 데 의문의 여지가 없다면, 다른 사람의 치배권 아래에서 태어난 모든 사람도 또한 그렇게 자유로울 수 있으며, 별도의 분리된 정부의 지배자나 신민이 될 수 있다. 그러니까 그들 자신의 이 원리에 의해, 모든 인간은 어떻게 태어나든 자유롭거나 아니면 세상에 단 하나의 적법한 군주, 단 하나의 적법한 정부만 있거나 둘 중 하나가 되는 것이다. 그렇다면 그들이 해야 할 일은 단지 그 적법한 군주, 적법한 정부에 해당하는 것이 어느 쪽인지 우리에게 보여 주는 것 말고 달리 없다. 그들이 그 일을 해낸다면, 모든 인류가 그에게 복종을 바치기로 쉽게 합의하리라는 것을 나는 의심하지 않는다.

114. 그들의 반론은 그들이 그것을 사용해서 반대하려는 상대방을 휘말리게 하는 것과 똑같은 난점에 자신들 또한 휘말리게 한다는 것을 보여 주는 것만으로도 그 반론에 대한 충분한 답변이 된다. 하지만 이 논변의 취약성을 밝히기 위한 시도를 좀 더 해보겠다.

그들이 말하기를, 모든 인간은 정부 아래에서 태어나며, 따라서 새로운 정부를 시작할 만큼 자유로운 상태에 있을 수 없다. 모든 사람은 자기 아버지나 자기 군주에 대한 신민으로 태어나며, 따라서 복종과 충성의 영구적인 구속 아래 있다. [하지만] 인류는 그들이 태어난 곳에서 자신을 구속하는 이 사람 혹은 저 사람에 대해 그런 어떤 자연적인 복종을, 그 사람들과 그들의 후계자들에게 복종하기로 하는 그들 자신의 동의 없이는, 결코 인정한 적도 고려한 적도 없음이 명료하다.

115. 왜냐하면, 성스러운 역사[96]와 세속의 역사를 막론하고 일군의 인간이 자기가 태어난 관할권과 자신이 자란 가족 혹은 공동체로부터 그들 자신 및 그들의 복종을 철회하고 다른 장소에서 새 정부를 수립하는 실례들만큼 그렇게 자주 역사에 등장하는 것은 없기 때문이다. 거기서부터 초창기 시대에 저 모든 수많은 소규모 국가들이 퍼져 나왔고 충분한 공간이 있는 한 계속 증식했는데, 더 강한 자 혹은 더 운 좋은 자가 더 약한 자를 집어삼킬 때까지 이어졌으며 큰 국가는 다시 조각이 나서 더 작은 지배권들로 분해되었다. 이 모두가 아버지의 주권에 반대하는 그토록 많은 증거들이며, 애초에 정부들을 만든 것이 후계자들에게로 계승되어 내려오는 아버지의 자연권이 아니었음을 명료하게 입증한다. 그런 근거에 입각하면 그토록 많은 작은 왕국들이 있어야 한다는 건 불가능한 일이었기 때문이다. 모든 것이 단 하나의 보편적인 군주정뿐이었어야 했을 것이다. 인간이 자기 가족으로부터, 그리고 무엇이 됐건 간에 그 군주정 안에 수립된 정부로부터, 자신을 분리해서 떠나 자

---

96) 성서를, 관점을 달리한 세상의 역사로 바라보는 유대-기독교인들의 기본적인 시각을 로크도 공유하고 있다.

기가 적절하다고 생각하는 대로 별도의 국가와 다른 정부를 만들 만큼 자유로운 상태에 있지 않았다면 말이다.

116. 이것은 세상이 최초로 시작된 때로부터 오늘날에 이르기까지 세상의 관행이었다. 인류가, 법률이 확립되어 있고 정부 형태가 자리 잡힌 이미 구성되어 있는 오래된 정체 아래에서 태어난다는 사실이, 숲속을 제멋대로 돌아다니는 아무 제한도 받지 않는 서식 동물들 사이에서 그들이 태어났을 경우보다 지금 그들의 자유에 조금이라도 더 장애가 되는 것은 아니다. 어떤 정부 아래 태어남으로써 우리는 자연적으로 그 정부에 대한 신민이며, 자연 상태의 자유에 대한 어떤 자격이나 구실도 더 이상 내세우지 못한다고 우리를 설득하려는 자들은 (우리가 이미 답변한 바 있는 부친 권력이라는 이유를 제외하면) 다음과 같은 것 말고는 그런 주장을 위해 꺼내 보여 줄 다른 어떤 이유도 가지고 있지 않기 때문이다. 즉, 우리의 아버지나 조상이 자신의 자연적 자유를 넘겨주었고, 그럼으로써 자신과 자신의 후손을 그들 자신이 복종하는 정부에 영구적으로 복종하도록 묶어 두었다는 이유 말이다. 누군가가 자신을 위해 무슨 약정이나 약속을 맺든 그는 그것들에 대한 의무를 지는 것이 사실이지만, 그 어떤 협약에 의해서도 자기 자녀나 후손을 구속할 수는 없다. 그의 아들이 아버지만큼 전적으로 자유로운 성인 Man일 때, 아버지의 어떤 행위도 아들의 자유를 양도할 수 없다. 그 행위가 다른 누군가의 자유를 그럴 수 없는 것과 마찬가지로 말이다. 물론 아버지는 자기가 어떤 국가의 신민으로서 향유하던 토지에, 아버지의 것이었던 소유물을 향유하려면 아

들도 의무적으로 그 공동체의 신민이어야 한다는 것과 같은 그런 조건을 부가할 수 있다. 왜냐하면 그 자산은 아버지의 소유이므로 아버지는 자기가 하고 싶은 대로 그것을 처분하거나 나눠 줄 수 있기 때문이다.

117. 그리고 이것은 이 문제에 있어 착오를 범할 계기를 일반적으로 제공해 왔다. 왜냐하면 국가는 지배권의 어떤 부분도 분할되는 것을 허용하지 않고 자기 공동체에 속한 자들 이외의 누군가가 향유하는 것도 허용하지 않기에, 아들은 자기 아버지가 그랬던 것과 똑같은 조건하에서만, 즉 그 사회의 구성원이 됨으로써만 통상 아버지의 소유물을 향유할 수 있기 때문이다. 그렇게 함으로써 그는 그 국가의 다른 어떤 신민과 마찬가지로 자신을 곧바로 정부 아래에, 즉 그곳에 확립되어 있다고 자신이 발견하는 그 정부 아래에 두게 된다. 그리고 이렇게 정부하에서 태어난 자유인들의 동의는 유일하게 그들을 그 정부의 구성원으로 만드는 것인데, 각자 그렇게 할 나이가 되면 자기 차례에 따로따로 [동의를] 하는 것이지 다중 속에서 다 같이 하는 게 아니다. 그런데 인민은 그것을 알아채지 못하고, 동의가 아예 행해지지 않는다고 생각하거나 필수적이 아니라고 생각하면서 자기들이 성인Men이 됨에 따라 자연적으로 신민이 되는 거라고 결론 내린다.

118. 그러나 정부 자체는 그것을 달리 이해하고 있다는 게 분명하다. 정부가 아버지에 대해 권력을 가졌으니 아들에 대해서도 권력이 있다고 주장하지는 않으며, 아버지가 신민이라고

해서 자녀 역시 그렇다고 간주하지도 않으니까 말이다. 어떤 잉글랜드 신민이 프랑스에 있는 잉글랜드 여자와 아이를 갖게 되면 그 아이는 누구의 신민인가? 잉글랜드 왕의 신민은 아니다. 그런 특권을 인정받으려면 그는 허가를 받아야 하기 때문이다. 프랑스 왕의 신민도 아니다. 그렇다면 어떻게 그의 아버지가 자기 마음대로 그를 데려가서 키울 자유를 가진단 말인가? 그리고 단순히 부모가 외국인으로 있던 어떤 나라에서 태어났다는 이유로 그가 그 나라를 떠나거나 그 나라를 상대로 한 전쟁에 참가한 경우에 반역자나 배신자로 재판받았던 사람이 대체 누가 있는가? 그러니 옳은 이성의 법만이 아니라 정부 자체의 관행에 의해서도, 아이는 결코 어떤 나라 혹은 정부의 신민으로 태어나지 않는다는 것이 분명하다. 그는 사리 분별을 할 나이에 이를 때까지 자기 아버지의 후견과 권위 아래 있으며, 그런 나이가 되면 어떤 정부 아래 자신을 둘지, 어떤 정치체에 자신을 결속할지에 대해 자유로운 상태인 자유인이다. 만일 프랑스에서 태어난 잉글랜드인의 아들이 자유로운 상태에 있고 그래도 된다면, 그의 아버지가 이 왕국의 신민이라는 사실로 인해 그에게 부과되는 구속이란 전혀 없으며 그의 조상이 맺은 어떤 협약에 의해서도 그가 얽매이지 않는다는 점이 명백하기 때문이다. 그렇다면 그의 아들이 프랑스 이외의 다른 어떤 곳에서 태어났다고 해도, 똑같은 이유로 똑같은 자유를 왜 가지지 못하겠는가? 아버지가 자녀에 대해 자연적으로 가지는 권력은 그들이 어디에서 태어나든 동일하며, 자연적 의무의 구속은 왕국과 국가의 실정적인 한계에 의해 제한받지 않기 때문이다.

119. 모든 인간은, 이미 살펴본 바와 같이, 자연적으로 자유롭고 오직 그 자신의 동의 외에는 아무것도 그를 그 어떤 지상의 권력에 복종하도록 밀어 넣을 수 없으므로, 무엇이 한 인간을 어떤 정부의 법률에 복종하게 만들기에 충분한 그 자신의 동의 선언이라고 이해되어야 할지가 고찰되어야 한다. 명시적 동의와 암묵적 동의라는 통상의 구분이 있는데, 지금 우리가 고찰할 문제와도 관련이 있을 것이다. 어떤 사회에 들어가는 어떤 인간의 명시적 동의가 그를 그 사회의 완전한 구성원, 그 정부의 신민으로 만든다는 것은 아무도 의심하지 않는다.[97] 어려운 점은 무엇이 암묵적 동의로 간주되어야 하고 그것이 어느 정도까지 구속하는가, 즉 누군가가 동의의 표현을 아예 안 한 경우에 그가 어떤 정부에 어느 정도까지 동의했고, 따라서 어느 정도까지 복종한 것으로 간주되어야 하는가이다. 이 문제에 대해 나는 이렇게 말한다. 어떤 정부의 지배권에 속하는 어떤 부분을 소유물로 가지거나 향유하는 모든 인간은 그럼으로써 암묵적 동의를 제공하는 것이며, 그렇게 향유하는 동안에는 그 정부 아래 있는 어느 누구 못지않게 그 정부의 법률에 대한 복종 의무를 진다고 말이다. 향유하는 것이 그와 그의 상속자들

---

97) 로크는 구체적으로 어떤 행위가 '명시적' 동의로 간주될 수 있는지에 대해서는 상세히 논의하지 않는다. 로크 당대에는 일반적으로 충성 맹세가 어떤 정부 혹은 권력에 복종하겠다는 명시적 동의로 생각되었으므로, 로크 역시 그렇게 받아들였을 것으로 짐작할 수 있다. 하지만 1688년의 혁명 이후 새롭게 들어선 정부에 대해 어떤 맹세를 어떻게 표명해야 하는지에 대해 맹렬한 논쟁이 있었다.

에게 영구히 지속되는 토지 소유물이든 아니면 단 일주일 동안의 숙박이든 혹은 겨우 큰길 위를 자유로이 여행하는 것일 뿐이든 상관없으며, 사실상 이[복종 의무]는 누군가가 그 정부의 영토 내에 있다는 바로 거기까지 미친다.

120. 이 문제를 더 잘 이해하기 위해서는 다음을 고찰하는 것이 적절하다. 모든 인간은 처음 어떤 국가에 자신을 통합시킬 때, 거기에 자기 자신을 결속함으로써 그가 가진 혹은 얻게 될, 그러나 다른 어떤 정부에 이미 속해 있지는 않은 소유물 또한 그 공동체에 병합하며 내놓는다. 누군가가 소유의 안전한 보장과 규제를 위해 다른 사람들과 더불어 사회에 들어가면서, 그럼에도 불구하고 그 사회의 법률에 의해 소유가 규제되어야만 하는 그의 토지는 소유자인 자기 자신이 신민으로 있는 저 정부의 관할권에서 면제되어야 한다고 생각하는 것은 직접적인 모순일 테니 말이다. 그러므로 누군가가 이전에 자유로웠던 자기 인신을 어떤 국가에 결합하는 바로 그 동일한 행위에 의해, 그는 이전에 자유로웠던 자기 소유물들 또한 똑같이 국가에 결합한다. 그리고 그것들은, 즉 인신과 소유물 둘 다 국가가 지속되는 한은 그 국가의 정부와 지배권에 종속된다. 따라서 [처음 어떤 국가에 자신을 통합시킨] 그때부터는 저 국가에 병합되어 있으며 그 정부 아래 있는 토지의 어떤 부분이든 상속이나 구입, 허가, 그 밖에 다른 방식으로 향유하는 사람은 누구나 그런 향유에 달려 있는 조건, 즉 그 토지의 관할권을 가진 국가의 정부에 여느 신민과 마찬가지로 복종한다는 조건과 함께 그것을 취해야 한다.

121. 그러나 정부는 오로지 토지에 대해서만 직접적인 관할권을 가지고 있고 토지 소유자에 대해서는 (그가 실제로 그 사회에 자신을 통합시키기 전에는) 단지 그 위에 살며 그것을 향유하는 만큼 관할권이 미치므로, 누군가가 그런 향유로 인해서 지게 되는 정부에 복종할 의무는 그 향유와 더불어 시작하고 끝난다. 그래서 그 정부에 단지 그런 암묵적 동의만 해주었을 뿐인 소유자Owner가 기증이나 판매, 그 밖에 다른 방식으로 앞서 언급된 소유물을 내놓을 때면 언제든지 그는 가서 다른 어떤 국가에 자신을 통합시키거나, 아니면 다른 사람들과 함께 세상의 어느 지역이든 그들이 발견할 수 있는 자유롭고 임자 없는 빈 장소에서[98] 새로운 국가를 시작하기로 합의할 수 있는 자유로운 상태에 있다. 하지만 일단 사실상의 합의와 어떤 명시적인 선언에 의해 어떤 국가의 일원이 되겠다는 동의를 제공한 자는 영구적으로 그리고 필수 불가결하게 그 국가의 신민이어야 하고 신민으로 고정 불변하게 남아 있어야 하며, 결코

98) 여기서 로크가 "빈 장소"를 문자 그대로 사람이 아무도 살고 있지 않은 어떤 곳으로 생각했는지는 분명하지 않다. 다만 이때의 "빈 장소"가 문자 그대로의 의미일 경우, 로크 당대에는 이미 사람들이 기존의 국가를 떠나 새로운 국가를 시작할 수 있는 '빈 장소'를 찾기란 매우 어려웠을 것이므로 이 대목에서 로크가 말하는 "자유로운 상태"란 매우 제한적일 수밖에 없음이 분명하다. 예컨대, 앞서 '빈 장소'가 언급되었던 35, 36절의 맥락에서는 "태초에 세상의 거대한 공유지에 처음으로 사람들이 살게 되었을 때" 혹은 "아담이나 노아의 자녀가 세상에 처음으로 거주하게 되었을 때"가 가정되었으므로 이 대목과 차이가 있다. 이와 관련해서는 36절의 각주 39 참조.

다시 자연 상태의 자유 안에 있을 수 없다. 어떤 재앙으로 인해 그가 신민으로 있는 그 정부가 해체되기에 이르거나 아니면 어떤 공적 행위에 의해 그가 더 이상 그 국가의 구성원이 되지 못하도록 배제되지 않는 한은 말이다.

122. 그러나 어떤 나라의 법률에 복종하고 조용히 살며 그 법률 아래에서 특권과 보호를 향유하는 것이 어떤 인간을 그 사회의 구성원으로 만들지는 않는다. 그것은 전쟁 상태에 있지 않으면서 어떤 정부에 속하는 영토 내로, 그 정부의 법의 위력이 미치는 모든 지역으로 들어오는 모든 자들에게 으레 돌아가야 하고 또 그들로부터 나와야 하는 국지적인 보호와 충성 맹세일 뿐이다. 그러나 이것이 어떤 인간을 그 사회의 구성원, 그 국가의 영구적인 신민으로 만들지는 않는다. 그것이 어떤 인간을 다른 사람, 즉 그가 그 사람의 가족 내에서 일정 기간 머무르는 게 편하다는 걸 알게 된 바로 그 사람의 신민으로 만들지 않는 것처럼 말이다. 하지만 그 국가 내에 계속 머무는 동안 그는 법률을 준수하고, 그가 거기서 알게 된 정부에 복종해야 할 의무를 졌다. 그리고 이렇게 해서 우리는 알게 된다. 외국인들은 다른 정부 아래에서 일평생을 살아감으로써 그리고 그 정부의 특권과 보호를 향유함으로써, 비록 양심에서조차 여느 주민과 마찬가지로 그 정부의 행정에 복종해야 하긴 하지만, 그렇다고 해서 그 국가의 신민이나 구성원이 되는 것은 아니라는 점을 말이다. 어떤 인간을 그렇게 만들어 줄 수 있는 건 아무것도 없다. 그가 실제로 적극적인 약정과 명시적인 약속 및 협약에 의해 그 국가에 들어가는 길 외에는 말이다. 이것이

바로 정치사회의 시작과 저 동의, 즉 누군가를 어떤 국가의 구
성원으로 만드는 동의와 관련하여 내가 생각하는 것이다.

9장
정치사회와 정부의 목적들에 대하여

123. 자연 상태의 인간이 앞에서 말한 것처럼 그렇게 자유롭다면, 가장 위대한 자와도 동등하고 어느 누구에게도 종속되지 않는 그야말로 자기 자신의 인신과 소유물의 절대적 주재자라면, 왜 그는 자신의 자유와 결별하려 할까? 왜 이런 제왕적 지배권을 포기하고 자신을 어떤 다른 권력의 지배권 및 제어에 종속시키려 할까? 이 질문에 대한 너무도 분명한 대답은 다음과 같다. 즉, 자연 상태에서 그는 그런 권리를 가지지만, 그 권리의 향유가 아주 불확실하고 다른 사람들의 침해에 끊임없이 노출된다는 것이다. 모두가 그와 마찬가지로 왕이고 각 인간이 그와 동등한 자인데 또 그들 대부분은 공평함과 정의의 엄격한 준수자들이 아니어서, 그가 자연 상태에서 누리는 소유의 향유는 아주 불안하고 아주 불확실하기 때문이다. 이것이 그로 하여금 자유롭긴 하나 두려움과 끝없는 위험으로 가득 찬 이 상황을 기꺼이 떠날 마음을 먹게 만든다. 그러니 그가 이미 결합되어 있거나 혹은 결합할 생각이 있는 다른 사람들과 더불어 자신의 생명, 자유, 자산, 즉 내가 소유라는 일반적인 이름으로 부르는 것의 상호 보존을 위해서 사회를 모색하고 기꺼이 사회에 참여하는 데는 이유가 없지 않다.

124. 그러므로 인간이 국가로 결속해서 자신을 정부 아래 두는 크고 주요한 목적은 자신의 소유를 보존하는 것이다. 자

연 상태에서는 그러기에 많은 것이 결여되어 있다.

첫째, 거기에서는 옳고 그름의 표준이요 그들 간의 모든 논란에 결정을 내려 줄 공통의 척도라고 공동의 동의에 의해 받아들여지고 인정된, 확립되고 확정되어 알려진 법이 결여되어 있다. 자연법이 모든 이성적 피조물들에게 명료하고 이해하기 쉬운 것이긴 하지만, 인간은 그 법에 대해 연구가 부족해서 무지할 뿐만 아니라 자신의 이해관계에 의해 편향되어 있어서 그것을 자신의 개별적인 사안에 적용할 경우에 자신에게 구속력 있는 법으로 인정하기가 쉽지 않다.

125. 둘째, 자연 상태에서는 확립된 법에 따라 모든 분쟁에 결정을 내려 줄 권위를 가진 알려져 있고 공평무사한 재판관이 결여되어 있다. 저 상태에서는 모든 사람이 자연법의 재판관이자 집행자인데, 인간은 자신에게 편파적이므로 자기 자신의 사안에서는 격정과 원한에 사로잡혀 너무 심하게 흥분한 채로 너무 멀리 가기 십상인 데다가 다른 사람들의 사안에서는 태만하고 무심해서 너무 무책임하기 십상이다.

126. 셋째, 자연 상태에서는 판결이 옳을 때 그것을 뒷받침하고 지원하며 또 그것에 마땅한 집행을 제공할 권력이 종종 결여되어 있다. 어떤 불의한 일을 해서 범죄를 저지른 자들은 능히 그럴 수 있는 상황에서라면 위력으로 자신들의 불의를 끝까지 밀고 나가는 데 좀처럼 실패하지 않을 것이다. [판결 집행에 대한] 그런 저항은 처벌을 누차 위험하게 만들고, 처벌을 시도하는 자들에게는 종종 파멸적인 결과를 낳는다.

127. 그리하여 인류는 자연 상태의 모든 특권에도 불구하고 그 상태에 머물러 있는 동안 그저 열악한 상황에 처해 있을 뿐이어서 빠르게 사회로 몰려가게 된다. 여하한 수의 인간들이 잠깐 동안이라도 이 상태에서 함께 사는 것을 보기가 좀처럼 어려운 것도 바로 이 때문이다. 자연 상태에서 모든 인간은 다른 사람들의 위반을 처벌할 권력을 각자 가지고 있지만, 그 권력이 워낙 들쭉날쭉하고 불확실하게 행사되기 때문에 여러 불편에 노출되기 마련이다. 이런 불편 때문에 그들은 정부의 확립된 법률 아래에 피난처를 구하고, 거기서 자기 소유의 보존을 도모하게 된다. 바로 이것을 위해 그들은 각자 자신의 단독 처벌 권력을 그토록 기꺼이 포기하여 결국 그 권력이 그들 사이에서 그런 일을 하도록 임명될 자들에 의해서만 행사되게 하며, 그것도 공동체나 혹은 그 목적으로 그들에 의해 권한을 부여받은 자들이 합의할 그런 규칙에 의거해서만 행사되게 한다. 그리고 바로 이것에서 우리는 정부와 사회 자체만이 아니라 입법 권력과 집행 권력 양자 모두의 원초적 권리와 근원을 확보하게 된다.

128. 이유인즉슨 이렇다. 인간이 가진 무해한 기쁨을 누릴 자유를 빼면, 자연 상태에서 인간은 두 권력을 가진다.

첫째 것은 자연법이 허용하는 한에서 자신과 타인들의 보존을 위해 자기가 적절하다고 생각하는 무엇이든 행하는 권력이다. 그들 모두에게 공통인 이 자연법에 의해 그와 모든 여타 인류가 하나의 공동체이고, 다른 모든 피조물과 구별되는 하나의 사회를 이룬다. 그리고 타락한 인간들의 부패와 사악함이 아니었다면 다른 어떤 사회에 대한 필요도 없을 것이며, 인간들이 이 커다란 자연적 공동체에서 떨어져 나와 실정적인 합의에 의해 더 작고 분할된 결사체들로 결합할 필요도 전혀 없을 것이다.

인간이 자연 상태에서 가지는 다른 하나의 권력은 자연법에 반해 저질러진 범죄를 처벌하는 권력이다. 그가 여타 인류로부터 떨어져 나와서 어떤, 이렇게 불러도 된다면, 공개되지 않은 혹은 특정한 정치사회에 참가하여 어떤 국가로 통합해 들어갈 때, 그는 이 두 권력 모두를 포기하게 된다.

129. 첫째 권력, 즉 자신과 여타 인류의 보존을 위해 적절하다고 생각하는 무엇이든 행하는 권력을 그는 포기하고, 자신과 자신이 속한 사회의 여타 사람들을 보존하는 데 요구되는 정도까지 그 사회가 만든 법률에 의해 규제받는다. 사회의 그런 법률은 많은 것들에 있어서 그가 자연법에 의해 가지고 있던 자유를 제한한다.

130. 둘째로, 처벌하는 권력을 그는 전적으로 포기하고, (이전에 그 자신의 단독 권위에 입각해서 자기가 적절하다고 생각하는 대로 자연법을 집행하는 데 이용했던) 자신의 자연적 위력을 그 사회의 법이 요구하는 대로 그 사회의 집행 권력을 돕기 위해 끌어들인다. 이제 새로운 상태에서 그는 같은 공동체 내 타인들의 노동, 조력, 교제로부터 많은 편익을 향유하는 동시에 그 공동체 전체의 힘으로부터 보호를 향유하게 될 텐데, 그런 새로운 상태에 있음으로써 또한 그는 그 사회의 좋음, 번영, 안전이 요구하는 만큼 생계를 꾸려 감에 있어 자신의 자연적 자유와도 결

별하게 될 것이다. 이것은 필수적일 뿐만 아니라 정의롭기도 하다. 사회의 다른 구성원들도 똑같은 일을 하기 때문이다.

131. 그러나 인간이 사회에 들어갈 때 자신이 자연 상태에서 가졌던 평등, 자유, 집행 권력을 사회의 수중에 양도하여 사회의 좋음이 요구하는 정도까지 입법부에 의해 처분되게 하더라도, 그것은 모든 사람이 각자 자신의 자유와 소유를 더 잘 보존하려는 의도에서 그렇게 하는 것일 뿐이다. (그 어떤 이성적 피조물도 더 나쁘게 만들 의도를 가지고 자기 상황을 바꾼다고는 상정될 수 없으니 말이다.) 그렇기에 그 사회 혹은 사회가 구성한 입법부의 권력은 결코 공공선을 넘어서는 정도까지 미치는 것으로 상정될 수 없고, 오히려 자연 상태를 아주 불안하고 불안정하게 만드는 것으로 위에서 인급한 저 세 결점에 대비함으로써 모든 사람의 소유를 안전하게 지킬 의무를 진다. 그래서 어떤 국가의 입법 권력 혹은 최고 권력을 가진 자는 누구든지 즉흥적인 명령에 의해서가 아니라 인민에게 공포되고 알려진, 확립된 상시적 법률에 의거해서 다스려야 하며, 그 법률에 의거해서 논란에 결정을 내려 주게 될 공평무사하고 올곧은 재판관들에 의해 다스려야만 한다. 그는 또한 공동체의 위력을 사용하되 국내에서는 오직 그런 법률을 집행하는 데 있어서만 사용해야 하며, 대외적으로는 외지인들이 가하는 위해를 막거나 원상 복구를 하기 위해서 그리고 공동체를 침략과 침해로부터 보호하기 위해서 사용해야 한다. 게다가 이 모든 것은 다른 어떤 목적이 아니라 오직 인민의 평화, 안녕, 공공선으로 인도되어야 한다.

10장
국가의 형태들에 대하여

132. 앞서 보여 주었듯이, 인간들이 최초로 결합해서 사회를 이루는 즉시 공동체의 권력 전체를 자연스럽게 쥐게 되는 다수는 그 모든 권력을 공동체를 위해 수시로 법률을 제정하고 관리들을 임명하여 그 법률을 집행케 하는 데 사용할 수 있다. 그러면 정부의 형태는 완벽한 민주정이다. 그러지 않고 법률을 제정하는 권력을 소수의 선택된 사람들 및 그들의 상속자들이나 후계자들의 수중에 둘 수도 있는데, 그러면 그것은 과두정이다. 그러지 않고 한 사람의 수중에 둘 수도 있는데, 그러면 군주정이다. 만일 그 한 사람과 그의 상속자들에게 입법권이 주어지면, 그런 정부 형태는 세습군주정이다. 만일 그가 살아 있는 동안에만 입법권이 주어지고 그의 사후에는 단지 후계자를 지명할 권력만 다수에게 되돌아간다면, 그것은 선거군주정이다. 따라서 공동체는 이런 여러 형태들 가운데서 그들이 좋다고 생각하는 대로 복합적이고 혼합된 정부 형태들을 만들어 낼 수 있다.[99] 그리고 만일 입법 권력이 처음에는 다수에 의해 한 사람 또는 둘 이상의 사람들에게 오직 그들이 살아 있

---

[99] 이 절에서 로크는 고대 희랍·로마에서 유래하여 당대에 일반적으로 활용되던 정부 형태 분류 방식을 따르고 있다. 그런데 이 문장으로 미루어 보면 그는 홉스나 필머 같은 동시대 사상가들과는 달리 '혼합정'을 긍정적으로 평가하고 있는 듯하다.

는 동안이나 아니면 어떤 한정된 기간 동안만 주어지고 그다음에는 그 최고 권력이 다수에게 다시 반환된다면, 그렇게 반환될 때, 공동체는 그 권력을 다시 처분하여 자기들 마음에 드는 사람들의 수중에 새롭게 맡길 수 있으며, 그렇게 하여 새로운 정부 형태를 구성할 수 있다. 정부 형태란 최고 권력, 즉 입법 권력을 어디에 두는가에 따라 달라지며, 하위 권력이 상위 권력에 지시를 하거나 최고 권력이 아닌 다른 어떤 권력이 법을 만드는 일은 상상할 수 없으므로, 국가의 형태도 법을 제정하는 권력이 어디에 놓이는가에 따르게 되기 때문이다.

133. 내가 사용하는 국가라는 말은, 민주정이나 다른 어떤 정부 형태를 의미하는 것이 아니라, 라틴족 사람들이 키비타스 Civitas라는 말로 뜻하던 독립적인 공동체를 의미하는 것으로 죽 이해되어야 한다. 우리말에서 키비타스에 가장 잘 들어맞는 단어는 국가인데, 그 말은 그런 인간 사회를 가장 잘 표현해 준다. 영어에서 공동체나 도시는 그런 인간 사회를 제대로 표현하지 못하는데, 왜냐하면 하나의 정부 안에 여러 하위 공동체들이 존재할 수 있고, 우리 사이에서 도시란 국가와는 매우 다른 관념이기 때문이다. 그러므로 애매성을 피하기 위해서, 내가 국가라는 단어를 그런 의미[즉, 독립적인 공동체라는 의미]로 사용하는 것을 양해해 주기 바란다. 국왕 제임스 1세[100]가 국가라는 단어를 그런 의미로 사용한 적이 있다고 알고 있는데, 나는 그것이 그 단어의 진정한 의미라고 생각한다. 만일 누구든 그 단어가 마음에 들지 않는다면, 그가 더 나은 것으로 바꾸는 데 동의한다.

100) 1603년에 잉글랜드 여왕 엘리자베스 1세의 뒤를 이어 즉위한 제임스 찰스 스튜어트James Charles Stuart를 가리킨다. 잉글랜드 왕에 즉위할 당시 그는 36년째 스코틀랜드 왕 제임스 6세로 군림하고 있었다. 그러니까 1603년 이후 제임스 1세는 스코틀랜드와 잉글랜드의 국왕을 겸했다. 골디에 따르면, 초판에서는 이 대목이 그저 "국왕 제임스"K. James로 언급되어 있었고, 나중 판본들에서 수정되었다. 제임스 1세의 통치 기간은 1603~25년이고 1685년부터 (이른바 '명예혁명'이 발발한) 1688년까지는 제임스 2세가 잉글랜드의 왕위에 있었기 때문에, 여기서 제임스 1세를 명시한 것이 로크가 이 저작의 초고를 적어도 1685년 이전에 완성했다는 유력한 증거 중 하나로 간주된다. 같은 사례가 200절에도 등장한다.

11장
입법 권력의 범위에 대하여

134. 인간들이 사회로 들어가는 중대한 목적은 그들의 소유를 평화롭고 안전하게 향유하는 것이며, 그런 목적을 달성하는 훌륭한 도구와 수단은 그 사회에 확립된 법률이다. 모든 국가의 으뜸가는 근본적인 실정법은 입법 권력을 확립하는 것이다. 입법 권력 그 자체마저도 지배하는 으뜸가는 근본적인 자연법이 사회를 보존하고 (공공선과 양립하는 한) 그 안에서 살아가는 모든 사람을 보존하는 것처럼 말이다. 이 입법 권력은 국가의 최고 권력일 뿐만 아니라 공동체가 일단 그 권력을 맡긴 자들의 수중에서 신싱시되며 변경할 수 없다. 입법 권력 이외의 어느 누가 내리는 어떤 명령도, 그것이 어떤 형태로 표현되든 혹은 어떤 권력이 뒤를 받쳐 주든 간에, 공중이 선택해서 임명한 입법 권력으로부터 승인을 받지 못하면 법률로서의 강제력과 구속력을 가질 수 없다. 이런 승인 없는 법률은 그것이 법률이 되는 데 절대적으로 필요한 사회의 동의를 얻을 수 없을 것이고, 그들 자신의 동의*101)나 그들로부터 받은 권위에 의하지 않고서는 어느 누구도 그 사회에 대해 법률을 제정할 권력을 가질 수 없기 때문이다. 그러므로 가장 엄숙한 유대 관계에 따라 누구든 반드시 해야만 하는 모든 복종은 궁극적으로 이 최고 권력에서 끝나며, 그 권력이 제정하는 법률들에 의해 지시를 받는다. 무엇이 됐건 어떤 외세에 대해 혹은 어떤 국내 하위 권력에 대해 사회 구성원들 중 누군가가 무슨 서약을 했

든지 간에, 그것이 그들의 신탁에 따라 작동하는 입법 권력에 대한 그의 복종을 면제해 줄 수 없으며, 제정된 법률과 상반되거나 그 법률이 허용하는 것 이상의 복종을 하도록 강요할 수도 없다. 누군가가 그 사회에서 최고 권력이 아닌 어떤 권력에 복종하도록 궁극적으로 구속될 수 있다고 상상하는 것은 터무니없는 일이니 말이다.

135. 한 사람에게 맡겨져 있든 더 많은 사람들에게 맡겨져 있든, 혹은 항상 작동 중에 있든 오직 간격을 두고서만 작동하든, 입법 권력은 모든 국가에서 최고 권력이다. 하지만

첫째로, 그것은 인민의 생명과 재산에 대한 절대적으로 자

---

*101) [저자의 주] "인간들의 정치사회 전체에 명령을 내릴 수 있는 법률을 제정하는 합법적인 권력은 당연히 같은 전체 사회에 속하는 것이어서, 지상에 있는 어떤 종류의 군주 또는 세력가든 간에 하느님으로부터 직접적이고 개별적으로 받은 명시적인 위임에 의해서거나 그들이 법률을 부과하는 자들의 동의에서 애초에 유래한 권위에 의해서가 아니고 제 스스로 같은 권력을 행사한다면, 그것은 단순한 참주정보다 결코 더 나을 것이 없다. 그러므로 공적인 승인이 그렇게 만들어 주지 않은 것은 법률이 아니다." 후커의 『교회 정체의 법률들』 제1권 제10절. "그러므로 이 점에 관해 우리는, 그런 인간들이 자연적으로 인간들의 정치적인 다중 전체에 명령을 내릴 아무런 온전하고 완벽한 권력도 가지고 있지 않으며, 따라서 우리의 동의가 전혀 없다면 우리는 그런 종류의 어떤 인간의 명령 아래서도 살고 있을 수 없다는 점에 주목해야 한다. 그리고 우리가 명령을 받는 데 동의한다는 것은, 우리가 구성원인 그 사회가 사전에 언젠가 동의를 했고 유사한 보편적 합의에 의해 사후에 그 동의를 취소하지 않은 경우다. 그러므로 어떤 종류의 것이든 인간의 법률은 동의에 의해서만 유효하다." 같은 곳.

의적인 권력이 아니며, 그런 권력일 수도 없다. 그것은 사회 모든 구성원 공동의 권력이 입법자인 개인이나 회의체에 넘겨진 것일 뿐이어서 그들이 사회에 들어가기 이전 자연 상태에서 가지고 있다가 공동체에 넘겨준 권력 이상일 수 없기 때문이다. 어느 누구도 자신이 가지고 있는 것보다 더 많은 권력을 다른 사람에게 이양할 수 없으며, 자기 자신의 생명을 파괴하거나 타인의 생명 또는 소유를 빼앗을 수 있는 절대적인 자의적 권력을 그 자신에 대해서나 다른 누군가에 대해서 가지고 있는 사람 또한 아무도 없으니 말이다. 이미 입증된 대로, 인간은 자신을 타인의 자의적인 권력에 종속시킬 수 없으며, 자연 상태에서 타인의 생명, 자유 또는 소유물에 대해 아무런 자의적인 권력도 갖지 않고, 다만 자연법이 그 자신과 나머지 인류의 보존을 위해 그에게 준 만큼의 권력만 가질 뿐이다. 이것이 그가 국가에 그리고 국가에 의해 입법 권력에 넘겨주는 혹은 넘겨줄 수 있는 모든 것이며, 따라서 입법부는 이보다 더 많은 권력을 가질 수 없다. 그들의 권력은 그 최대한도가 사회의 공공선으로 제한된다. 그것은 보존 이외에 다른 어떤 목적도 갖지 않는 권력이며, 그러므로 신민들을 죽이거나 노예로 삼거나 고의로 궁핍하게 만들 권리를 결코 가질 수 없다.[*102] 자연법의 의무 사항들은 사회에서 중단되는 것이 아니라 단지 많은 경우에 더 가깝게 다가오며, 인정법human Laws에 의해 거기에 부가된 형벌들이 알려지게 되어 그 준수가 강제된다. 따라서 자연법은 모든 인간에게, 그러니까 여타 인간들뿐만 아니라 입법자들에게도 영원한 규칙으로서 존재한다. 입법자들이 그들 자신은 물론 다른 인간들의 행위를 규제하기 위해 만든 규칙들은 자연법, 즉 하느님의 의지에 부합하는 것이라야 하는데, 자연법이란 하느님의 의지의 선언과 다름없다. 그리고 근본적인 자연법은 인류를 보존하는 것이므로, 인간이 하는 어떤 승인도 자연법에 반해서 타당하거나 유효할 수 없다.

136. 둘째로, 입법 또는 최고 권위는 즉흥적이고 자의적인 명령에 의해 지배 권력을 제 것으로 삼을 수 없으며,[103] 널리 공포된 상시적인 법률과 권위를 부여받은 알려진 재판관들을 통해 정의를 시행해야 하고 신민의 권리를 결정해야 한다. 자연법은 문자로 쓰여 있는 게 아니어서 사람들의 마음속 외에는 어디서도 발견되지 않으므로, 확립된 재판관이 없는 곳에서는 정념이나 이해관계에 이끌려 자연법을 잘못 인용하거나

[102) [저자의 주] "공적인 사회를 지탱하는 두 개의 토대가 있다. 하나는 모든 인간이 사교적인 삶과 유대감을 갈망하는 자연적 성향이고, 다른 하나는 함께 살아가는 그들의 결합 방식에 관여하는, 명시적으로 혹은 은밀하게 합의된 질서다. 후자는 우리가 국가의 법이라고 부르는 것, 즉 정치체의 영혼인데, 정치체를 이루는 부분들은 법에 의해 살아 움직이게 되고 함께 뭉치게 되며 공동선이 요구하는 그런 행위에 착수하게 된다. 인간들 간의 외적인 질서와 통치를 위해서 제정된 정치적인 법은, 인간의 의지가 내면적으로 완고하고 반항적이며 그의 본성의 신성한 법에 대한 일체의 복종을 싫어한다고 상정하지 않는다면, 결코 그것이 의당 그래야 하는 바대로 만들어지지 않는다. 한마디로, 인간이 그의 타락한 심성에 있어서는 야수보다 나을 게 거의 없다고 상정하지 않는다면 말이다. 따라서 정치법은 그럼에도 불구하고 인간의 외부적인 행위들이 사회가 설립된 목적인 공동선에 아무런 방해가 되지 않게 이루어지도록 규정한다. 그렇게 규정하지 않는다면, 그 법은 완전하지 않다." 후커, 같은 책, 제1권 제10절.

잘못 적용하는 사람들이 자신들의 과오를 쉽게 납득할 수 없기 때문이다. 그렇기에 자연법은 그 아래 살고 있는 사람들의 권리를 확정하고 소유를 보호하는 그 본연의 역할을 수행하지 못하는데, 특히 모든 사람이 자기 자신과 관련된 사건에서 자연법의 재판관이자 해석가요 집행자이기도 한 경우에 그렇다. 게다가 정당한 쪽에 서 있는 자라도 대개는 단독으로 자기 혼자만의 힘을 가질 뿐이어서 위해로부터 자신을 보호하거나 범죄자를 벌하기에 충분한 위력을 가지고 있지 않다. 자연 상태에서 인간의 소유를 어지럽히는 이런 불편들을 피하기 위해 사람들은 결속하여 사회로 들어간다. 그리하여 그들은 자신의 소유를 안전하게 유지하고 방어하기 위해 사회 전체의 단합된 힘을 보유하게 되며 그 사회를 구속하는 상시적인 규칙들을 갖게 되는데, 이 규칙들에 의해 모든 사람은 무엇이 자기 것인지를 알게 된다. 이런 목적을 위해서 인간들은 자신의 모든 자연적 권력을 그들이 들어가는 사회에 넘겨주며, 공동체는 자신들이 공표된 법률에 의해 통치되리라는 신뢰를 가지고 그들이 적당하다고 생각하는 자들의 수중에 입법 권력을 둔다. 그러지

---

*103) [저자의 주] "인정법은 그 법이 행동을 지시해 주어야 하는 인간에 관한 척도다. 하지만 그것은 그 법을 측정할 상위의 규칙 또한 갖는 그런 척도인데, 그 상위의 규칙으로는 두 개가 있다. 하느님의 법과 자연법이 그것이다. 그러니 인정법은 일반적인 자연법에 따라 만들어져야 하며, 성서의 실정법과도 모순되지 않게 만들어져야 한다. 그렇지 않으면 그 법은 잘못 만들어진 것이다." 후커, 같은 책, 제3권 제9절. "인간들에게 무엇이 됐든 불편한 일을 강요하는 것은 불합리해 보인다." 후커, 같은 책, 제1권 제10절.

않으면 그들의 평화와 평온, 소유는 여전히 자연 상태에서와 똑같은 불확실성 아래 놓이게 될 것이다.

137. 절대적이고 자의적인 권력 혹은 확립된 상시적인 법률이 없는 통치는 어느 쪽도 사회 및 정부의 목적과 양립할 수 없다. 자신들의 생명과 자유, 재산을 보존하기 위해서가 아니라면 그리고 권리와 소유에 대한 명백히 규정된 규칙에 의해 자신들의 평화와 평온을 확보하기 위해서가 아니라면, 인간들은 자연 상태의 자유를 단념하거나 사회 및 정부에 자신들을 구속시키지 않을 것이다. 그들이 의도적으로 어떤 한 사람 또는 둘 이상의 사람들에게 자신들의 인신과 자산에 대한 절대적이고 자의적인 권력을 넘겨주고 자신들에 대해 무제한적인 의지를 자의적으로 행사하도록 통치권자의 수중에 위력을 쥐여 준다고는, 설령 그들이 그럴 수 있는 권력을 가졌다 하더라도, 생각할 수 없다. 그렇게 하는 것은 그들 자신을 자연 상태보다 더 나쁜 상황에 처하게 하는 일이다. 자연 상태에서는 타인이 가하는 위해에 맞서 자신의 권리를 방어할 자유를 가졌으며, 한 사람이 저지르는 침해든 다수가 힘을 합쳐 저지르는 침해든 간에 그에 맞서 자기 권리를 지킬 수 있는 위력을 평등하게 갖는 조건에 있었으니 말이다. 반면에, 그들이 입법자의 절대적이고 자의적인 권력과 의지에 자신들을 넘겨준다고 가정함으로써 그들은 그 입법자가 원할 때 자신들을 먹잇감으로 삼도록 그를 무장시키고 자신들은 무장해제하는 셈이 된다. 10만 명을 통솔하는 한 인간의 자의적인 권력에 노출되어 있는 사람은 개별 인간 10만 명의 자의적인 권력에 노출되어 있는 사

람보다 훨씬 더 나쁜 상황에 처해 있다. 10만 명을 통솔하는 인간의 위력이 10만 배는 더 강하겠지만, 그의 의지가 다른 인간들의 의지보다 [그만큼] 더 선할 것이라고는 누구도 보장할 수 없다. 그러므로 어떤 형태의 국가 아래 있든 지배 권력은 즉흥적인 지시와 불확실한 결정이 아니라 공표되고 널리 인정되는 법률에 의해 통치해야 한다. 만일 인류가 한 인간 또는 소수의 몇몇 인간을 다중의 결합된 권력으로 무장시키고는, 그들의 행동을 지도하고 정당화할 아무런 척도도 설정하지 않은 채, 그들의 갑작스러운 생각이나 억제되지 않고 그 순간까지 알려지지 않은 의지에 따라 발동되는 과도하며 무제한적 명령에 수시로 복종하도록 자신들을 강제한다면, 인류는 자연 상태에서보다 훨씬 더 나쁜 상황에 있게 되는 것이기 때문이다. 정부가 가진 모든 권력은 오직 사회의 좋음을 위한 것인 만큼 자의적이고 기분 내키는 대로 행사되어서는 안 되며, 제정되고 공표된 법률에 따라 행사되어야 한다. 그럼으로써 인민은 자신들의 의무를 알 수 있고 법의 한계 내에서 안전하며 안심할 수 있게 되는 동시에 지배자들 역시 적정한 한도 내에 머물며 자신들의 수중에 가진 권력을 그들이 알지도 못했고 기꺼이 인정하지도 않을 그런 목적에 그리고 그런 조치로 쓰려는 유혹에 빠지지 않을 수 있다.

138. 셋째, 최고 권력은 어느 누구로부터든지 그의 동의 없이는 그의 소유의 어떤 부분도 가져갈 수 없다.[104] 소유의 보존이 정부의 목적이자 인간들이 사회로 들어가는 목적이므로 인민은 소유가 있어야 한다는 것이 필연적으로 가정되고 요구되

는데, 그게 아니라면[즉, 그의 동의 없이도 최고 권력이 그의 소유를 가져갈 수 있다면] 그들이 사회로 들어가는 목적이었던 저것을 인민은 사회에 들어감으로써 잃게 된다고, 누구라도 인정하기에 너무 터무니없는 가정을 해야 하기 때문이다. 그러므로 사회에서 소유가 있는 인간들은 공동체의 법에 의해 그들의 것이 된 재물에 대한 권리를 가지며, 어느 누구도 그들의 자산이나 그중 일부를 그들의 동의 없이 그들로부터 취할 권리를 갖지 않는다. 그렇지 않다면 그들은 소유가 전혀 없는 것이다. 다른 이가 내 동의에 반해서, 그가 원할 때, 나한테서 당연하게 가져갈 수 있는 것에는 내가 진실로 아무런 소유도 없기 때문이다. 따라서 어떤 국가의 최고 권력 또는 입법 권력이, 하고자 하는 무엇이든 할 수 있고 신민의 자산을 자의적으로 처분하거나 그중 일부를 내키는 대로 가져갈 수 있다고 생각하는 것은 오해다. 이런 일은 입법 권력의 전체 또는 일부가 변경이 가능한 회의체에 있고, 그 회의체의 구성원들은 회의체가 해산되면 나머지 사람들과 똑같이 자기들 나라의 일반 법 아래 있는 신민이 되는 정부에서는 대단히 두려워할 문제가 아니다. 그러나 입법 권력이 항상 존재하는 하나의 영구적인 회의체에 혹은 절대군주정에서와 같이 한 인간에게 있는 정부에서는, 그들이 공동체의 나머지 구성원들과 자신들은 구분되는 이해관계를 갖

---

104) 이 문장은 미국독립혁명(1775~83년) 당시 "대표 없이 과세 없다"는 원칙을 옹호했던 당대 혁명가들과 그 지지자들이 로크의 이 저서 가운데서도 가장 많이 인용했던 대목으로 알려져 있다.

는다고 생각하고, 그래서 인민으로부터 자신들이 적당하다고 생각하는 것을 가져감으로써 그들 자신의 부와 권력을 증대하려 할 위험이 있다. 만일 신민들을 통솔하는 자가 어떤 개인으로부터든지 그의 소유 중 자신이 원하는 부분을 차지해서 그것을 자기가 좋다고 생각하는 대로 사용하고 처분할 권력을 갖는다면, 비록 그와 그의 동료 신민들 사이에 그 한계를 설정하는 훌륭하고 공평한 법률이 있다고 하더라도, 개인의 소유는 전혀 안전하지 않기 때문이다.

139. 그러나 내가 앞서 밝힌 대로, 어느 누구의 수중에 들어가든지 간에 정부는, 인간들이 자기 소유를 가지며 안전하게 유지할 수 있다는 조건으로 그리고 이 목적을 위해, 신탁된 것이다. 그러니 군주나 원로원은 신민들 사이에서 소유를 규제하기 위해 법률을 제정할 권력은 가질 수 있다 하더라도 신민들 자신의 동의 없이 그들 소유의 전부나 어떤 일부를 가져갈 권력은 결코 가질 수 없다. 이는 사실상 신민들에게 소유를 전혀 남겨 두지 않는 것과 마찬가지이기 때문이다. 심지어 절대 권력이 필요한 경우에조차도 그것이 절대적이라고 해서 자의적이지는 않으며, 그런 경우에 그 권력이 절대적이기를 요구한 이유에 의해 여전히 제한되고 그런 목적으로 국한된다는 점을 우리가 이해하기 위해서는 군대 규율의 통상적인 관행을 살펴보는 것으로 충분하다. 군대의 보존과 그것을 통한 국가 전체의 보존은 모든 상관의 명령에 대한 절대적인 복종을 요구하며, 명령 가운데 가장 위험한 것 혹은 불합리한 것에 불복종하거나 이의를 제기하는 일도 사형을 당해 마땅하기 때문이다. 그

러나 우리가 아는 바와 같이, 어떤 사병에게 그가 전사할 것이 거의 확실한 명령, 그러니까 대포의 포구를 향해 진격하라거나 뚫린 방어벽을 막고 서있으라는 명령을 내릴 수 있는 상관이라 할지라도, 그 사병에게 그가 가진 돈을 한 푼이라도 내놓으라고 명령할 수는 없다. 또한 탈영했다는 이유로 혹은 지극히 무모한 명령에 복종하지 않았다는 이유로 그 사병을 사형에 처할 수 있는 장군 역시, 그가 가진 생사여탈의 절대적인 권력으로도 그 사병의 자산 가운데 단 한 푼조차 처분할 수 없고 그의 재물의 단 한 점도 강탈할 수 없다. 그 사병에게 어떤 일이든 명령할 수 있고, 가장 사소한 불복종에 대해서도 교수형을 명할 수 있지만 말이다. 왜냐하면 그런 맹목적인 복종은 지휘관이 가진 권력의 목적, 즉 나머지 사람들의 보존을 위해 필요한 것이지만, 그 사병의 재물을 처분하는 것은 그런 목적과 아무 상관이 없기 때문이다.

140. 정부란 막대한 비용 없이는 존속할 수 없는 것이 사실이며, 따라서 자기 몫의 보호를 누리는 사람은 누구나 정부를 유지하기 위해 자기 자산에서 그의 할당분을 지불하는 것이 적절하다. 그러나 그것은 여전히 그 자신의 동의, 즉 인민 자신에 의해 주어진 것이든 그들이 선택한 대표자들에 의해 주어진 것이든 다수의 동의를 수반하는 것이어야 한다. 만일 누군가가 인민의 동의는 결여한 채 그 자신의 권위에 의거하여 인민에게 세금을 부과하고 징수할 권력을 주장한다면, 그럼으로써 그는 근본적인 소유법을 침해하고 정부의 목적을 전복하는 것이기 때문이다. 다른 사람이 그가 원할 때 자기 것으로 당연하

게 가져갈 수 있는 것에 내가 무슨 소유가 있겠는가?

141. 넷째, 입법부는 법률을 제정할 권력을 다른 사람의 수중에 이양할 수 없다. 그것은 단지 인민으로부터 위임받은 권력일 뿐이어서 그것을 가진 자들이 다른 사람들에게 넘겨줄 수 없기 때문이다. 오직 인민만이 국가의 형태를 지정할 수 있는데, 그 일은 입법부를 설립하고 그것을 맡길 자들을 임명함으로써 이루어진다. 그리고 인민이 우리는 규칙들에 복종할 것이며 이러이러한 인간들이 만든 법률에 의해 그리고 이러이러한 [국가]형태 아래서 통치받겠다고 말했다면, 그 외 어느 누구도 다른 인간들이 그들을 위해서 법률을 만들 것이라고 말할 수 없다. 인민 역시 자신들이 택해서 자신들을 위해 법률을 제정하도록 권한을 부여한 자들이 만든 것 이외의 그 어떤 법률에 의해서도 구속될 수 없다. 인민이 확실하게 자발적으로 양도하고 설립함으로써 말미암는 입법부의 권력은 그런 확실한 양도를 통해 전달되는 것과 다른 그 어떤 것도 될 수 없다. 입법부의 권력은 입법자를 만드는 것이 아니라 오직 법률을 만드는 것일 뿐이므로, 입법부는 법률을 제정할 그들의 권위를 다른 사람의 수중에 이양하여 맡길 권력을 전혀 가질 수 없다.

142. 이것들이 사회가 입법부에 부여한 신탁과 하느님의 법 및 자연법이, 어떤 정부 형태를 갖든지 간에, 모든 국가의 입법 권력에 설정한 한계다.

첫째, 입법부는 제정되어 공포된 법률에 의해 통치해야 하며, 개별 사건에 따라 규칙이 달라져서는 안 되고 부자에게나 빈자에게나 또 궁정의 총신에게나 시골의 농사꾼에게나 같은 규칙을 가져야 한다.

둘째, 이런 법률은 또한 궁극적으로 다른 목적을 위해서가 아니라 단지 인민의 좋음을 위해서 고안되어야 한다.

셋째, 입법부는, 인민 자신이 하든 아니면 그들의 대리인이 하든, 인민의 동의 없이 인민의 소유에 세금을 부과해서는 안 된다. 그리고 이런 일[즉, 인민의 동의 없이 인민의 소유에 세금을 부과하는 일]은 입법 권력이 항상 존재하는 정부, 혹은 적어도 인민이 이따금 그들 스스로 선택하는 대리인에게 입법 권력의 어떤 부분이든 유보해 두지 못한 정부에서만 의당 우려할 문제다.

넷째, 입법부는 법률을 제정할 권력을 그 외 다른 누군가에게 이양해서는 안 되며 이양할 수도 없다. 혹은 인민이 그 권력을 둔 곳 이외의 다른 어떤 곳에 그것을 두어서는 안 되며 둘 수도 없다.

12장
국가의 입법 권력, 집행 권력 및 결맹 권력에 대하여

143. 입법 권력이란 공동체와 그 구성원들을 보존하기 위해 국가의 위력이 어떻게 사용될지 지시할 권리를 갖는 권력이다. 그러나 끊임없이 집행되어야 하고 그 위력이 항상 지속되어야 하는 법률들은 짧은 시간 안에 만들어질 수 있기 때문에, 입법부는 해야 할 업무가 항상 있는 것이 아니어서 항시 개회 중이어야 할 필요가 없다. 그리고 법률을 제정할 권력을 가진 바로 그 사람들이 해당 법률을 집행할 권력 또한 자기들 수중에 갖는 것은 권력을 장악하려는 경향이 있는 인간의 약점에 너무도 큰 유혹이 될 수 있다. 그 두 권력을 동시에 가짐으로써 그들은 자신들이 만든 법률에 대한 복종에서 그들 자신은 면제할 수도 있으며, 법률을 제정 및 집행함에 있어 그것이 자신들의 사적 이익에 부합하게 할 수도 있는데, 그리하여 결국 그들은 공동체의 나머지 구성원들과 구분될뿐더러 사회 및 정부의 목적에 상반되는 이해관계를 갖게 된다. 그러므로 전체의 좋음이 당연히 그래야 하는 대로 아주 잘 고려되는 질서 잡힌 국가에서는 입법 권력이, 적절하게 소집되어 단독으로 혹은 다른 사람들과 연대해서 법률을 제정할 권력을 갖는 다양한 사람들의 수중에 놓이는데, 그들은 그 일을 마치고 나면 다시 흩어져서 그들 스스로가 자신들이 제정한 법률에 종속된다. 이는 그들이 공공선을 위해 법률을 만들도록 유의해야 할 새롭

고 당면한 구속이다.

144. 그러나 단번에 짧은 시간 동안 만들어지는 법률은 끊임없이 지속되는 위력을 가지며, 계속적으로 집행되거나 거기에 주의를 기울이는 일을 필요로 한다. 그러므로 제정되어 시행 중인 법률의 집행을 관장하는 권력은 항상 존재할 필요가 있다. 따라서 입법 권력과 집행 권력은 종종 분리되게 된다.

145. 모든 국가에는 또 다른 권력이 있는데, 혹자는 그것을 자연적 권력이라고 부를 수도 있다. 왜냐하면 그 권력은 모든 인간이 사회로 들어가기 전에 자연적으로 가졌던 권력과 일치하는 것이기 때문이다. 비록 한 국가 안에서 그 구성원들은 서로에 대해 여전히 구분되는 별개의 인격체들이고, 그렇게 그 사회의 법률에 의해 지배되지만, 나머지 인류에 대해서는 하나의 전체를 이루는데, 그것은 나머지 인류에 대해 여전히 자연 상태에 있다. 그 전체에 속한 모든 구성원들이 [서로에 대해] 이전에 그랬듯이 말이다. 따라서 그 사회에 속한 어떤 인간과 사회 밖에 있는 인간들 간에 발생하는 분란은 공중에 의해 관리된다. 그리고 그들이 속한 몸의 어떤 구성원에게 가해진 침해에는 전체가 나서서 그에 대한 배상이 이루어지도록 관여한다. 그러므로 이런 점을 고려하면, 그 공동체 전체는 공동체 밖에 있는 다른 모든 국가 혹은 인간들에 대해 자연 상태에 있는 하나의 몸이다.

146. 그렇기 때문에 이것은 국가 밖에 있는 모든 사람들 및

공동체들과 전쟁을 하고 평화를 이룰 권력, 연맹을 맺고 동맹을 결성할 권력, 그리고 모든 거래를 할 수 있는 권력을 포함하는데, 누구든 원한다면 그것을 결맹 권력Federative power이라고 불러도 좋다. 이것이 그렇게 이해되기만 한다면, 나는 그것을 어떤 이름으로 부르든지 개의치 않는다.

147. 이 두 권력, 즉 집행 권력과 결맹 권력은 그 자체로는 정말 다르다. 하나는 사회 내에서 그 사회의 일부를 이루는 모든 것을 대상으로 국내법의 집행을 포괄하는 것이고, 다른 하나는 대외적으로 공중에게 혜택을 주거나 손해를 끼칠 수 있는 모든 것과 더불어 공중의 안전과 이익을 관리하는 것이니 말이다. 하지만 그 두 권력은 언제나 거의 결합되어 있다. 그리고 비록 이 결맹 권력이 잘 관리되는지 잘못 관리되는지가 국가에 매우 중요한 문제이기는 하지만, 그것은 이미 제정되어 상시적인 효력을 갖는 실정법에 의해 통제될 가능성이 집행 권력에 비해 훨씬 적다. 따라서 결맹 권력이 공공선을 위해 운용되기 위해서는 필히 그 권력을 쥔 자의 분별과 지혜에 맡겨야 한다. 신민들 서로 간의 관계에 관련된 법률은 그들의 행위를 지도하는 것이어서 그 행위보다 꽤 충분히 앞서 있을 수 있다. 그러나 외국인들과 관련해서 처리해야 하는 일은 그들의 행동에 그리고 계획과 이해관계의 변화에 대단히 좌우되기 때문에, 이 권력을 위임받은 자들이 국가의 유익을 위해 그들의 기량을 최대한 발휘해서 관리하도록 대부분 그들의 분별에 맡겨야 한다.

148. 비록 내가 말한 대로 모든 공동체의 집행 권력과 결맹 권력은 그 자체로는 정말 다르지만, 그 둘은 거의 분리되지 않으며 동시에 서로 다른 사람의 수중에 놓이게 되는 경우도 좀처럼 없다. 두 권력 모두 그것이 행사되기 위해서는 사회의 위력을 요구하는데, 국가의 위력을 종속 관계에 있지 않은 서로 다른 자들의 수중에 배치하는 것은 거의 실행 불가능하기 때문이다. 혹은 집행 권력과 결맹 권력을 각각 단독으로 행동하는 사람들에게 두는 것도 거의 실행 불가능하다. 그렇게 함으로써 공중의 위력은 상이한 지휘권 아래 놓이게 되고, 그것은 언젠가 무질서와 파멸을 초래할 공산이 크기 때문이다.

13장
국가권력들의 종속 관계에 대하여

149. 자체 기반을 갖추고 그 자신의 본성에 따라 행동하는, 다시 말해 공동체의 보존을 위해 행동하는 이미 구성되어 있는 어떤 국가에서는 입법 권력이라는 오직 하나의 최고 권력이 존재하고 거기에 나머지 모든 권력이 종속되며 또 그래야 하지만, 입법 권력이란 특정 목적을 위해서만 행동하는 단지 신탁 권력일 뿐이다. 입법 권력이 그들에게 맡겨진 신탁에 반해서 행동하는 것을 인민들이 발견할 경우, 그 입법 권력을 폐지하거나 변경할 수 있는 최고 권력은 인민에게 여전히 남아 있다. 목적을 달성하기 위해 신탁으로 주어지는 모든 권력은 그 목적에 의해 제한되기에, 그 목적이 명백하게 방치되거나 위반될 때마다 신탁은 필연적으로 철회되고 권력은 그것을 준 자들의 수중으로 이전되기 때문이다. 권력을 되돌려받은 자들은 그것을 자신들의 안전과 안보를 위해 최선이라고 생각하는 곳에 새로이 둘 수 있다. 따라서 공동체는 심지어 입법자들까지 포함해서 어느 누구의 공격과 수작으로부터도 그들 자신을 보호할 수 있는 최고 권력을 영구히 보유하는데, 그런 자들이 신민의 자유와 소유에 반하는 수작을 부리고 실행할 만큼 어리석거나 사악할 때마다 그러하다. 어떤 인간도 혹은 인간들의 사회도 그들의 보존이나 거기에 뒤따르는 보존 수단을 타인의 절대적인 의지와 자의적인 지배에 넘겨줄 권력을 갖고 있지 않으므로, 언제든 누군가 그들을 그런 노예 같은 상태로 몰아넣

고자 할 때면, 그들은 자신들이 포기할 권력을 갖고 있는 한은 그것을 보존할 권리 및 그들이 사회에 들어간 목적인 이 기본적이고 신성하며 변경할 수 없는 자기 보존의 법칙을 침해하는 자들을 자신들로부터 제거할 권리를 항상 가질 것이기 때문이다. 따라서 공동체는 이 점에서 항상 최고 권력이라고 말할 수 있다. 하지만 어떤 형태의 정부 아래서도 그렇게 간주되지 않는데, 이런 인민의 권력은 정부가 해체될 때에야 비로소 발생하기 때문이다.

150. 정부가 존속하는 동안에는 모든 경우에 입법 권력이 최고 권력이다. 다른 사람에게 법률을 부여할 수 있으려면 그 다른 사람보다 우월해야 하는데, 입법 권력은 그 사회에 속한 입법 권력이지만 사회의 모든 부분과 구성원 모두를 위해 법률을 제정해서 그들의 행동에 대한 규칙을 정하고 그것이 위반될 경우 집행 권력을 부여해야 하는 권리를 가지고 있으므로, 입법 권력이야말로 최고가 되어야 하며 사회 어느 부분 혹은 어떤 구성원이 가진 다른 모든 권력은 그것으로부터 나오고 또한 그것에 종속되어야 한다.

151. 입법 권력이 상시적으로 존재하지 않고 집행 권력은 입법 권력에도 일부 몫을 갖는 단 한 사람에게 부여되어 있는 몇몇 국가에서는 그 한 사람을 매우 폭넓은 의미에서 또한 최고 권력이라고 부를 수 있을 텐데, 이는 그가 최고 권력, 즉 법을 제정하는 권력을 전부 다 갖기 때문이 아니라 최고 집행권을 갖고 있어서 모든 하급 관리들이 각각 그들의 모든 하위 권력

을, 혹은 적어도 그 권력 중 가장 큰 부분을, 그로부터 얻기 때문이다. 또한 그런 국가에서는 입법부가 그보다 우월하지 않으므로 어떤 법도 그의 동의 없이는 제정될 수 없는데, 이는 그가 입법부의 다른 부분에 복종해야 한다면 기대할 수 없는 일이므로 이런 의미에서 그는 충분히 최고 권력이라 할 만하다. 하지만 비록 그가 충성 서약을 받는다 하더라도, 그것은 최고 입법자로서의 그에게 하는 서약이 아니라 그와 다른 이들이 공동 권력으로 제정한 법의 최고 집행자로서의 그에게 하는 서약이다. 충성이란 법에 따른 복종일 뿐이므로, 그가 법을 위반한다면 그는 복종을 받을 권리가 없으며, 법의 권력을 부여받은 공인으로서가 아니라면 복종을 요구할 수도 없다. 그러니 그는 그 사회의 법률에 공표된 사회의 의지에 의해 움직이는, 국가의 이미지나 상징 또는 대표자로 간주되어야 한다. 법의 의지나 법의 권력이 아닌 그 어떤 의지, 그 어떤 권력도 그는 가지고 있지 않은 것이다. 그런데 그가 이런 대표에서 물러나고 이런 공적 의지를 떠나 그 자신의 사적 의지에 따라 행동하면, 그는 스스로를 격하해서 복종을 요구할 권리를 갖는 권력과 의지를 결여한 일개 사인에 불과하게 된다. 사회 구성원들은 오로지 그 사회의 공적 의지에만 복종할 의무가 있으니 말이다.

152. 입법 권력에도 일정한 몫을 갖는 사람이 아닌 다른 어떤 곳에 부여된 집행 권력은 입법 권력에 명시적으로 종속되고 책임지며, 수시로 변경 및 대체될 수 있다. 그러니 종속에서 면제되는 것은 최고 집행 권력이 아니라, 입법 권력에 일정한 몫을 가짐으로써 그 자신이 참여하고 동의하는 것 이상으로

종속되고 책임질 아무런 별개의 상위 입법부가 없는 한 사람에게 부여된 최고 집행 권력이다. 그러므로 그는 스스로 적합하다고 생각하는 것보다 결코 더 종속적이지는 않은데, 종속된다고 하더라도 아주 조금만 그럴 것이라고 확실히 결론 내릴 수 있다. 국가에는 그 밖에 다른 보조 권력 및 하급 권력이 있는데, 이에 대해서는 언급할 필요가 없다. 그런 권력들은 서로 다른 국가들의 상이한 관습과 체제에 따라 무한히 다양하게 늘어나므로 그것들 모두를 일일이 설명하기가 불가능하다. 단지 우리의 현재 목적에 필요한 선에서 그런 권력들과 관련하여 우리가 주목해 볼 법한 것은, 그런 권력들이 확실한 양도와 위탁에 의해 그들에게 위임된 것을 넘어서는 어떤 종류의 권위도 갖지 않으며, 그 권력들 모두 국가의 어떤 다른 권력에 책임을 진다는 점이다.

153. 입법 권력이 항상 존재해야 할 필요는 없으며 그것은 또한 그렇게 편리하지도 않다. 하지만 집행 권력이 그래야 하는 것은 절대적으로 필요하다. 새로운 법이 만들어질 필요는 항상 있는 게 아니지만, 만들어진 법을 집행할 필요는 항상 있기 때문이다. 입법 권력은 자기가 제정한 법의 집행을 다른 이들의 손에 맡겼을 경우에도, 정당한 이유를 발견하면, 그들에게서 집행 권력을 회수하고 법에 어긋나는 잘못된 행정을 처벌할 권력을 여전히 갖고 있다. 결맹 권력에 관해서도 마찬가지다. 이미 밝힌 바와 같이, 구성되어 있는 어떤 국가에서 최고 권력은 입법 권력이며 결맹 권력과 집행 권력은 둘 다 입법 권력에 보조적이고 종속적인 것이니 말이다. 이 경우에도 입법 권

력은 여러 사람이 모여 구성하는 것으로 상정되는데 — 만일 입법 권력이 한 사람에게 있다면, 그것은 항상 존재할 수밖에 없고 최고 권력으로서 입법 권력과 함께 최고 집행 권력도 자연히 가지게 될 것이기 때문이다 — 이런 입법 권력은 그들의 원래 헌법original Constitution이나 그들 자신이 휴회하면서 정해 놓은 시기에 입법부를 소집하여 운용할 수 있다. 만일 그중 어느 것도 시기를 정해 놓지 않았거나 입법부를 소집하기 위해 규정된 다른 방도가 없다면, 그들이 원할 때 그리할 수도 있다. 최고 권력은 인민에 의해 입법부에 부여된 것이기에 항상 입법부에 있으며, 입법부는 그들이 원할 때 그 최고 권력을 행사할 수 있기 때문이다. 그들의 원래 헌법이 입법부가 특정 기간에만 열리도록 제한해 놓았거나 입법부의 최고 권력이 발효한 법령에 의해 특정 시기까지 입법부가 휴회하는 경우가 아니라면 말이다. 그리고 [지정된] 시간이 오면, 그들은 회의를 소집하여 활동을 재개할 권리를 갖는다.

154. 만일 입법부 전체 혹은 그중 일부가 인민에 의해 일정 기간 동안 일하도록 선택되고 임기 후에는 평범한 신민의 지위로 되돌아가서 새로 선택되지 않는 한 입법부에 아무런 몫을 갖지 못하는 그런 대표자들로 구성된다면, 이런 선택의 권력 역시 정해진 특정 기간이나 그 외 그들이 그 일에 소환될 때 인민이 행사해야 한다. 그리고 이 후자의 경우에 입법부를 소집하는 권력은 보통 집행부에 있는데, 그 시기와 관련해서는 다음 두 가지 제약 중 하나를 갖는다. 우선, 원래 헌법이 일정한 간격으로 입법부의 소집 및 활동을 명하고 집행 권력은 정해진

형식에 따라 단지 입법부의 선출과 소집을 위한 행정적 지시를 내리기만 하는 것이다. 아니면, 새로운 선거를 실시해서 입법부를 불러 모으는 것이 집행권자의 신중함에 맡겨지는데, 이는 공중의 필요나 긴급사태가 기존 법률의 수정 또는 새로운 법률의 제정을 요청하거나 인민을 구속 또는 위협하는 불편을 시정 내지 예방할 것을 요청할 때 그러하다.

155. 여기서 다음과 같은 질문이 제기될 수 있다. 만일 원래 헌법이나 공중의 긴급사태가 입법부의 모임과 활동을 요청할 때, 국가의 위력을 손에 넣고 있는 집행 권력이 저 위력을 사용하여 그것을 방해한다면 어찌 되는가? 나는 이렇게 답변한다. 권한 없이 그리고 그에게 이행하도록 부여된 신탁에 반해서 인민에게 위력을 사용하는 것은 인민과 전쟁 상태에 있게 되는 일인데, 인민은 자신들의 권력을 행사해서 그들의 입법부를 원상태로 복귀시킬 권리를 갖고 있다. 입법부를 설립한 의도는 정해진 특정 시기에 혹은 그럴 필요가 있을 때 입법부로 하여금 법률을 제정할 권력을 행사하도록 하는 데 있으므로, 입법부가 사회에 그토록 필요한 것 그리고 인민의 안전과 보존이 걸린 일을 하지 못하도록 위력으로 방해받는다면 인민은 그것을 위력으로 제거할 권리가 있다. 상황과 조건을 불문하고 권한 없는 위력에 대한 진정한 구제책은 위력으로 그것에 맞서는 일이다. 권한 없이 위력을 사용하는 것은 그렇게 하는 자를 항상 침략자로서 전쟁 상태에 들어가게 하며, 그로 하여금 그에 상응하는 취급을 받게 만든다.

156. 입법부를 소집하고 해산할 권력을 집행부에 둔다는 것이 입법부보다 집행부를 우위에 있게 하는 것은 아니다. 입법부의 소집 및 해산 권력은, 인간사의 불확실성과 변동성을 확고하게 고정되어 있는 규칙이 감당해 낼 수 없는 경우에 인민의 안전을 위해 집행권자에게 맡겨진 신탁이다. 정부의 최초 설계자들이 앞으로 언제든 모든 국가 긴급사태에 정확히 대응할 수 있도록 입법부 회합의 재개 시기 및 존속 기간을 미리 결정해 놓을 정도로 선견지명을 가지고 장래 일들에 통달해 있기란 불가능하기 때문이다. 이런 결함에 대한 최선의 구제책은 그 일을 항상 현존해 있으면서 공공선을 지키는 것이 업무인 자의 신중함에 맡기는 것이다. 필요한 시기가 아닌데 끊임없이 입법부를 빈번하게 모이게 하고 회합을 장기간 지속시키는 것은 인민에게 부담이 되지 않을 수 없으며, 조만간 필연적으로 더 위험한 불편을 초래할 것임이 틀림없다.[105] 그러나 사안의 빠른 전환이 때때로 입법부의 즉각적인 도움을 필요하게 만들 수도 있다. 입법부 소집 지연으로 공중이 위험에 처할 수도 있고, 그들의 업무가 매우 과중한 탓에 그들에게 주어진 제한된

---

105) 154절에서도 부분적으로 드러났듯이, 로크는 의회가 매년 정기적으로 몇 주 이상 반드시 열려야 한다고 생각하지 않았고, 이는 1688, 89년 혁명 이전의 의회 지지자들 사이에서 공유된 일반적인 견해였다. 잉글랜드에서 의회가 영구적인 기관이 되어 매년 일정 기간 동안 운영되기 시작한 것은 1689년 이후였는데, 이 점에서 이 문장 역시 로크가 이 저작의 초고를 1688, 89년 혁명 이전에 작성했음을 말해 주는 증거 중 하나로 꼽힌다.

시간이 일을 처리하기에 너무나 짧아서 그들의 사려 깊은 숙의를 통해서만 얻을 수 있는 혜택을 공중이 잃게 될 때도 있다. 그렇다면 이런 경우에, 입법부의 모임과 활동이 정해진 간격과 회기에 따라 이루어짐으로써 공동체가 언젠가 이런저런 심각한 위험에 노출되는 것을 방지하기 위해, 항상 현존해 있고 공적 사안들의 상태에 정통해서 공공선을 위해 이런 대권을 사용할 법한 자들의 신중함에 그것[입법부의 소집]을 맡기는 일 말고 무엇을 할 수 있겠는가? 그리고 같은 목적을 위해 법률의 집행을 위임받은 자의 수중만큼 이것을 잘 맡겨 놓을 수 있는 곳이 달리 있겠는가? 따라서 입법부의 소집과 회기에 관한 일정 규정이 원래 헌법에 의해 확정되어 있지 않다면, 그것은 집행권자의 수중에 들어가는 것이 자연스럽다. 이때 집행 권력은 기분 내키는 대로 좌지우지하는 자의적 권력으로서가 아니라 시대적 사건과 사안들의 변화가 요구하는 바에 따라 공공복리를 위해서만 항상 그 권력을 행사할 것이라는 신뢰와 함께 주어지는 것이다. 입법부의 소집 기간이 확정되어 있든 혹은 입법부를 소집하는 것이 군주의 자유로 맡겨져 있든 아니면 그 둘의 혼합이든, 가장 덜 불편한 것이 어느 쪽인가는 여기서 내가 조사할 일이 아니다. 다만 나는 집행 권력이 입법부의 집회를 소집하고 해산할 수 있는 대권을 가진다 하더라도, 그것 때문에 집행 권력이 입법 권력보다 우월한 것은 아니라는 점을 분명히 지적하고자 한다.

157. 이 세상의 사물들은 너무나도 끊임없는 변화 속에 있기 때문에 같은 상태로 오래 남아 있는 것이란 없다. 따라서 인

민, 재물, 거래, 권력도 변화를 겪는다. 번영하던 강력한 도시가 몰락하여 머잖아 황량하게 방치된 변두리로 바뀌는가 하면 인적이 드문 다른 장소가 부와 주민들로 가득한 번화한 지역으로 성장하기도 한다. 그러나 사물들이 항상 동등하게 변화하는 것은 아니며, 그 [존재] 이유가 사라져도 사적 이해관계로 인해 종종 관습과 특권이 유지되기도 한다. 입법부의 일부가 인민이 선택한 대표자들로 구성되는 정부에서, 이런 대표는 시간이 지남에 따라 그것이 처음 확립되었던 이유에 대단히 못 미치고 균형도 맞지 않게 되는 경우가 종종 발생한다. 존재할 이유가 사라진 후에 그 관습을 따르는 것이 얼마나 어리석은 일인지는 다음 사례를 보는 것으로 충분할 듯하다. 명색이 타운이라고는 하나, 남아 있는 게 폐허 수준이라 집이 양가죽처럼 드물거나 양치기 외에는 거주민을 찾아보기 힘든 그런 동네에서 사람들이 넘쳐 나고 재물도 막강한 카운티 전체와 맞먹을 만큼 많은 수의 대표자들을 입법자 대회의에 보내는 사례가 그것이다.[106] 외지인들은 이 문제에 아연실색하며, 모든 사람이 개선책이 필요하다고 토로한다. 그러나 대부분의 사람들이 개선책 찾기가 어렵다고 생각하는데, 입법부의 구성은 그 사회 최초이

---

106) 여기서 로크가 언급하는 사례는 잉글랜드 남부 월트셔Wiltshire주에 위치한 올드 새럼Old Sarum의 옛 자치구를 가리키는 것으로 알려져 있다. 로크는 데이비드 토머스David Thomas라는 친구가 올드 새럼 인근 도시인 솔즈베리 출신이어서 일찍부터 그곳 사정을 잘 알고 있었다. 실제로 그 지역은 후일 거주민이 전혀 없는 상황임에도 두 명의 의원을 의회에 보내고 있었기 때문에 의회 개혁 운동 과정에서 악명이 높았다.

자 최고의 행위여서 모든 실정법에 선행하고 전적으로 인민에 의존하기 때문에 어떤 하위 권력도 그것을 변경할 수 없다는 것이다. 그러므로 우리가 지금까지 이야기해 온 그런 정부에서 인민은 입법부가 일단 구성되면 정부가 지속하는 한 행동할 아무런 권력도 갖지 않는데, 이런 불편은 개선책을 찾을 수 없다고 생각된다.

158. "인민의 안녕이 최고의 법이다"[107]라는 말은 확실히 아주 정당하고 근본적인 원칙이어서 진심으로 그 원칙을 따르는 자는 위험한 실수를 저지를 수 없다. 그러므로 입법부를 소집할 권력을 가진 집행부가 대표의 방식보다는 오히려 진정한 비례를 지키면서, 독자적으로 대표될 권리를 가진 모든 곳의 구성원 수를 낡은 관습이 아니라 진정한 이유에 따라 규제한다면, 어떤 식으로 편입되었든 인민의 어떤 부분도 자신들이 공중에게 제공할 수 있는 지원에 비례하는 정도를 넘어서 그런 권리를 자처할 수 없으니, 그것은 새로운 입법부를 세운 것이 아니라 예전의 참된 입법부를 복원한 것으로, 시간의 흐름이 필연적이면서도 부지불식간에 초래한 무질서를 바로잡은 것으로 판단해야 한다. 공정하며 평등한 대표자를 갖는 것이 인민의 의도이자 이익이므로, 누구든 그 일을 그것에 가장 근접하

---

107) 키케로의 『법률론』De legibus을 출처로 하는 이 문장은 당대 가장 널리 인용되는 고전 경구 중 하나였는데, 로크 역시 그 점을 의식하고 있는 것으로 보인다. 라틴어 원문은 "Salus Populi Suprema Lex"로 되어 있다.

게 해내는 자는 의심할 여지 없는 정부의 벗이요 정부를 확립한 자이며 반드시 공동체의 동의와 승인을 얻을 것이기 때문이다. 대권이란, 뜻밖의 불확실한 사태가 발생함에 따라 확정되어 있고 변경할 수 없는 법률이 공공선을 안전하게 이끌 수 없는 그런 경우에, 공공선을 제공하도록 군주의 손에 쥐여 준 권력일 뿐이다. 그러니 명백히 인민의 좋음과 정부를 그 진정한 토대 위에 확립하기 위해 행해지는 것은 무엇이든 정당한 대권이며 앞으로도 항상 그럴 것이다. 새로운 자치체를 세우고 그것과 더불어 새로운 대표자들을 세울 권력은, 시간이 지나면 대표의 척도가 달라져서 이전에는 대표될 권리를 전혀 갖지 못했던 곳들이 대표될 정당한 권리를 가질 수 있고, 같은 이유로 이전에는 대표될 권리를 가졌던 곳이 더 이상 그러지 못하고 그 같은 특권을 누리기에는 너무나 미미해지게 될 수도 있으리라는 가정을 수반한다. 정부를 좀먹는 것은, 아마도 부정과 부패로 인해 초래되었을 현재 상태를 바꾸는 일이 아니라, 정부가 인민을 해치거나 억압하고 인민의 한 부분 또는 한 분파를 따로 구분해서 나머지 인민들이 불평등하게 종속되도록 만드는 경향이다. 정당하고 지속적인 척도에 근거해서 사회와 인민 일반에게 유익하다고 인정될 수밖에 없는 일은 무엇이든 일단 행해지면 항상 스스로를 정당화할 것이다. 그리고 인민이 그들의 대표자를 정부의 원래 틀에 적합한, 정당할뿐더러 누구도 부인할 수 없이 평등한 척도에 근거해서 선택하게 될 때면 언제나 그 일은, 그렇게 하도록 허락하거나 원인을 제공한 사람이 누구든 간에, 사회의 의지이자 행위임을 의심할 수 없다.

14장
대권에 대하여

159. (모든 온건한 군주정과 틀이 잘 잡힌 정부에서 그런 것처럼) 입법 권력과 집행 권력이 별개의 수중에 놓여 있는 곳에서는, 사회의 좋음을 위해 몇 가지 일들이 집행 권력을 가진 자의 재량에 맡겨져야 할 필요가 있다. 입법자들이 공동체에 유용할 법한 모든 것을 예견해서 법률로 규정해 놓을 수는 없으므로, 국내법이 아무런 지침도 주지 않는 많은 경우에 입법부가 그 지침을 마련하기 위해 딱 알맞게 소집될 수 있을 때까지, 자기 수중에 권력을 가진 법률 집행자가 공통의 자연법에 따라 사회의 좋음을 위해 그 권력을 사용할 권리를 갖기 때문이다. 법이 결코 규정할 수 없는 많은 것들이 있는데, 그런 것은 반드시 집행 권력을 가진 자의 재량에 맡겨서 공공선과 공익이 요구하는 대로 그가 명령할 수 있게 해야 한다. 아니, 어떤 경우에는 법률 자체가 집행 권력에 혹은 더 정확히 말해 자연과 정부의 이 근본적인 법, 즉 사회의 구성원 모두가 최대한 보존되어야 한다는 법에 양보해야 한다고 말하는 것이 적절하다. (옆집에 화재가 났는데, 불을 끄기 위해 무고한 사람의 집을 부수지 말라는 것처럼) 엄격하고 융통성 없이 법률을 준수하는 것이 해를 초래할 법한 많은 우발적 사건들이 생길 수도 있고, 때로 어떤 인간은 보상과 사면을 받을 만한 행위를 했다고 해서 사람을 차별하지 않는 법의 적용을 받을 수도 있으므로, 많은 경우에 지배자가 법의 엄격함을 완화하고 일부 범법자를 사면할 수 있는 권력

을 가져야 하는 것이 적절하기 때문이다. 정부의 목적은 사회 구성원 모두를 최대한 보존하는 데 있으므로, 무고한 자에게 아무런 해도 입히지 않았음을 입증할 수 있다면 심지어 죄가 있는 자라고 해도 벌을 면해 줄 수 있어야 하는 것이다.

160. 법의 규정 없이 그리고 때로는 법에 반해서까지도 공공선을 위해 재량에 따라 행동하는 이 권력이 소위 말하는 대권이다. 어떤 정부들에서는 법을 제정하는 권력이 항상 존재하지는 않으며 통상 입법을 담당하는 자들의 수가 지나치게 많고 일 진행이 너무 느리기 때문에, 집행에 요구되는 재빠른 처리가 이루어지기 어렵다. 그뿐만 아니라, 공중에게 영향을 미칠 수 있는 모든 사건과 필요를 예견해서 미리 법률을 제정하여 대비한다는 것은 불가능하기 때문에, 혹은 모든 경우에 그리고 관련이 있을 법한 모든 사람들에게 융통성 없이 엄격하게 집행해도 아무런 해를 끼치지 않을 그런 법률을 만든다는 것은 불가능하기 때문에, 법률이 규정해 놓지 않은 많은 선택 사항들을 처리하기 위한 자유재량이 집행 권력에 맡겨져 있는 것이다.

161. 이 권력은, 공동체의 유익을 위해 그리고 정부의 신탁과 목적에 적합하게 사용되는 동안, 의심의 여지 없는 대권이며, 결코 의문의 대상이 되지 않는다. 인민은 그 점에 있어서거의 혹은 전혀 꼼꼼하거나 까다롭지 않기 때문이다. 인민은그것이 원래 의도, 그러니까 인민의 좋음을 위해 사용되고 또그것에 명백히 반하지는 않게 용인할 수 있을 정도로 사용되

는 동안에는 대권을 검토하려 들지 않는다. 그러나 만일 대권이라고 주장되는 사안과 관련하여 집행 권력과 인민 사이에 의문이 발생하면, 그런 대권이 인민의 좋음을 향해 행사되는지 아니면 고통을 향해 행사되는지 그 경향을 통해 쉽게 문제를 해결할 수 있을 것이다.

162. 사람 수에 있어 국가가 가족과 거의 다르지 않았던 정부의 초창기에는 법률의 수에 있어서도 국가가 가족과 거의 차이가 없었을 것이라고 상상하기 어렵지 않다. 그리고 통치자들은 인민의 아버지로서 존재하며 그들의 좋음을 위해 그들을 보살폈기에, 그때의 통치는 거의 모두 대권이었다. 소수의 확립된 법률로 족했고, 지배자의 재량과 배려가 나머지를 채웠다. 그러나 공익을 위해서가 아니라 그들 자신의 사적인 목적을 위해서 이 권력을 사용하는 우둔한 군주들에게 과오와 아첨이 만연하게 되자, 인민은 대권으로부터 생겨나는 불이익이라고 자신들이 발견한 점들에 있어서 그 대권이 명시적인 법률로 분명히 규정되기를 원했다. 그렇게 하여 인민은 그들과 그들의 조상이 대권을 정당하게, 즉 자기 인민의 좋음을 위해서만 사용했던 그런 군주들의 지혜에 최대한의 자유재량으로 남겨 두었던 경우들에서 대권의 한계가 공포될 필요가 있음을 알게 되었다.

163. 그러므로 인민이 대권의 어느 부분이라도 실정법에 의해 규정되도록 하면 대권을 침해한 것이라고 말하는 자들은 대단히 잘못된 정부 관념을 가지고 있다. 그렇게 함으로써 인

민은 군주에게 정당하게 속하는 그 어떤 것도 빼앗은 게 아니며, 단지 그들이 그 군주와 그의 선조들의 수중에 인민의 좋음을 위해 행사하도록 한계 없이 남겨 둔 대권을 군주가 달리 사용할 때, 그 권력은 그들이 그에게 갖도록 의도한 게 아니라고 선언하는 것이기 때문이다. 정부의 목적은 공동체의 좋음이므로, 대권에 어떤 변경이 이루어지든 그 목적을 지향하는 것이라면 어느 누구에 대한 침해일 수가 없다. 정부 안에 있는 어느 누구도 다른 어떤 목적을 지향할 권리는 없으니 말이다. 그러니 오직 공공선에 해를 입히거나 혹은 공공선을 방해하는 것들만이 침해다. 그렇지 않다고 말하는 자는 마치 군주가 공동체의 좋음과 구분되는 별개의 이해관계를 가지고 있으며 공동체의 좋음을 위해 존재하는 게 아니라는 듯이 말하는 셈인데, 이는 왕정에서 발생하는 거의 모는 악과 무질서의 뿌리요 원천이다. 그리고 만일 실제로 그렇다면, 그런 왕의 정부 아래 살고 있는 인민은 그들 상호 간의 좋음을 위해 공동체에 들어간 이성적 피조물들의 집단이 아니다. 그들은 그런 상호적 좋음을 보호하고 증진하도록 그들 위에 지배자를 세운 그런 존재가 아니라, 자기 자신의 쾌락이나 이익을 위해 그들을 가둬 두고 부려 먹는 주인의 지배 아래 있는 열등한 피조물 무리로 간주되어야 하니 말이다. 만일 인간이 그런 조건으로 사회에 들어갈 만큼 그렇게 이성이 결여되고 야만적이라면, 대권은 일부 사람들이 그렇게 주장하는 것처럼 인민에게 해로운 일을 저지르는 자의적 권력일지 모른다.

164. 하지만 이성적인 피조물이 자유로운 상태에 있으면서

자기 자신에게 해를 끼치려고 다른 사람에게 스스로를 복종시킨다고 상상할 수는 없기 때문에 — 비록 그가 훌륭하고 지혜로운 지배자를 발견하면 모든 사안에서 그 지배자의 권력에 엄밀한 한계를 설정하는 것이 필요하거나 유용하다고 생각하지 않을 수도 있겠지만 말이다 —, 대권이란 인민들이 지배자들에게 법이 침묵하는 경우 그리고 때로는 법에 직접적으로 쓰여 있는 문구에 반하는 경우에도 공공선을 위해 지배자들 자신의 자유로운 선택으로 여러 일들을 행할 수 있도록 허락하는 것이요 그렇게 처리된 일에 대해 묵인하는 것에 지나지 않는다. 자신의 수중에 부여된 신탁에 마음을 쓰며 자기 인민의 좋음을 소중히 여기는 훌륭한 군주는 대권, 즉 좋은 일을 할 권력을 아무리 많이 가져도 지나친 것일 수 없기 때문이다. 마찬가지로, 전임 군주들이 법의 지시 없이 행사했던 저 권력을 공중의 이익과 구분되는 별개의 이익을 만들어 내거나 증진하기 위해 마음대로 행사해도 되는, 자기 직책상의 권리로 그에게 속하는 대권이라고 주장하는 우둔하고 사악한 군주는 인민에게 그들의 권리를 요구하고 저 권력 — 그들의 좋음을 위해서 행사되는 동안에는 만족하여 암묵적으로 허용했던 — 을 제한할 기회를 제공한다.

165. 그러므로 잉글랜드의 역사를 주의 깊게 살펴보는 사람은 대권이 언제나 우리의 가장 지혜롭고 훌륭한 군주들의 수중에서 가장 컸음을 발견하게 될 것이다. 그런 군주들의 행동이 전체적으로 공공선을 지향하고 있음을 발견한 인민이 법 없이도 그 목적을 위해 행해진 일에 대해서는 이의를 제기하지

않았기 때문이다. 혹은, (군주들 역시 다른 사람들처럼 창조된 인간일 뿐이므로) 어떤 인간적인 약점이나 과오로 인해 그런 목적에서 약간 벗어난 것처럼 보이더라도 그들 행위의 주된 기조가 오직 공중을 돌보는 데 있었음이 명백했기 때문이다. 그러므로 이런 군주들이 법의 명문 규정 없이 또는 명문 규정에 반해 행동할 때마다 그들에게서 만족할 만한 이유를 발견한 인민들은 그들이 행한 일을 묵인했고, 최소한의 불평도 없이 그들이 원하는 대로 대권을 확장하게 내버려두었다. 이 군주들은 모든 법률의 토대이자 목적인 공공선에 부합하도록 행동했기 때문에, 그렇게 대권을 확장함에 있어 법률에 해를 끼치는 일은 전혀 하지 않았다고 옳게 판단하면서 말이다.

166. 절대군주정은 하느님 자신이 우주를 통치하는 정부처럼 최선의 정부임을 입증하고자 하는 논변에 따르면, 그렇듯 하느님 같은 군주들은 실로 자의적인 권력을 주장할 만한 일정한 자격이 있다. 그런 왕들은 하느님의 지혜와 훌륭함을 함께 가지고 있기 때문이다. 훌륭한 군주들의 치세가 언제나 인민의 자유에 가장 위험하다는 격언[108]은 여기에 근거를 둔다. 다른 생각을 가지고 정부를 관리하는 후계자들이 그런 훌륭한 지배자들의 행동을 선례로 끌어들여 그것을 자기들 대권의 표준으로 삼기 때문이다. 마치 인민의 좋음을 위해서만 행해져 온 것이, 그들이 원하면 인민의 손해를 위해서도 행할 수

---

108) 이 격언의 출처에 대해서는 알려진 바가 없다.

있는 자신들의 권리라는 듯이 말이다. 그것은 종종 다툼과 때로 공공질서 문란의 원인이 되었는데, 인민이 그들의 원초적 권리를 회복하고 사실상 결코 대권이었던 적이 없는 것을 대권이 아니라고 선언할 수 있게 되기까지는 그랬다.[109] 사회 안에서 누구라도 인민에게 해를 가할 권리를 가진다는 것은 불가능하기 때문에, 인민은 공공선의 한계를 스스로 넘어서지 않은 왕이나 지배자들의 대권에 어떤 한계를 설정하려 들지 않을 것임이 틀림없다. 비록 그렇게 하는 것이 매우 가능하고 합당하더라도 말이다. 왜냐하면 대권이란 규칙 없이 공공선을 실행하는 권력일 뿐이기 때문이다.

167. 잉글랜드에서 정확한 시간과 장소, 회기를 정해 의회를 소집하는 권력은 확실히 왕의 대권이지만, 거기에는 그 대권이 해당 시기의 긴급사태와 다양한 상황이 요구하는 바에 따라 민족의 좋음을 위해 사용되리라는 신뢰가 함께한다. 언제나 그들이 모이기에 가장 적합한 장소일 곳과 가장 좋은 시기일 때를 예견하기란 불가능하기 때문에, 그런 장소와 시기 선택은 공공선에 가장 도움이 되고 의회의 목적에 가장 잘 부합하도록 집행 권력에 맡겨지는 것이다.

168. 대권의 이런 문제에 있어서는 다음과 같은 오랜 질문

---

109) 아마도 이 대목에서 로크는 존 왕의 통치(1199~1216년)와 마그나카르타 서명(1215년)을 암시하고자 했을 것이다.

이 제기될 것이다. 그러면 이 권력이 올바르게 사용되는 때가 언제인지를 누가 판단할 것인가? 나는 이렇게 답변하겠다. 그런 대권을 가지고 있는 현존 집행 권력과 그의 의지에 소집 여부가 달려 있는 입법 권력 사이에는 지상에 어떤 재판관도 있을 수 없다. 그들의 수중에 권력을 쥐었을 때 집행부 또는 입법부가 인민을 노예로 삼거나 파멸시키려고 계획하거나 혹은 막 실행하려 하더라도, 입법부와 인민 사이에 아무런 재판관도 있을 수 없는 것처럼 말이다. 인민이 지상에 어떤 재판관도 갖지 못하는 다른 모든 경우들에서처럼 이 경우에도 그들은 하늘에 소를 제기하는 것 외에 다른 구제책이 전혀 없다. (누군가가 자신들에게 해를 끼치도록 자신들을 지배해야 한다는 데 동의할 것이라고 결코 가정될 수 없는) 인민이 결코 그들의 수중에 맡긴 바 없는 권력을 행사하는 지배자들은 그런 시도를 함에 있어 그들이 그렇게 할 권리가 없는 일을 행하는 것이기 때문이다. 그리고 인민의 대다수 혹은 어떤 개별 인간이 자신들의 권리를 박탈당하거나 권리 없는 권력의 집행 아래 있으면서 지상에 소를 제기할 데는 전혀 갖지 못한 경우에, 그들이 충분히 중요한 명분이 있다고 판단하면 언제든 하늘에 소를 제기할 자유가 있다. 그러므로 비록 인민이 그 사회의 체제에 따라 어떤 우월한 권력을 가져서 해당 사안에 대해 결정하고 유효한 선고를 내리는 재판관일 수는 없지만, 그렇다 해도 그들은 지상에 소를 제기할 데가 전혀 없는 경우에 모든 인류에게 속하는 그 최종 결정권, 즉 그들이 하늘에 소를 제기할 정당한 명분이 있는지 여부를 판단할 최종 결정권을 인간들의 모든 실정법에 선행하며 그보다 우월한 법에 의해 그들 자신에게 유보해 두었다. 그리고 그들은 이런 판단을 포기할 수 없는데, 다른 사람에게 자기 자신을 파멸시킬 자유를 주려고 그에게 자신을 복종시킨다는 것은 인간의 권력을 벗어나는 일이며 하느님과 자연은 인간이 자기 자신의 보존을 등한시할 정도로 스스로를 저버리는 일을 결코 허락하지 않기 때문이다. 게다가 그는 자기 자신의 생명을 빼앗을 수 없기 때문에, 다른 사람에게 자기 생명을 빼앗을 권력을 줄 수도 없다. 누구든 이것[최종 결정권]이 무질서의 영원한 토대를 제공한다고 생각해서도 안 된다. 대다수가 느끼고 넌더리를 낼 정도로 그 불편이 너무 커져서 마침내 고쳐야 할 필요를 깨닫기 전까지는 이것이 발동되지 않기 때문이다. 하지만 집행 권력이나 지혜로운 군주는 전혀 이런 위험에 처하지 않아도 된다. 그리고 다른 모든 일 가운데 이것은 그들이 가장 피해야 하는 일인데, 그것이 다른 모든 일들 가운데 가장 위험하기 때문이다.

15장
함께 고찰되는 부친 권력, 정치권력 및
전제 권력에 대하여

169. 비록 앞에서 이 주제들을 각각 별도로 이야기할 기회를 갖긴 했지만, 내가 생각하기에 정부에 관한 최근의 큰 착오는 별개의 것으로 구분되는 이런 권력들을 서로 혼동하는 데서 발생하므로 여기서 그것들을 함께 고찰해 보는 것도 나쁘지 않을 것이다.

170. 그렇다면 첫째로, 부친 혹은 부모의 권력은 부모가 자녀들의 좋음을 위해 그들을 다스리도록 자녀들에 대해 갖는 권력에 지나지 않는데, 그런 권력은 자녀들이 이성을 사용할 수 있게 되거나 아니면 자연법이 됐든 또는 그들이 살고 있는 나라의 국내법이 됐든 그들이 그들 자신을 다스림에 있어 의거해야 할 규칙을 이해할 능력이 있다고 추정되는 앞의 상태에 도달하게 될 때까지 갖게 된다. 이해할 능력이 있다는 건 그 법 아래에서 자유인으로 살고 있는 여러 다른 사람들과 마찬가지로 그 법을 안다는 말이다. 하느님이 부모의 가슴속에 심어 준 자녀들에 대한 애정과 상냥함은 부모의 권력이 혹독한 자의적 통치로 의도된 것이 아니라 자녀들을 지원하고 훈육하며 보존하기 위한 것임을 명백하게 만든다. 그러나 일이 어떻게 되든지 간에, 내가 입증한 바와 같이, 그 권력이 그 밖의 다른 누구에 대해서보다 더 자기 자녀들에 대해서 아무 때나 생사여탈

권으로까지 확대된다고 생각해야 할 이유는 전혀 없다. 이런 부모의 권력이 아이가 성인Man으로 자라고 나서도 자기 부모의 의지에, 그가 부모로부터 받은 생명과 교육으로 말미암아 평생 동안 부모 양쪽 모두에게 존경과 존중, 감사, 도움, 지원을 다할 의무를 지는 것 이상으로, 복종하게끔 유지되어야 할 아무런 구실 또한 없다. 따라서 부친 권력은 일종의 자연적인 통치이긴 하나, 결코 그 자체가 정치권력의 목적과 관할권으로까지 확대되지는 않는 것이 사실이다. 아버지의 권력은 결코 아이의 소유에까지 미치지는 않는데, 그것은 오직 그 자신의 처분에 달려 있다.

171. 둘째로, 정치권력은 모든 인간이 자연 상태에서 가지고 있다가 사회의 수중으로 넘긴 권력이며, 사회에서는 그것이 그들의 좋음과 소유의 보존을 위해 사용되리라는 명시적 또는 암묵적 신탁과 함께 사회가 스스로 세운 통치자들에게로 넘긴 권력이다. 그런데 모든 인간이 자연 상태에서 가지고 있고 사회가 그를 안전하게 보호할 수 있는 경우에는 사회에 내놓는 이 권력은 자기 자신의 소유를 보존하기 위해 그가 좋다고 생각하고 자연이 그에게 허용한 그런 수단을 사용하는 것이면서 (그의 이성의 최선에 따라) 그 자신과 나머지 인류의 보존에 가장 도움이 되는 방향으로 다른 사람들의 자연법 위반을 처벌하는 것이다. 자연 상태에서 모든 인간의 수중에 있을 때 이 권력의 목적과 척도가 그의 집단 모두, 그러니까 모든 인류 일반을 보존하는 데 있는 것처럼, 통치권자의 수중에 있을 때도 그것은 그 사회 구성원들의 생명과 자유, 소유물 보존 이외에 다른 목

적이나 척도를 전혀 가질 수 없다. 그러니 그것은 최대한 보존되어야 하는 사회 구성원들의 생명과 재산에 대한 절대적이고 자의적인 권력일 수가 없으며, 단지 법률을 제정하고 거기에 형벌을 부가하는 권력이다. 너무나 썩어서 공동체의 건전하고 건강한 부분을 위협하는 그런 부분을, 그리고 오직 그 부분만을, 도려냄으로써 공동체 전체의 보존을 도모하는, 그게 아니면 어떤 가혹함도 합법적이지 않게 되는 그런 형벌 말이다. 그리고 이 권력의 기원은 오직 공동체를 구성하는 자들의 협약과 합의 그리고 상호 동의에 있다.

172. 셋째로, 전제 권력은 한 인간이 다른 인간에 대해 갖는, 그가 원할 때면 언제든 그 다른 인간의 생명을 빼앗을 수 있는 절대적이고 자의적인 권력이나. 이것은 자연이 준 권력이 아닌데, 왜냐하면 자연은 한 인간과 다른 인간 사이에 그와 같은 구분을 두지 않기 때문이다. 그뿐만 아니라 그것은 협약을 통해 전해질 수 있는 권력도 아닌데, 왜냐하면 인간은 자기 자신의 생명에 대해 그와 같은 자의적인 권력을 갖고 있지 않으므로 다른 인간에게 자기 생명에 대한 그와 같은 권력을 줄 수 없기 때문이다. 전제 권력은 침략자가 자신을 다른 사람과 전쟁 상태로 몰아넣을 때 자기 생명에 자초하는 박탈의 결과일 뿐이다. 왜냐하면 그는 하느님이 인간과 인간 사이의 규칙이자 인류를 하나의 단체요 사회로 결속되게 만드는 공동 유대가 되도록 부여한 이성을 단념하고 이성이 가르치는 평화의 길을 포기한 채, 다른 인간을 상대로 자신의 부당한 목적을 달성하고자 전쟁의 위력을 사용했기 때문이다. 아무런 권리도 없이,

그렇게 짐승들이 사용하는 힘을 그의 옳음의 규칙이 되게 함으로써 자기 종에 속하기를 멈추고 짐승의 종이 된 상황에서, 그는 자기 자신을 피해 당사자 및 그 피해자와 함께 정의를 집행하는 데 나설 나머지 인류에 의해 같이 사회를 이룰 수도 안전을 보장받을 수도 없는 어떤 다른 야수나 해로운 짐승처럼 죽임을 당해 마땅한 존재로 만든다. 따라서 정당하고 합법적인 전쟁에서 사로잡힌 포로들, 오직 그런 자들만이 전제 권력의 대상인데, 그런 권력은 협약으로부터 유래하는 것이 아니듯이 어떤 협약을 가능하게 할 수도 없으며 단지 전쟁 상태를 지속시킬 뿐이다. 자기 생명의 주인이 아닌 인간과 대체 어떤 협약을 체결할 수 있겠는가? 그런 자가 무슨 조건을 이행할 수 있겠는가? 그리고 일단 그가 자기 생명의 주인이 되도록 허락받는다면, 그의 주인의 전체적이고 자의적인 권력은 중단된다. 자기 자신의 주인이요 자기 생명의 주인인 자는 그것을 보존할 수단에 대한 권리 역시 갖는다. 그래서 협약이 시작되자마자 노예 상태는 중단되며, 자신의 포로와 [협약] 상황에 들어가는 자는 지금까지 행사해 오던 그의 절대 권력을 중지하고 전쟁 상태에 종지부를 찍는다.

173. 자연은 이 세 가지 권력 가운데 첫 번째 것, 즉 부친 권력을 부모에게 부여하는데, 이는 자녀들이 미성년인 동안 자기 소유를 관리할 수 있는 능력과 지성의 결핍을 메꿔서 그들에게 이익을 주기 위한 것이다. (여기서 내가 사용하는 소유라는 말은 다른 곳에서와 마찬가지로 인간이 자신의 재물뿐만 아니라 자신의 인신에 있어 갖는 그런 소유를 의미하는 것으로 이해되어야 한다.) 자발적

인 합의는 두 번째 권력, 즉 정치권력을 통치자들에게 부여하는데, 이는 신민들이 자신의 소유[권]를 보유하고 사용하도록 보장하여 그들에게 이익을 주기 위한 것이다. 그리고 박탈은 세 번째, 즉 전제 권력을 주인에게 부여하는데, 이는 모든 소유가 제거된 자들을 상대로 주인 자신에게 이익을 주기 위한 것이다.

174. 이런 여러 권력들의 서로 구분되는 발원과 범위 그리고 상이한 목적을 고찰하는 사람은 부친 권력이 통치권자의 권력에 훨씬 못 미치는 만큼이나 전제 권력은 그것을 초과한다는 점을, 그리고 절대적인 지배권은 아무리 자리를 잡더라도 시민 사회의 일종이 되기에는 너무 거리가 멀어서 노예 신분이 소유와 양립할 수 없는 만큼이나 그것과 양립할 수 없다는 점을 명백히 알게 될 것이다. 부친 권력은 자녀가 미성년이어서 자신의 소유를 관리할 수 없는 곳에서만 존재한다. 정치권력은 인간이 자기 스스로 처분할 소유를 가진 곳에서만 존재하며, 전제 권력은 결코 아무런 소유도 갖지 못하는 자들을 상대로 해서만 존재한다.

16장
정복에 대하여

175. 정부는 본래 앞에서 언급한 것 외에 결코 다른 근원을 가질 수 없고, 정체는 인민의 동의가 아닌 어떤 것에도 기초할 수 없다. 그러나 야망이 세상을 그토록 무질서로 가득 채워 온 탓에, 인류 역사의 대단히 큰 부분을 차지하는 전쟁의 소음 속에서 이 동의는 거의 주목받지 못한다. 그러므로 많은 사람들이 무기의 위력을 인민의 동의로 잘못 생각했고, 정복을 정부의 기원 중 하나로 생각한다.[110] 그러나 정복은, 집을 허무는 것이 그 자리에 새 집을 짓는 것과 다른 일인 만큼이나, 정부를 건립하는 일과 거리가 멀다. 실로 정복은 종종 앞선 국가를 파괴함으로써 새로운 국가의 틀을 짜는 길을 만들기도 한다. 하지만 그것은 인민의 동의가 없다면 결코 새로운 국가를 세울 수 없다.

176. 자기 자신을 다른 인간과 전쟁 상태로 몰아넣고 그의 권리를 부당하게 침해하는 침략자가 그런 부당한 전쟁으로 인해 피정복자들에 대한 권리를 갖게 될 수는 결코 없다는 데 모

---

110) 로크 당대 왕당파와 토리 중 일부는 실제로 군주의 절대 권력이 정복에서 유래한다고 주장했는데, 이하 이 장의 논변은 그런 주장을 염두에 두고 반박하는 데 초점을 맞춘다.

든 인간이 쉽게 동의할 것이다. 강도와 해적이 힘으로 굴복시킨 자들에 대해 제왕적 지배[111]의 권리를 갖는다거나 불법적인 힘이 억지로 강요한 약속에 인간들이 얽매인다고 생각하는 사람은 없으니까 말이다. 강도가 내 집에 침입해서 단도를 내 목에 들이대고 나로 하여금 내 자산을 그에게 넘겨준다는 증서에 도장을 찍게 한다면, 이 일이 그에게 어떤 자격을 주겠는가? 나를 억지로 굴복시킨 부당한 정복자는 칼로 얻은 그런 자격을 가질 뿐이다. 위해와 범죄는 왕관을 쓴 자가 저지르건 하찮은 악당이 저지르건 똑같다. 범죄자의 직함과 그를 따르는 졸개들의 숫자는 범죄를 더 심각한 것이 되게 할 뿐 다른 것으로 만들지는 않는다. 유일한 차이가 있다면, 큰 강도들은 작은 강도들을 처벌해서 계속 복종하게 하지만 자신들은 월계관과 승리로 보상받는다는 것이다. 이 세상에 있는 정의의 미약한 손에 비해 그들은 너무도 거대한 데다가 범죄자를 처벌해야 할 권력을 그들 자신이 쥐고 있기 때문이다. 내 집에 그렇게 침입한 강도에 맞선 나의 구제책은 무엇인가? 정의를 위해 법에 호소하는 것이다. 그러나 아마도 정의가 거부될 수 있다. 혹은 내가 불구가 되어 움직이지 못할 수도 있고 강탈당해서 소를 제기할 수단을 갖고 있지 않을 수도 있다. 만일 하느님이 구제책을 구할 모든 수단을 가져가 버렸다면, 참는 수밖에 없다. 그러나 내 아들은, 그럴 능력이 있을 때, 내가 거부당한 법의 구제를 모색해 볼 수 있을지도 모른다. 내 아들이나 그의 아들은 자

---

111) 61절의 각주 55 참조.

신의 권리를 회복할 때까지 소 제기를 거듭 새롭게 할 수도 있다. 그러나 피정복자들이나 그들의 자녀는 지상에 소를 제기할 아무런 법정도, 아무런 중재자도 갖지 못한다. 그렇다면 그들은 입다가 그랬듯이 하늘에 소를 제기하고, 그들 조상의 타고난 권리, 그러니까 다수가 승인하고 자유롭게 따를 그런 입법부를 세울 권리를 회복하게 될 때까지 그 소 제기를 계속 되풀이할 수 있을 것이다. 이것이 끝없는 분란을 일으킬 거라고 반대한다면, 나는 이렇게 대답하겠다. 정의에 호소하는 모두에게 정의가 열려 있는 곳에서 정의가 행하는 바와 다를 게 없다고 말이다. 명분 없이 이웃을 괴롭힌 자는 그 이웃이 소를 제기한 법정의 정의에 의해 그 괴롭힘에 대한 처벌을 받는다. 그리고 하늘에 소를 제기하는 자는 자기 쪽에 옳음이 있을뿐더러 소를 제기하는 데 따르는 수고와 비용을 감수할 권리 또한 있다는 확신을 가져야 한다. 그는 [장차] 속일 수 없는 재판소Tribunal에서 대답을 하게 될 것이고, 자신이 동료 신민들에게, 그러니까 인류 가운데 어떤 부분에든 저지른 나쁜 행실에 따라 모두에게 대가를 치르게 될 것임을 각오해야 할 테니 말이다. 이런 까닭에 부당한 전쟁에 나선 정복자는 그로 인해 피정복자의 종속과 복종을 요구할 수 있는 어떤 자격도 가질 수 없음이 분명하다.[112]

112) 더블린 출신 과학자이자 정치가였던 윌리엄 몰리뉴William Molyneux (1656~98년)는 16장 중에서도 특히 이 절을 인용하여 잉글랜드의 아일랜드 정복이 아일랜드에 대한 그 어떤 권리도 부여하지 않는다고 주장했는데, 이것이 로크의 저서를 제국주의 지배에 도전하기 위해 식민지 지식인이 이용한 첫 사례로 알려져 있다. 하지만 그렇다고 해서 그가 동

177. 그러나 승리가 옳은 쪽을 편든다고 가정한 상태에서, 합법적인 전쟁에 나선 정복자에 대해 숙고하여 그가 어떤 권력을 누구를 상대로 갖는지 알아보자.

첫째, 그가 자신과 함께 정복에 나섰던 자들에 대해서는 그의 정복으로 인해 아무런 권력도 얻지 못한다는 것이 분명하다. 그의 편에서 싸운 사람들이 그 정복으로 인해 고통을 겪을 수는 없으며, 적어도 이전에 그랬던 것만큼은 자유인이어야 한다. 그리고 그들은 정복자의 칼에 수반되는 전리품 및 다른 이득의 일부를 그들의 우두머리와 나눠 갖고 함께 향유한다는, 아니면 적어도 정복된 나라의 일부를 그들도 하사받는다는 약정과 조건 위에서 봉사하는 것이 가장 일반적이다. 나는 정복에 참가하는 인민이 정복으로 인해 노예가 되어서는 안 되며, 그들이 월계관을 쓰는 것이 단지 그들이 자기들 우두머리의 승리에 바쳐지는 희생물임을 보이기 위한 것이어서는 안 된다고 생각한다. 칼이 주는 자격에 입각해서 절대군주정을 세운 자들은 그런 군주정 창립자들인 자신들의 영웅을 악명 높은 드로캔서들[113]로 만들어 버리고는 그들이 이긴 전투에서 그들 편에 서

의에 의한 정부나 인민주권 등과 관련된 로크의 핵심 사상을 받아들였던 것은 아니다. 다만 그는 아일랜드가 자유롭고 독립적인 군주정이며 잉글랜드 의회에 종속되지 않는다고 보았을 뿐이다. 그러나 몰리뉴는 후일 미국독립혁명가들에 의해 인용된다.

113) '드로캔서'Draw-can-Sir는 1671년에 로열 극장에서 초연되었고 1672년에 익명으로 출판된, 그러나 제2대 버킹엄 공작 조지 빌리어즈George Villiers의 작품임이 분명하다고 알려져 있는 『리허설』The Rehearsal에 등장하는 인물로서 언제든 칼을 뽑아 들고 아무나 죽일 준비가 되어 있는 난

서 싸웠던 혹은 정복하는 일을 지원하거나 그들이 굴복시킨 나라를 나눠 갖는 데 함께한 장교들과 사병들이 있었다는 사실을 잊는다. 우리는 어떤 사람들이 잉글랜드 군주정은 노르만족의 정복으로 세워졌고, 그로 인해 우리 군주들은 절대적 지배권에 대한 자격을 갖는다고 말하는 것을 듣는다. 설령 그것이 (역사에 의하면 달리 보이지만) 사실이고 저 윌리엄[114]이 이 섬에 대해 전쟁을 일으킬 권리를 갖고 있었다고 하더라도, 정복에 의한 그의 지배권은 그 당시 이 나라의 거주민들이었던 색슨족과 브리튼족 이외에는 미칠 수 없을 것이다. 그와 함께 들어와서 그의 정복을 도운 노르만족과 그들의 후손은 모두 자유인이며, 결코 정복에 의한 신민이 아니다. 그 정복이 어떤 지배권을 주게 되든지 말이다. 그리고 만일 나 또는 다른 누군가가 그들[노르만족]로부터 물려받은 것으로서의 자유를 주장한다면, 그 반대 주장[115]을 입증하기란 매우 어려울 것이다. 그리고 이쪽과 저

폭한 허세꾼이다. 골디는 이 대목에서 로크가 잉글랜드 시인 앤드루 마벌Andrew Marvell의 왕당파 작가 새뮤얼 파커Samuel Parker에 대한 언급을 떠올린 것 같다고 설명하는데, 1672년 무렵 마벌은 파커를 '나라 전체를 죽이는 교회의 드로캔서'로 묘사했다고 한다.

114) 흔히 '정복왕'으로 불리는 윌리엄 1세를 가리킨다. 그는 원래 노르망디 공작이었으나, 1066년 헤이스팅스Hastings 전투에서 승리한 후 잉글랜드의 왕위에 올랐다. 로크 당대 왕당파와 토리는 의회의 권리와 인민의 자유가, 부분적으로 이 정복에서 유래하는 자격을 갖는 절대군주들의 은혜로운 양보에 따른 것이라고 주장했다. 반면에 휘그는 1066년이 '정복'을 기록한 해라는 점을 부인했으며, 앵글로·색슨의 자유로운 정체가, 종종 억압받거나 정기적으로 개조될 필요가 있긴 했지만, 여전히 지속되었다고 보았다.

쪽[노르만족과 아닌 쪽]을 전혀 구분하지 않는 법이 그들의 자유나 특권에 어떤 차이가 있어야 한다고 의도하지 않는다는 것은 분명하다.

178. 그런데 거의 일어나진 않겠지만, 정복자와 피정복자가 같은 법률과 자유 아래 하나의 인민으로 결코 통합되지 않는다고 가정해 보자. 그런 다음 합법적인 정복자가 피정복자에 대해 어떤 권력을 갖는지 살펴보자. 나는 그것이 전적으로 전제 권력이라고 말하겠다. 그 정복자는 부당한 전쟁으로 인해 생명을 박탈당하게 된 자들의 생명에 대해서는 절대적인 권력을 갖는다. 하지만 그 전쟁에 관여하지 않은 자들의 생명이나 재산에 대해서는 물론, 심지어 그 전쟁에 실제로 참가한 자들의 소유물에 대해서도 절대적인 권력을 갖지 않는다.

179. 둘째, 그렇다면 나는 정복자가 자신에게 맞서 사용된 그 부당한 위력을 실제로 지원하거나 거기에 협력 또는 동의한 자들에 대해서 말고는 아무런 권력도 갖지 않는다고 말하겠다. 인민은 부당한 전쟁을 일으키는 것 같은 부당한 일을 하라고 그들의 통치자들에게 권력을 준 것이 아니므로 ─ 그들 자신이 본래 그런 권력을 결코 가지고 있지 않았으니까 말이

115) 맥락상 당신들은 노르만족의 후손이 아니라는 주장과 설령 노르만족의 후손이라 해도 당신들에게 그들로부터 물려받은 자유란 없다는 주장을 모두 포함할 수 있다.

다 — 부당한 전쟁에서 저질러진 폭력과 불의에 대한 죄를 물음에 있어 그들이 실제로 그 전쟁을 부추긴 것 이상으로 그들에게 책임을 씌워서는 안 된다. 그들의 통치자가 인민 자신들에게 또는 동료 신민들 중 일부에게 가한 폭력이나 억압에 대해 인민이 유죄라고 생각되지 않는 것처럼, 그들은 이 후자의 경우에서만큼이나 전자의 경우에도 통치자들에게 그런 권한을 부여하지 않았다. 정복자들은 그런 구별을 하려고 스스로 고심하는 일이 거의 없는 게 사실이며, 오히려 전쟁의 혼란이 모든 것을 한꺼번에 휩쓸어 가버리도록 기꺼이 허용한다. 하지만 그렇다고 이로 인해 권리가 바뀌는 것은 아니다. 정복자가 피정복자들의 생명에 대해 권력을 갖는 것은 오직 그들이 불의를 저지르거나 유지하기 위해 위력을 사용했기 때문이므로, 그는 그런 권력을 오직 불의한 위력 사용에 협력한 자들에 대해서만 가질 뿐이며 나머지 모든 사람들은 무고하다. 또한 그는 [자신이 정복한] 그 나라에서 자신에게 아무런 위해를 가한 바가 없고, 그래서 그들의 생명을 박탈당할 일을 하지 않은 인민에 대해서는, 일체 위해나 도발을 저지르지 않고 그와 공정한 협정을 맺어 살아온 다른 자들에 대해 그런 것처럼, 아무런 자격도 갖지 않는다.

180. 셋째, 정복자가 정당한 전쟁에서 패배시킨 자들에 대해 갖는 권력은 지극히 전제적이다. 그러니까 정복자는 그들 자신을 전쟁 상태로 몰아넣음으로써 생명 박탈을 자초한 자들의 생명에 대해서 절대적인 권력을 갖는다. 하지만 그로 인해 그가 그들의 소유물에 대한 권리와 자격을 갖게 되는 것은 아

니다. 나는 이 점을 의심치 않지만, 언뜻 보면 그것은 이상한 교설로 생각될 것이다. 세상의 관행과는 정반대니까 말이다. 나라들의 지배권에 대해 이야기하면서 사람들은 이러저러한 누가 그것을 정복했다고 말하는 데 아주 익숙하다. 이는 마치 정복이 더 이상의 소란 없이 소유물을 차지할 권리를 가져다 주는 양 여기는 것이다. 하지만 강하고 힘 있는 자들의 관행이 제아무리 보편적이라 해도 좀처럼 옳음의 규칙은 아니라는 점을 고려하면, 정복자의 칼이 그들에게 강요한 조건에 맞서 항변하지 않는 것이 설령 피정복자들이 해야 할 복종의 일부라 하더라도, 나는 정복자가 피정복자들의 소유물에 대한 권리와 자격을 갖는 것은 아니라는 점을 의심치 않는다.

181. 모든 진쟁에서 위력과 훼손은 복잡하게 얽히는 것이 보통이고, 침략자가 전쟁을 치르는 자들의 인신을 상대로 위력을 사용할 때 그들의 자산에 해를 끼치지 않는 일은 거의 없지만, 그렇다 해도 한 인간을 전쟁 상태로 몰아넣는 것은 오직 위력의 사용이다. 위력을 써서 해를 가하기 시작하든 아니면 조용하게 사기를 쳐서 해를 입혀 놓고는 배상을 거절하고 위력으로 그 상태를 유지 — 이는 처음부터 위력으로 해를 입힌 것이나 마찬가지다 — 하든, 전쟁이 벌어지게 만드는 것은 위력의 부당한 사용이기 때문이다. 내 집을 부숴서 열고는 난폭하게 나를 문밖으로 쫓아낸 자나 평화적으로 집 안에 들어와서 위력으로 나를 내쫓은 자나 결과적으로는 똑같은 일을 한 것이다. 지금 나는 우리가, 지상에서 내가 소를 제기할 수 있으며 우리 양자 모두 복종할 의무를 지는 공통의 재판관이 전혀 없

는 그런 상태에 있다고 가정한 채로 이야기하고 있다. 그렇다면 한 인간을 다른 인간과 전쟁 상태로 몰아넣는 것은 위력의 부당한 사용이며, 그런 죄를 지은 자는 그로 인해서 자신의 생명을 박탈당하게 만든다. 인간과 인간 사이에 주어진 규칙인 이성을 포기하고 야수의 방식인 위력을 사용하는 자는 그 상대방에 의해 자기 존재에 위험한 사납고 굶주린 짐승으로 간주되어 죽임을 당하게 되기 십상이니까 말이다.

182. 그러나 아버지의 과오가 자녀의 잘못은 아니며, 그들은 아버지의 잔혹성과 불의에도 불구하고 이성적이며 평화적일 수 있다. 그러니 아버지는 자신이 저지른 과오와 폭력으로 인해 단지 그 자신의 생명만을 박탈당할 수 있을 뿐이며, 그의 죄나 파멸에 자녀들까지 끌어들일 수는 없다. 모든 인류를 가능한 한 최대로 보존하려 하는 자연이 자녀가 굶어 죽는 것을 막고자 그들에게 속하도록 만들어 놓은 아버지의 재물은 여전히 계속해서 그의 자녀에게 속한다. 나이가 어려서든 부재중이어서든 혹은 선택해서든 간에 자녀들이 전쟁에 참가하지 않았다고 가정하면, 그들은 자신의 생명을 박탈당할 어떤 일도 하지 않은 것이 되고, 정복자는 위력을 써서 자신을 파멸시키려 시도한 자를 진압했다는 단순한 자격만으로 그 재물을 빼앗아 갈 어떤 권리도 없기 때문이다. 아마도 전쟁을 치르고 자기 자신의 권리를 방어하느라 입은 손해를 보상받기 위해서 그 재물에 대해 어느 정도의 권리는 가질 수 있겠지만 말이다. 그런 권리가 피정복자의 소유물에 어느 정도나 미치는지에 대해서는 곧 보게 될 것이다. 그러니 정복으로 한 인간의 인신에 대

해 기분 내키는 대로 그를 죽일 수 있는 권리를 가진 자라고 해도, 그로 인해 그 인간의 차산에 대해 그것을 차지하거나 향유할 권리를 갖게 되는 것은 아니다. 침략자의 상대방에게 그가 내키는 대로, 마치 유해한 피조물에게 하듯, 침략자의 생명을 빼앗고 파멸시킬 권리를 주는 것은 바로 그 침략자가 사용한 야만적인 위력이지만, 그에게 다른 인간의 재물에 대한 자격을 주는 유일한 것은 그가 입은 손해이기 때문이다. 비록 내가 대로에서 나를 습격한 도둑을 살해할 수는 있지만, (생명보다 가치가 덜해 보이는) 그의 돈을 빼앗고 그를 놓아줄 수는 없는데, 그런 일은 내 쪽에서 강도짓을 하는 게 될 것이다. 그가 사용한 위력과 그 자신을 몰아넣은 전쟁 상태는 그로 하여금 자기 생명을 박탈당하게 만들었을 뿐 내게 그의 재물에 대한 그 어떤 자격도 주지 않았다. 그렇다면 정복의 권리는 오직 전쟁에 참가한 자들의 생명에만 미치며, 그들의 자산에까지 미치지는 않는다. 다만 전쟁으로 입은 손해와 전쟁 비용을 배상받기 위해서는 그들의 자산에까지 권리가 미치는데, 이 경우에도 역시 무고한 아내와 자녀의 권리는 남겨 둔다는 유보 조건이 따른다.

183. 정복자가 자기 쪽에 상정될 수 있는 최대한의 정의를 확보하고 있다고 하더라도, 패자들이 박탈당할 수 있는 것 이상으로 더 많이 강탈할 권리는 그에게 전혀 없다. 패자의 생명은 승자의 자비에 달려 있고, 패자의 서비스와 재물은 승자가 자기 자신에게 배상이 되도록 전유할 수도 있다. 하지만 승자는 패자의 아내와 자녀의 재물에는 손을 댈 수 없다. 그들 역

시 패자가 향유했던 재물에 대한 자격을 갖고 있고 그가 보유하던 자산에 자기들의 몫이 있다. 예컨대, 자연 상태에서 나는 — 그리고 모든 국가는 서로 자연 상태에 있다 — 다른 인간에게 위해를 가해 놓고 배상하기를 거부할 경우 전쟁 상태에 들어가게 되는데, 거기서 내가 부당하게 얻은 것을 위력으로 방어하는 행위는 나를 침략자로 만든다. 내가 정복당하면, 나의 생명은 박탈당해서 자비에 맡겨지는 것이 사실이다. 하지만 나의 아내와 자녀는 그렇지 않다. 그들은 전쟁을 일으키지도 않았고 지원하지도 않았다. 나는 그들의 생명을 박탈당하게 할 수 없는데, 그들의 생명은 박탈당할 수 있는 내 것이 아니다. 나의 아내는 내 자산에 일정한 몫이 있는데, 그 몫 역시 내가 박탈당하게 할 수 없다. 그리고 내게서 태어난 나의 자녀 역시 내 노동이나 재산을 통해 부양받을 권리가 있다. 그러면 여기서 문제가 발생한다. 정복자는 그가 입은 손해에 대해 보상받을 자격이 있고, 자녀는 그들의 생계를 위해 아버지의 자산에 대한 자격을 갖는다. 아내의 몫과 관련해서는, 그녀 자신의 노동으로 그 몫에 대한 자격을 얻었든 협약으로 얻었든 간에, 남편이 그녀의 것을 박탈당하게 할 수 없다는 점이 분명하다. 이런 경우에는 어떻게 해야 하는가? 내 대답은 이렇다. 근본적인 자연법은 가능한 한 모두가 보존되어야 한다는 것인데, 이로부터 도출되는 결론은 만일 양자, 그러니까 정복자의 손실과 자녀의 생계유지 둘 다를 온전히 충족하기에 충분하지 않다면 가진 것이 여유가 있는 자가 온전한 충족의 일부를 덜어내서, 그것이 없으면 죽을 위험에 처하게 되는 자들의 긴급하고 더 바람직한 자격에 양보해야 한다는 것이다.

184. 그런데 정복자에게 전쟁 비용과 전쟁으로 입은 피해가 단 한 푼도 빠짐없이 전부 보상되어야 하고, 그래서 아버지의 재물을 모두 약탈당한 패자의 자녀는 굶어 죽게 내버려둬야 한다고 가정해 보자. 그렇다고 해도, 이 점에 관한 한 정복자에게 돌아가도록 되어 있는 것을 충족하는 일이 그에게 그가 정복할 어떤 나라에 대한 자격을 주게 되는 일은 거의 없을 것이다. 모든 토지에 임자가 있어서 황무지로 남아 있는 곳이 없게 된 세계 어느 지역에서든, 전쟁으로 입은 손해가 상당한 넓이의 토지 가치에 상응하는 크기인 경우는 거의 없기 때문이다. 그리고 만일 내가 정복자의 토지를 빼앗지 않았다면 ─ 패배했으니 그러기란 불가능한 일이지만 ─ , 내가 그에게 저지른 어떤 다른 약탈도 내 토지의 가치에 이를 수는 없다. 그 토지가 내가 미음대로 취한 그의 것에 어느 정도 근접하는 규모이며 똑같이 잘 가꿔져 있다고 가정하면 말이다. 1년 혹은 2년 치의 수확 ─ 4년이나 5년 치에 이르는 경우는 거의 없기 때문에 ─ 을 결딴내는 것이 통상적으로 이루어지는 최대한의 약탈이다. 빼앗기는 화폐 및 그런 유의 재물과 보물에 관한 한, 이런 것들은 자연의 산물이 아니어서 단지 지어낸 상상적 가치만을 가질 뿐이기 때문이다. 자연은 그것들에 그런 가치를 부여하지 않으니까 말이다. 자연의 기준에 의하면 그것들은, 아메리카인들의 조가비 구슬[116]이 유럽인 군주에게 그렇듯이 혹

---

116) 여기서 '조가비 구슬'로 옮긴 'wampompeke'의 발음은, 라슬렛에 따르면, '왐펌피그'wampumpeag에 가깝다. 왐펌wampum은 아메리카 동부 삼

은 유럽의 은화가 이전에 아메리카인에게 그랬듯이, 전혀 중요하지 않다. 그리고 모든 토지에 임자가 있어서 약탈당한 자가 차지할 황무지라고는 전혀 남아 있지 않은 경우, 5년 치 수확도 영구적인 토지 상속만큼의 가치가 없다. 이 점은 화폐의 상상적 가치를 제거해 보기만 하면 쉽게 인정될 것이다. 그 불균형이 5 대 500보다도 더 심하니까 말이다.[117] 비록 주민들이 차지해서 이용하고 있는 것보다 더 많은 토지가 있으며 누구라도 황무지를 이용할 자유가 있는 경우라면 반년 치의 수확이 토지 상속보다 더 큰 가치가 있겠지만, 그런 곳에서는 정복자들이 패자들의 땅을 차지하려고 주의를 기울이지 않는다. 그러므로 (모든 군주와 정부가 서로에 대해 그렇듯이) 자연 상태에

림지대에 살던 원주민 부족들의 전통적인 조가비 구슬을 가리키는데, 이것을 일종의 염주처럼 이어 만든 줄은 중요한 조약이나 역사적 사건을 기록하고 기념하는 데 쓰이기도 하고 예물이나 교환 수단으로 이용되기도 했다. 아메리카에 처음 당도한 유럽인들은 이런 조가비 구슬을 단순히 원주민들의 화폐로 간주했고, 뉴잉글랜드와 뉴욕, 뉴저지, 델라웨어 등의 지역에서는 유럽인들과 원주민들 간의 거래 시 이것이 실제로 화폐의 역할을 했다. 예컨대, 뉴욕의 식민지 정부는 흰 조가비 구슬 여덟 개 또는 검은 조가비 구슬 네 개에 1니켈의 가치를 부여했고, 뉴저지의 식민지 정부는 흰 조가비 구슬 여섯 개 또는 검은 조가비 구슬 세 개 대 1페니의 비율을 설정했다.

117) 이 책의 초판에는 이 대목에서 불균형의 비율이 '5 대 5000'으로 제시되어 있었는데, 후일 로크 자신이 (어떤 이유에서인지는 분명치 않으나) 이렇게 수정했다. 5 대 5000이든 5 대 500이든 간에, 여기서 로크가 강조하고자 하는 점은 "5년 치 수확 대 영구적인 토지 상속" 간의 불균형이다.

있는 인간들이 서로에게 입히는 손해는 그 어떤 것도 정복자에게 패자들의 후손이 가진 것을 빼앗고 대대로 그들과 그 후세의 소유물이어야 할 유산에서 그들을 내쫓을 권력을 줄 수 없다. 정복자는 정말로 자신이 주인이라고 생각하기 쉬울 것이다. 그리고 정복자의 권리에 대해 왈가왈부할 수 없는 것이 바로 피정복자들의 상황이다. 하지만 그게 전부라면, 노골적인 위력에 의해 강자가 약자에 대해 갖는 것 이상의 어떤 다른 자격도 갖게 되지 않는다. 그리고 이런 이유로 가장 강한 자는 무엇이든 그가 원하는 것을 거머쥘 권리를 가지게 될 것이다.

185. 그렇다면 심지어 정당한 전쟁에서조차도 정복자는 그와 함께 전쟁에 참가한 자들과 그에게 대항하지 않은 피정복 국가 사람들에 대해서는 물론 그에게 대항한 자들의 후손에 대해서도 정복으로 인해 지배권의 권리를 전혀 갖지 않는다. 그들은 그에 대한 일체의 복종에서 자유로우며, 만일 그들의 이전 정부가 해체된다면 또 다른 정부를 시작하고 수립할 자유가 있다.

186. 통상적으로 정복자는 그가 그들에게 휘두르는 위력에 의지하여 그들의 가슴에 칼을 들이대면서 자신이 내미는 조건에 굴복하고 그런 조건을 자신이 원하는 대로 감당하는 정부에 복종하라고 그들을 강제한다는 것이 사실이다. 하지만 이런 의문이 생긴다. 그는 무슨 권리를 가지고 그렇게 하는가? 만일 그들이 그들 자신의 동의에 의해 복종한다고 말한다면, 이는 정복자가 그들을 지배할 자격을 갖기 위해서는 그들 자

신의 동의가 필수적임을 인정하는 것이다. [그러면 이제] 유일하게 남는 일은, 권리 없이 위력으로 강요해서 받아 낸 약속이 동의로 간주될 수 있는지 그리고 얼마나 구속력이 있는지를 고찰하는 일이다. 그 문제에 대해서 나는, 그런 약속들은 전혀 구속력이 없다고 말하겠다. 왜냐하면 다른 사람이 위력으로 나한테서 가져간 것에 대해서는 무엇이든 내가 여전히 권리를 유지하고 있으며, 그는 즉시 돌려줄 의무가 있기 때문이다. 나한테서 내 말Horse을 강제로 빼앗는 사람은 즉시 그것을 돌려주어야 하며, 나는 여전히 그 말을 되돌려받을 권리가 있다. 같은 이유로, 내게 약속을 강요한 사람은 즉시 그것을 되돌려야 한다. 즉, 내가 그 약속에 대한 의무를 벗어나게 해주어야 한다. 그렇지 않으면 나는 내 스스로 그 약속을 되돌릴 수 있다. 즉, 그 약속을 이행할지 말지를 선택할 수 있다. 오직 자연이 규정하는 규칙들에 의해서만 내게 의무를 부과하는 자연법이 그런 규칙들의 위반에 의해 내게 의무를 강제할 수는 없기 때문이다. 위력으로 나한테서 무엇이든 갈취하는 것이 그런 위반에 해당한다. 내가 약속했다고 말하는 것이 사태를 조금도 바꾸지 못한다. 내 가슴에 권총을 들이대고 지갑을 요구하는 도둑에게 내가 호주머니에 손을 넣어 스스로 지갑을 꺼내 건네준다고 해서 그런 행동이 도둑의 강요를 눈감아주고 권리를 넘겨주는 것은 결코 아니듯이 말이다.

187. 이 모든 논의로부터, 정복자가 아무런 전쟁의 권리도 없이 싸워서 정복한 자들을 상대로 혹은 전쟁의 권리가 있더라도 그에게 맞서 전쟁에 가담하지 않은 피정복자들을 상대로

위력에 의해 부과한 정부는 그들에게 아무런 책무도 지우지 못한다는 결론이 따라 나온다.

188. 그런데 이런 가정을 해보자. 구성원 모두가 같은 정치체에 속한 공동체의 모든 인간이 부당한 전쟁에 가담했다가 모두 정복당하고, 그래서 그들의 생명이 정복자의 자비에 달려 있게 되었다고 말이다.

189. 나는 이런 일이 그들의 미성년인 자녀와는 아무런 관계가 없다고 말하겠다. 아버지가 원래 자기 아이의 생명이나 자유에 대한 권력을 갖고 있지 않으므로, 그가 하는 어떤 행동도 아이의 생명 또는 자유를 박탈당하게 할 수 없기 때문이다. 그래서 아버지에게 무슨 일이 일어나든지 자녀는 자유인이며, 정복자의 절대 권력은 그가 정복한 사람들의 인신을 넘어서까지 미치지는 않고 그들의 죽음과 함께 끝난다. 그리고 그가 그들을 자신의 절대적이고 자의적인 권력에 종속되는 노예로 다스린다고 해도, 그들의 자녀에 대해서는 그런 지배권의 권리를 결코 갖지 못한다. 그가 그들로 하여금 무슨 말이나 행동을 하게 하든지, 그들 자신의 동의에 의해서가 아니라면 그들에게 어떤 권력도 갖지 못한다. 그리고 선택이 아니라 위력으로 그들에게 복종을 강요하는 한, 그는 아무런 합법적 권위도 갖지 못한다.

190. 모든 인간은 이중의 권리를 갖고 태어난다. 첫째는 그의 인신에 대한 자유의 권리인데, 이 권리에 대해서는 다른 어

떤 인간도 권력을 갖지 못하며 그 권리의 자유로운 처분은 다만 그 자신에게 있다. 둘째는 다른 어떤 인간보다 먼저 그의 아버지의 재물을 형제들과 함께 상속받을 권리이다.

191. 이 중 첫 번째 권리에 의해서, 인간은 어떤 정부에 대한 복종으로부터도 자연적으로 자유롭다. 비록 그가 정부의 관할권 아래 있는 어떤 장소에서 태어나지만 말이다. 그러나 만일 그가 자신이 태어난 나라의 합법적인 정부를 부정한다면, 그는 또한 그 나라의 법에 의해 그에게 속한 권리를 포기해야 한다. 그리고 만일 그 정부가 그의 조상들의 동의에 의해 수립된 것이라면, 조상들로부터 그에게 전해 내려온 소유물도 내놓아야 한다.

192. 두 번째 권리에 의해서, 정복당해 자신들의 자유로운 동의에 반하는 정부가 강요되었던 자들의 후손이며 그들로부터 자신들의 자산에 대한 자격을 얻은 어떤 나라의 주민들은 그들 조상의 소유물에 대한 권리를 계속 유지한다. 비록 그들이 저 [정복당한] 나라를 차지하고 있던 자들에게 위력으로 혹독한 조건을 부과한 그 정부에 자유롭게 동의하지 않는다 하더라도 말이다. 최초의 정복자가 저 나라의 토지에 대한 자격을 결코 가진 적이 없으니, 억지로 정부의 족쇄에 굴복하도록 강요당한 자들의 후손이거나 그런 자들 아래에 있다고 주장하는 인민은 그 족쇄를 떨쳐 내고, 칼이 그들에게 초래한 찬탈이나 폭정[118]으로부터 그들 자신을 자유롭게 할 권리를 항상 갖는다. 그들의 지배자가 그들을 그들 자신이 기꺼이 그리고 선

택해서 동의하는 그런 정부 틀 아래 둘 때까지 말이다. 희랍의 기독교도들, 그러니까 예전에 그 나라를 차지했던 자들의 후손이, 그토록 오래 그들을 신음하게 해온 튀르키예의 족쇄를 그럴 기회가 있을 때마다 정당하게 벗어던지려고 하리라는 점을 누가 의심하겠는가? 어떤 정부도 그 정부에 자유롭게 동의하지 않은 인민으로부터 복종을 요구할 권리가 없기 때문인데, 다음과 같은 경우가 아니라면 인민이 자유롭게 동의한 것으로 볼 수 없다. 그런 경우란, 인민이 자신의 정부와 통치자를 선택할 수 있는 완전히 자유로운 상태에 있거나 아니면 적어도 그들이 스스로 혹은 대표자들을 통해서 자신의 자유로운 동의를 부여할 수 있는 그런 상시적인 법률을 가질 때, 그리고 이와 더불어 그들이 자기가 가진 것의 소유주Proprietors여서 그들 자신의 동의가 없이는 누구도 그 일부나마 가져갈 수 없다는 의미로 자신의 정당한 소유를 인정받을 때를 말한다. 이런 경우가 아니라면, 어떤 정부 아래서든 인간은 자유인의 상태에 있는 것이 아니라 전쟁의 위력 아래 처한 직접적인 노예다.

193. 그런데 가령 정당한 전쟁에서 정복자가 피정복자들의 인신에 대한 권력뿐만 아니라 자산에 대한 권리도 가진다고 치자. 그가 그런 권리는 갖지 않는다는 게 분명하지만 말이

118) 앞에서 이미 밝힌 대로, 왕의 자격 및 왕위의 적법성 여부 자체보다는 지배의 목적과 내용을 따지는 맥락임을 감안하여 여기에 사용된 'Tyranny'를 '폭정'으로 옮긴다.

다. 설령 그렇다고 해도, 정부를 지속함에 있어 어떤 절대 권력도 거기서 나오지 않을 것이다. 이 피정복자들의 후손은 모두 자유인이므로, 만일 정복자가 그들에게 자신의 나라에서 거주하도록 자산과 소유물 — 그것 없이는 그 나라가 아무런 가치도 없을 — 을 허가하면, 그가 허가한 것이 무엇이든 그들은 그것이 허가되는 한 소유를 갖게 되기 때문이다. 소유의 본질은 인간 자신의 동의 없이는 그것을 그에게서 가져갈 수 없다는 것이다.

194. 그들의 인신은 타고난 권리에 의해 자유로우며, 그들의 소유는 많건 적건 그들 자신의 것이고 그들 자신이 처분할 수 있는 것이지 정복자가 처분할 수 있는 게 아니다. 그렇지 않으면 그것은 결코 소유가 아니다. 정복자가 한 인간에게 1000에이커의 토지를 그와 그의 상속자들에게까지 걸쳐 영구히 주고, 다른 이에게는 1000에이커의 토지를 1년에 50파운드 혹은 500파운드의 지대를 내는 조건으로 그의 일생 동안 빌려준다고 가정해 보자. 이들 중 전자는 영구히 자신의 1000에이커 땅에 대한 권리를 가지고, 후자는 상술한 지대를 지불하면서 그가 살아 있는 동안 자신의 땅에 대한 권리를 가지지 않는가? 그리고 종신 차지인은 해당 기간 동안 자신의 노동과 근면을 통해 지대를 초과해서 얻은 모든 것에, 그것이 지대의 두 배에 이른다고 가정하더라도, 소유[권]를 가지게 되는 것이 아닌가? 왕이나 정복자가 [그렇게] 허가를 해준 뒤에 정복자로서 자신의 권력에 의거하여 전자의 상속인들로부터 혹은 후자가 지대를 지불하고 있는 생전에 그로부터 토지의 전부나 일부를 빼앗아도 된다고 누가 말할 수 있겠는가? 혹은 그가 전자로부터건

후자로부터건 그들이 상술한 토지에서 얻게 된 재물이나 화폐를 자기 마음대로 빼앗을 수 있는가? 만일 그가 그럴 수 있다면, 모든 자유롭고 자발적인 계약은 중단되고 세상에서 쓸모없게 될 것이다. 언제라도 그런 계약들을 해지하는 데는 권력만으로 충분하고 다른 아무것도 필요하지 않을 테니 말이다. 그리고 권력을 지닌 인간의 모든 허가와 약속은 그저 조롱거리와 사기에 지나지 않게 된다. 다음과 같이 말하는 것보다 더 우스꽝스러운 일은 있을 수 없기 때문이다. "나는 당신과 당신의 후손에게 이것을 영원히 그리고 궁리해 낼 수 있는 가장 확실하고 엄숙한 전달 방식으로 넘겨준다. 그러나 내가 원하면 내일이라도 당신한테서 그것을 도로 가져올 권리가 내게 있다는 점을 이해해야 한다."

195. 나는 군주들이 자기 나라의 법률로부터 면제되는지 여부는 따지지 않을 것이다. 하지만 이 점, 즉 그들이 하느님의 법과 자연법에 복종해야 할 의무가 있다는 점은 확신한다. 어느 누구도, 어떤 권력도, 그들을 그런 영원한 법의 의무에서 면제할 수 없다. 약속의 경우에 있어서는 그런 의무가 너무도 크고 강해서 전능함 자체도 약속에 의해 구속될 수 있다. 허가와 약속, 맹세는 전능자를 붙잡아 두는 굴레다. 일부 아첨꾼들이 세상의 군주들에게 뭐라 말하든, 그들 모두에다가 함께하는 그들의 백성까지 합쳐도 위대한 하느님과 비교하면 그들은 그저 양동이 안에 있는 물 한 방울이나 저울 위에 묻은 먼지 한 점 같이 아무것도 아닌 하찮은 존재다!

196. 정복의 경우를 요약하면 이렇다. 정복자는, 만일 그가 정당한 명분을 지니고 있다면, 자신을 상대로 한 전쟁에 실제로 도움을 제공하거나 협조한 모든 사람의 인신에 대해 전제적 권리를 가지며, 그가 입은 손해와 지불한 비용을 그들의 노동과 자산으로부터 보상받을 권리가 있다. 그런다고 해서 그가 다른 누구의 권리도 침해하는 것이 아니다. 만일 전쟁에 동의하지 않은 누군가가 있다면 나머지 그 인민에 대해서, 그리고 포로들의 자녀에 대해서, 혹은 어느 쪽이든 그들의 소유물에 대해서, 그는 아무런 권력도 갖지 못한다. 그러니 그는 정복을 이유로 그들에 대한 지배권을 요구할 아무런 합법적인 자격도 스스로 가지거나 그의 후손에게 넘겨줄 수 없다. 만일 그가 그들의 소유를 탈취하려 한다면 그는 오히려 침략자가 되고, 그럼으로써 자신을 그들을 상대로 한 전쟁 상태에 두게 된다. 그래서 그는 물론 그의 후계자들 가운데 누구도 데인족[119]인 힝가나 후바[120]가 이곳 잉글랜드에서 가졌던 것 혹은 스파르타

---

119) 현재의 덴마크와 남부 스웨덴 지역에 정착해 살았던 북게르만족의 한 분파로서 오늘날 덴마크인들의 선조로 알려져 있고 덴마크라는 나라 이름 역시 그로부터 유래했다. 데인족은 9세기 중반 이후 아일랜드와 스코틀랜드를 거쳐 잉글랜드까지 침공하기 시작했으며 11세기 무렵에는 잉글랜드에 왕조를 세우기도 했다.

120) 이들은 860년 중후반에 데인족의 첫 번째 잉글랜드 침공을 이끈 두 우두머리 '잉바레'Ingware와 '우바'Ubba로 추정된다. 이들에 대한 기록은 『앵글로·색슨 연대기』The Anglo-Saxon Chronicle에도 나오는데, 휘그 역사가들은 윌리엄 1세가 잉글랜드에 들어온 것과 마찬가지로 이 데인족의 도래 역시 잉글랜드 인민의 복속과 자유의 말살이라는 의미에서의 '정

쿠스[121]가 이탈리아를 정복했더라면 가졌을 법한 것보다 더 나은 우두머리의 권리를 결코 갖지 못한다. 그런 권리란, 종속되어 있는 자들에게 하느님이 그럴 수 있는 용기와 기회를 주기만 하면 곧바로 벗어던질 그런 굴레를 갖는 것과 다름없다. 따라서 아시리아의 왕들이 칼로써 유다에 대해 가졌던 자격이 무엇이든지 간에, 하느님은 그런 정복에 근거한 제국의 지배권을 떨쳐 버리도록 히스기야를 도우셨다. "그리고 주께서 히스기야와 함께 계시니 그는 어디를 가든지 성공했다. 그는 아시리아 왕에게 반기를 들고, 그를 섬기지 않았다"(『열왕기하』 18.7). 그러므로 권리가 아니라 위력이 누구에게든 부과한 권력을 벗어던지는 일은, 비록 그것이 반란Rebellion이라는 이름으로 불리더라도, 하느님 앞에서는 위법한 행위가 아니며, 오히려 하느님이 허락하고 지지하는 일임이 분명하다. 심지어 약속과 언약이 중간에 개입해 있었다 하더라도, 그것이 위력으로 획득된 것이라면 그렇다. 아하스와 히스기야의 이야기, 그러니까 아시리아인들이 아하스를 굴복시켜 왕위에서 물러나게 하고 히스기야를 그의 아버지[아하스]가 살아 있는 동안에 왕으로 만들었는데 히스기야는 합의에 의해 아버지에게 충성 맹세를 하고 내내 공물을 바쳤다는 이야기를 주의 깊게 읽는 누구에게든 이 점이 매우 그럴듯하기 때문이다.

복'과는 거리가 멀다고 주장했다.

121) 로마의 노예 검투사로서 기원전 73년에서 기원전 71년 사이에 로마 공화정에 대항한 노예 반란을 이끌었는데, 한때는 그 세력이 거의 이탈리아 정복을 내다볼 정도로 컸다고 알려져 있다.

17장
찬탈에 대하여

197. 정복이 대외적인 찬탈이라고 불릴 수 있는 것과 마찬가지로 찬탈은 일종의 대내적인 정복인데, 차이가 있다면 찬탈자는 결코 그의 편에 옳음이 있을 수 없다는 것이다. 찬탈이란 다른 사람이 권리를 갖고 있는 것을 차지하게 되는 일일 뿐이니 말이다. 찬탈은, 그것이 찬탈인 한, 단지 사람을 바꾸는 데 그칠 뿐 정부의 형태와 규칙을 바꾸는 것은 아니다. 만일 찬탈자가 그의 권력을 국가의 합법적인 군주나 통치자에게 정당하게 속했던 것 이상으로 확대한다면, 이는 찬탈에 폭정이 더해진 것이기 때문이다.

198. 모든 합법적인 정부에서 지배를 담당할 사람을 지정하는 일은 정부 형태 자체를 지정하는 일만큼이나 자연스럽고 필수적인 부분이며, 그것의 확립이 원래 인민에게서 유래한 일이다. 따라서 확립된 정부 형태를 갖춘 모든 국가는 공적 권위에 일정한 몫을 가지게 될 자들을 임명하는 규칙과 그들에게 권리를 전달하는 정해진 방법을 갖고 있다. 왜냐하면 무정부 상태란 아무런 정부 형태도 없는 것과 대단히 유사하거나, 아니면 정부 형태를 군주정으로 한다는 데 동의해 놓고도 권력을 가지고 군주가 될 사람을 알 방법 또는 지정할 방법을 전혀 정해 두지 않는 것과 대단히 유사하기 때문이다. 권력의 어떤 부분이든 공동체의 법이 규정해 놓은 것과 다른 방식으로 행

사하게 되는 자는 누구든 복종을 요구할 아무런 권리가 없다. 비록 국가의 형태는 여전히 보존되겠지만 말이다. 그는 법률이 임명한 사람이 아니고, 그리하여 결과적으로 인민이 동의한 사람도 아니기 때문이다. 그런 찬탈자나 혹은 그의 뒤를 잇는 누구든지, 인민이 동의할 자유가 있고 또 그가 그때까지 찬탈해서 갖고 있던 권력을 그에게 허용하며 승인한다고 실제로 동의할 때까지는, 결코 자격을 가질 수 없다.

18장
폭정에 대하여

199. 찬탈이 다른 사람에게 권리가 있는 권력을 행사하는 것이라면, 폭정은 아무에게도 권리가 있을 수 없는, 권리를 넘어선 권력을 행사하는 것이다. 그리고 폭정은 누구든 자신의 수중에 있는 권력을, 그 아래 있는 자들의 좋음이 아니라, 자기 자신의 사적인 별도 이득을 위해 사용하는 것이다. 명칭이 어떻게 붙여지든 간에 그런 통치자는 법이 아니라 자신의 의지를 규칙으로 삼는다. 그리고 그의 명령과 행동은 인민의 소유를 보존하는 방향이 아니라 자기 자신의 야망이나 복수, 탐욕 또는 그 외의 다른 어떤 방탕한 정념을 만족시키는 방향으로 나아간다.

200. 만일 누군가 이 말이 이름 없는 일개 신민의 손놀림에서 나오는 것이라는 이유로 진리 또는 이성임을 의심한다면, 나는 왕의 권위가 그에게 그 말을 납득시켜 주기를 바란다. 국왕 제임스 1세[122]는 1603년의 의회 연설에서 다음과 같이 말한다. "나는 좋은 법률과 헌법을 제정함에 있어 나 자신의 어떤 특수하고 사적인 목적보다 공중 및 전체 국가의 복리를 우선시할 것이다. 국가의 부와 복리가 나의 가장 큰 복리이자 세속의 더

---

122) 133절의 각주 100 참조.

할 나위 없는 행복이라고 생각하는 것, 이것이야말로 합법적인 왕이 참주와 직접적으로 다른 점이다. 나는 적법한 왕과 왕위를 찬탈한 참주 간의 특별하면서도 가장 큰 차이점이 이것, 즉 오만하고 야심에 찬 참주는 그의 왕국과 인민이 오직 자신의 욕망과 불합리한 욕구를 만족시키기 위해 존재한다고 생각하는 데 반해 의롭고 정당한 왕은 그와 정반대로 자신이 인민의 부와 소유를 확보하기 위해 존재한다고 인정한다는 점임을 시인하기 때문이다." 그리고 1609년의 의회 연설[123]에서 그는 다시 이런 말을 했다. "왕은 이중의 맹세로써 자기 왕국의 근본적인 법률을 준수할 의무를 진다. 암묵적으로는 왕이라는 점에서 그리고 명시적으로는 대관식에서 자신이 한 맹세에 의해서 자기 왕국의 법과 인민을 보호할 의무를 지는 것이다. 그러니 기틀이 잡힌 왕국의 모든 정당한 왕은 자기 인민에게 한 약속을 반드시 준수해야 한다. 그 왕국에서 받아들일 만한 정부를 구성함에 있어 자신의 법률에 의거하되 하느님이 대홍수 후에 노아와 맺은 약속, 곧 이제로부터 뿌리는 때와 거두는 때, 추위와 더위, 여름과 겨울, 밤과 낮이 땅이 남아 있는 동안 멈추지 않을 것이라고 하신 약속[124]에 따라서 말이다. 그러므로 기틀이 잡힌 왕국에서 통치하는 왕은 자신의 법률에 따라 지배하기를 중단하자마자 왕이기를 그만두고 참주로 전락한다." 그리고 조금 후에 이렇게 말한다. "그러므로 참주가 아니거나 맹

---

123) 그러나 실제로 이 연설은 1610년에 이루어진 것으로 알려져 있다.
124) 『창세기』 8장 22절을 인용한 것이다.

세를 어기지 않는 모든 왕은 기꺼이 자기 자신을 그의 법률이 정한 한계 내로 구속할 것이다. 그리고 그와 상반되는 일을 하도록 왕을 설득하려 드는 자들은 왕과 국가 양쪽 모두에 맞서는 독사요 해충이다." 따라서 사물의 개념을 잘 이해하고 있는 저 박식한 왕은, 왕과 참주 간의 차이가 오직 이 점에 있음을, 즉 전자는 법률을 자기 권력의 경계로 삼고 공중의 좋음을 자기 정부의 목적으로 삼는 데 반해 후자는 모든 사람을 자기 자신의 의지와 욕구에 복종하게 만든다는 데 있음을 분명히 한다.

201. 이런 결함이 오직 군주정에만 고유하다고 생각하는 것은 잘못이다. 군주정뿐만 아니라 다른 정부 형태들도 그런 결함을 가지기 쉽다. 인민의 정부를 위해 그리고 그들의 소유를 보존하기 위해 권력을 누구의 수중에 두었든, 그 권력이 다른 목적에 적용되어 인민을 궁핍하게 하거나 괴롭히기 위해 혹은 권력을 가진 자들의 자의적이고 변칙적인 명령에 인민을 굴복시키기 위해 사용된다면, 권력을 그렇게 사용하는 자가 한 사람이건 다수이건, 그것은 즉시 폭정이 되기 때문이다. 그러므로 우리는 시라쿠사의 1인 참주[125]에 대해서뿐만 아니라 아

---

125) 시라쿠사는 기원전 212년 로마 공화정에 정복될 때까지 역사의 대부분 동안 1인 참주 체제였으므로, 여기서 로크가 정확히 누구를 지칭하는지는 분명하지 않다. 라슬렛의 경우 플라톤이 '철인왕'의 정치적 실험을 시도했던 디오니시우스 2세(기원전 367~기원전 357년)일 가능성을 제시하는 반면, 골디는 히에론 2세(기원전 270~기원전 215년)일 것으로 짐작한다.

테네의 30인 참주[126)에 대해서도 읽는 것이다. 로마에서 10인 위원회[127)의 참을 수 없는 지배권도 전혀 나을 게 없었다.

202. 법을 위반해서 다른 사람에게 해를 가하면, 법이 끝나는 곳 어디에서나 폭정이 시작된다. 그리고 권위를 가진 자가 누구든 법에 의해 그에게 부여된 권력을 초과해서 자기 휘하에 갖고 있는 위력을 사용하여 신민들을 상대로 법이 허용하지 않는 것을 도모하는 자는 그 점에서 통치권자이기를 멈춘다. 그리고 권위 없이 행동하는 자에 대해서는 다른 사람의 권리를 위력으로 침해하는 자에게 하듯 대항해도 무방하다. 이 점은

---

126) 기원전 404년 아테네가 펠로폰네소스전쟁에서 패배한 후 기존의 민주정을 전복하고 몇 달간 아테네를 지배했던 과두정 집권자들을 가리킨다.

127) 라틴어 'Decemviri'는 '열 명의 사람'을 뜻하는데, 여기서는 기원전 449년에 로마 인민에 의해 타도된 두 번째 10인 위원회를 가리킨다. 애초에 10인 위원회는 귀족의 권력 독점에 대한 평민의 불만을 완화하고 로마 인민의 권리를 일정 부분 보장하기 위해 법전을 확립하는 임무를 맡은 임기 1년의 입법위원회였다. 기원전 451/기원전 450년에 선출된 첫 번째 10인 위원회는 열 개 조항으로 이루어진 법전을 편찬하여 그에 따라 온건하게 통치했다. 기원전 449년에 두 번째로 선임된 10인 위원회가 기존의 법전에 두 개 조항을 추가하여 만든 법전이 로마법의 기초가 된 것으로 알려진 '12표법'Lex Duodecim Tabularum이다. 그런데 새로 추가된 이 두 개 조항은 귀족들의 기득권을 보호하기 위한 것이어서 평민들에게는 불리했을 뿐만 아니라 두 번째 10인 위원회가 전임 위원회와 달리 비공개 재판을 열고 자의적인 판결을 내리거나 후임 위원회를 선출할 시점이 되어도 자리에서 내려오려고 하지 않는 등 폭정으로 치닫는 기미를 보임에 따라 결국 그들은 강제 퇴출 되었다.

하급 통치권자들한테서는 인정된다. 길거리에서 내 인신을 체포할 권위를 가진 자가 만일 영장을 집행하기 위해 내 집에 억지로 침입하려 시도한다면, 그는 마치 도둑과 강도인 양 반발에 부딪칠 것이다. 비록 그에게 집 밖에서 나를 체포할 수 있도록 권한을 부여하는 영장과 법적 권위가 있음을 내가 알고 있다 해도 말이다. 그리고 이 점이 가장 말단의 통치권자에게 그런 것처럼 최상위 통치권자에게도 적용되면 왜 안 되는지, 나는 기꺼이 듣고 싶다. 맏형이 아버지의 자산 중 가장 큰 부분을 가지기 때문에 그로 인해 동생 몫까지 빼앗을 권리를 가져야 한다는 게 합당한 소리인가? 혹은, 온 동네[128]를 차지한 부자는 그러니까 마음 내키면 가난한 이웃의 오두막과 텃밭도 강탈할 권리를 가져야 한다는 게 합당한가? 아담의 아들들 대부분을 훨씬 능가하는 엄청난 권력과 부를 정당하게 지니고 있다는 점은 강탈과 억압의 이유는커녕 변명도 되지 못하는데, 그런 일은 권한 없이 다른 사람에게 손해를 끼치는 짓이어서 문제를 더 크게 악화시키게 된다. 권위의 경계를 넘어서는 것은 하급 관리의 권리가 아닌 것처럼 고급 관리의 권리도 아니며 순경한테서 정당화될 수 없듯이 왕한테서도 정당화될 수 없는 일이지만, 왕이 그렇게 하는 것은 그가 더 많은 신뢰를 얻고 있고 나머지 동족들보다 이미 훨씬 더 많은 몫을 가지고 있

---

128) 원문은 "a whole Country"로 되어 있다. 하지만 문맥상 "온 나라"보다는 "온 동네"로 보는 것이 적절하다. 골디 또한 여기서 'country'는 'county'의 의미로 쓰였을 것이라고 해석한다.

으며 교육과 고용, 조언자 등 그가 누리는 혜택으로 보아 옳고
그름의 척도를 더 많이 알고 있을 것으로 가정된다는 점에서
훨씬 더 나쁘기 때문이다.

203. 그렇다면 군주의 명령에 반대해도 되는가? 누구든 자신이 군주에게 피해를 입었음을 발견하고서는 그가 자신에게 그렇게 할 권리가 없다고 생각하면 그럴 때마다 군주에게 저항해도 되는가? 이런 일은 모든 정체를 어지럽히고 전복시킬 것이며, 정부와 질서 대신에 무정부 상태와 혼란만 남길 것이다.

204. 이런 문제 제기에 대한 내 대답은, 위력을 사용해서 반대하는 일은 오직 부당하고 불법적인 위력에 대항하는 한에서라는 것이다. 그 외의 어떤 다른 경우에 반대를 하는 사람은 누구든지 하느님과 인간 양쪽 모두로부터 정당한 비난을 자초한다. 그래서 종종 제기되는 것처럼 그런 위험과 혼란이 뒤따르지는 않을 것이다. 그 이유는 다음과 같다.

205. 첫째, 몇몇 나라들에서 그렇듯이, 군주의 인신은 법에 따라 신성하다.[129] 그래서 그가 명령하거나 행하는 것이 무엇이든 그의 인신은 여전히 모든 심문 혹은 폭력에서 자유로우며, 위력이나 어떤 사법적 견책 또는 유죄판결에 처해지지 않

___

129) 이 나라들에는 명백히 잉글랜드가 포함되는데, 이하 이 단락에서 로크는 자기 나라의 사례를 이렇듯 간접적으로 언급한다.

는다. 하지만 하급 관리나 군주에게 위임을 받은 다른 관리의 불법 행동에 대해서는 이의가 제기될 수 있다. 그런데 군주가 실제로 자기 자신을 인민과 전쟁 상태로 몰아넣음으로써 정부를 해체하고 인민들에게는 자연 상태에서 모든 사람에게 속하는 그런 방어만 남기는 경우는 예외다. 그런 일들에 관해서는 결말이 어떻게 될지 누가 알 수 있겠는가? 이웃 왕국이 기묘한 예를 세상에 보여 주긴 했지만 말이다.[130] 다른 모든 경우에는 인신의 신성불가침성이 군주를 모든 불편에서 면제해 주는데, 이로 인해 그는 정부가 존속하는 동안에는 무엇이 됐든 모든 폭력과 손해로부터 안전하다. 이보다 더 현명한 체제는 있을 수 없다. 왜냐하면 그가 자기 자신의 인신으로 직접 끼칠 수 있는 손해는 자주 발생하지도 범위가 멀리 확대되지도 않을 것이고 기꺼이 그런 일을 저지르려 할 정도로 그렇게 우둔하고 악한 본성을 가진 군주일지라도 자기 혼자 힘만으로 법률을 뒤엎을 수는 없으며 인민 전체를 억압할 수도 없으므로, 무모한 군주가 왕위에 오를 때 가끔 발생할 수 있는 약간의 특수한 악행 탓에 생기는 불편은 최고 통치권자의 인신으로 공중의 평화와

---

130) 로크 연구자들은 여기서 "이웃 왕국"이 잉글랜드를 지칭한다는 데 대부분 동의하는데, 그렇다면 "이웃 왕국이 기묘한 예"란 맥락상 1688, 89년 혁명의 발발 및 그 결과를 암시한다고 볼 수 있을 것이다. 그래서 205절 가운데 적어도 이 문장을 포함한 그 앞의 구절들은 통상 이 저작의 초고에는 포함되지 않았다가 1689년 출간 시점에 추가로 삽입된 대목 중 하나로 간주된다. 무엇보다 이 대목에서 분명한 사실은, 로크가 제임스 2세를 "자기 자신을 인민과 전쟁 상태로 몰아넣"은 군주로 평가하고 있다는 점이다.

정부의 안전이 확보됨으로써 잘 보상될뿐더러 그런 식으로 위험 범위를 벗어나게 되기 때문이다. 전체를 위해서는 국가[131]의 우두머리가 쉽게 그리고 사소한 경우에 고통에 노출되기보다는 몇몇 소수의 사적인 인간들이 때로 고통을 겪는 위험에 처하는 것이 더 안전하다.

206. 둘째, 그러나 오직 왕의 인신에만 속하는 이런 특권은 법률이 권한을 부여하지 않은 부당한 폭력을 사용하는 자에게, 비록 그가 왕으로부터 위임을 받았다고 주장하더라도, 심문하고 반대하며 저항하는 것을 막지 않는다. 어떤 인간을 체포하라는 왕의 영장을 가진 자, 그러니까 왕으로부터 전적인 위임을 받은 자의 경우에서 분명하듯이 말이다. 영장을 가졌다고 해도 그는 체포하겠다고 한 인간의 집을 부숴서 열 수는 없으며, 왕의 그런 명령을 특정한 날이나 특정한 장소에서는 집행할 수도 없다. 왕의 위임이 영장에 전혀 그런 예외를 두고 있지 않더라도, 그것들은 법이 부여한 제한 사항이어서 어느 누구든 위반하면 왕의 위임을 받았다는 사실이 그를 면책해 주

---

131) 여기서 '국가'를 나타내는 단어로 쓰인 것은 앞에서와 같이 'Commonwealth'가 아니라 'Republick'이다. '공화국'의 전근대적 용례는 너무 포괄적이어서 군주정도 여기에 포함되었다. 하지만 로크 당대에 '공화국'이라는 단어는 잉글랜드에서 잘 쓰이지 않고 의식적으로 기피되었는데, 이는 아마도 내전과 국왕 시해에 뒤이어 크롬웰 지지자들이 수립한 공화정의 경험 때문이었을 것이다. 로크 자신도 이곳 외에는 'Republick'이라는 단어를 사용한 경우가 없다.

지 않는다. 왕의 권위는 오직 법에 의해 그에게 주어지는 것이므로, 왕은 누구에게든 법에 반해서 행동하도록 권한을 부여할 수 없으며 법에 반하는 행동을 한 사람을 그의 위임으로 정당화해 줄 수도 없기 때문이다. 어떤 통치권자의 위임이나 명령은 그가 아무런 권한도 갖지 않는 곳에서는 어떤 사적인 인간의 위임이나 명령과 똑같이 효력이 없고 무의미하다. 전자와 후자의 차이는, 통치권자의 경우 이러저러한 목적을 위해서 이러저러한 정도까지 일정한 권위를 가지지만 사적인 인간은 전혀 권위를 가지지 않는다는 데 있다. 행동할 권리를 주는 것은 위임이 아니라 권위이며, 법률에 반해서는 어떤 권위도 있을 수 없기 때문이다. 하지만 그런 저항에도 불구하고 왕의 인신과 권위는 둘 다 여전히 안전하며, 따라서 통치자나 정부에는 아무런 위험도 없다.

207. 셋째, 최고 통치권자의 인신이 그렇게 신성시되지 않는 정부를 가정해 보자. 그렇다고 해도, 그의 모든 불법적인 권력 행사에 저항하는 것은 합법적이라는 이 교설이 모든 사소한 경우마다 그를 위험에 빠뜨리거나 정부를 혼란스럽게 하지는 않을 것이다. 피해 당사자가 법에 호소해서 구제를 받고 손해 복구도 이루어질 경우에는 위력을 행사할 아무런 구실이 있을 수 없기 때문이다. 위력은 오직 소를 제기하는 길이 막혔을 때만 사용되는 것이니 말이다. 그렇게 소를 제기할 수 있는 구제책이 남아 있지 않은 경우 외에는 어떤 것도 적대적인 위력으로 간주되어서는 안 된다. 그리고 오직 그런 적대적인 위력만이 그것을 사용하는 자를 전쟁 상태로 몰아넣으며, 그에게

저항하는 것을 합법적으로 만든다. 어떤 인간이 손에 칼을 들고 대로에서 내 지갑을 요구할 경우, 내 호주머니에 대략 12페니 정도만 있다고 하더라도, 나는 이 사람을 합법적으로 죽일 수 있다. 또 다른 인간에게 내가 마차에서 내려 있는 동안만 맡아 달라고 100파운드를 건네주었는데 마차에 다시 올라탄 내게 그가 돈을 돌려주길 거절하고, 내가 그 돈을 되찾으려 애쓰자 오히려 칼을 꺼내 들고서는 위력으로 그 돈을 지키는 경우를 생각해 보자. 이 인간이 내게 끼치는 피해는 (실제로 내게 어떤 피해를 끼치기 전에 이미 내 손에 죽었을) 전자가 의도했던 피해보다 100배, 아니 어쩌면 1000배에 이르겠지만, 그렇다고 해도 나는 전자를 합법적으로 죽일 수 있는 데 반해 후자에게는 합법적으로 심지어 상처조차 입힐 수 없다. 그 이유는 분명하다. 내 생명을 위협하는 위력을 사용한 전자의 경우에 나는 생명을 보호하기 위해 법에 소를 제기할 시간을 가질 수 없기 때문이다. 그리고 생명을 잃고 나면, 소를 제기하기에는 이미 너무 늦다. 법이 내 시체에 생명을 되돌려줄 수는 없으니 말이다. 생명 손실은 회복이 불가능한 것이어서, 그것을 막기 위해 자연법은 내게 그 인간을, 그러니까 나를 상대로 한 전쟁 상태에 자신을 몰아넣고는 내 목숨을 위협하는 자를 죽일 권리를 주었다. 하지만 내 생명이 위험한 것은 아닌 후자의 경우에, 나는 법에 소를 제기하는 이점을 누릴 수 있고 내 돈 100파운드를 그런 방법으로 배상받을 수 있을 것이다.

208. 넷째, 그런데 만일 통치권자가 저지른 불법적 행위가 (그가 가진 권력에 의해) 계속 유지되고 법으로 의당 보장된 구제

책도 같은 권력에 의해 차단되어 있다고 가정해 보자. 그렇다고 해도, 심지어 그처럼 명백한 폭정의 행위에 있어서조차 저항할 권리가 갑자기 혹은 사소한 경우에 정부를 어지럽히지는 않을 것이다. 만약 폭정이 저지른 불법행위의 범위가 몇몇 사적인 인간들의 경우로 제한된다면, 비록 그들에게 자신을 방어하고 불법적인 위력이 그들한테서 빼앗아 간 것을 위력으로 되찾을 권리가 있다 하더라도, 그렇게 할 권리가 쉽게 그들을 자신들이 전멸할 게 분명한 다툼에 뛰어들게 하지 않을 것이기 때문이다. 전체 인민이 자신들은 그 일과 관계가 없다고 생각하는 경우에는, 한 사람 혹은 소수의 억압받는 인간들이 정부를 어지럽히기란 불가능하다. 마치 광란의 미치광이나 무모한 불평분자가 잘 기틀 잡힌 국가State를 뒤엎기란 불가능하듯이 말이다. 인민들은 후자에 대해 그렇듯이 전자도 여간해선 따라나서지 않을 것이다.

209. 하지만 만일 이런 불법적인 행위가 인민의 다수에게로 확대된다면, 혹은 악행이나 압제는 단지 몇몇 소수의 사람에게 가해지지만 선례와 결과가 인민 모두를 위협하는 것으로 보여서 그들이 자신들의 법률은 물론 자산과 자유, 생명도 위험에 처해 있고 아마도 그들의 종교 역시 위험하다고 마음으로 확신하게 된다면, 이런 경우에 그들이 자신들을 상대로 사용되는 불법적인 위력에 저항하는 것을 어떻게 막을지 나는 뭐라 말을 할 수가 없다. 고백하건대, 이것은 통치자들이 일반적으로 인민의 의심을 받는 지경에 놓이게 될 때, 어떤 형태가 됐든 모든 정부에 수반되는 불편이다. 인민의 의심을 받는 상황

이란 아마도 통치자들이 자초할 수 있는 가장 위험한 상태일 것이다. 그런데 그런 상태는 쉽게 피할 수 있는 것이기도 하므로 그런 통치자들을 그리 동정할 일은 아니다. 통치자가 정말로 자기 인민의 좋음과 그들의 보존 그리고 그들의 법을 함께 중시한다면, 인민이 그 점을 보고 느끼지 못하게 만들기란 불가능하다. 한 가족의 아버지가 자신이 자녀들을 사랑하고 돌보는 걸 자녀들이 알지 못하게 하기란 불가능하듯이 말이다.

210. 그런데 만일 온 세상이 이런 유의 겉치레와 저런 유의 행위를 목격하게 된다면, 그러니까 법을 피하기 위해 술책이 사용되고 (인민에게 해를 가하기 위해서가 아니라 좋은 일을 행하도록 군주의 수중에 남겨 놓은 자의적 권력인) 신탁된 대권이 본래 주어진 목직과 반대로 사용된다는 점을 목격한다면, 만일 각료들과 하급 관리들이 그처럼 본래 목적에 반하는 목적에 알맞도록 선임되고 그런 목적을 증진하는지 반대하는지에 비례해서 총애를 받거나 해고를 당한다는 점을 인민이 알아차리게 된다면, 만일 (공개적으로는 반대한다고 선언했으면서도) 그런 자의적인 권력을 도입하기를 서슴지 않는 저 종교[132]가 비밀리에 총애를 받는 몇몇 사례들, 그리고 그 종교 내부에서 최대한의 지원을 받을뿐더러 지원이 불가능할 때도 여전히 승인을 받고 더 크게

132) 가톨릭을 암시하는 것은 분명한데, 이 구절의 문맥이나 이 저작의 초고가 구상 및 집필된 배경과 시기를 감안하면 제임스 2세 시기의 비교적 공개적인 가톨릭보다는 찰스 2세 시기의 비밀스러운 가톨릭 정책을 지적하는 것으로 추측된다.

환영받기까지 하는 수완가들을 인민이 보게 된다면, 만일 오랫동안 이어지는 일련의 행위가 자문 기구들도 모두 그런 쪽으로 기울고 있음을 보여 준다면, 이런 경우에 어떻게 인간이 사태가 어떤 방향으로 진전될지를 마음으로 확신하게 되지 않을 수가 있겠는가? 혹은 자기 자신을 구할 방법을 궁리하지 않을 수가 있겠는가? 그러지 않는다는 것은, 자기가 타고 있는 배의 선장이, 비록 역풍이나 배의 누수, 선원과 식량의 부족으로 인해 부득이하게 가끔 항로를 다른 방향으로 돌릴 때도 있지만, 바람과 기후 및 다른 상황이 허용하자마자 한결같이 원래 항로로 되돌아와서 언제나 그쪽으로 운항한다는 점을 발견했으면서도 그 선장이 자기 자신과 나머지 승객들을 알제[133]로 실어 나르고 있음을 믿지 않으려는 것과 진배없는 일이 아니겠는가?

---

133) 오스만튀르크의 지배하에 있던 16, 17세기 알제리 지역에는 서부 지중해를 지나는 유럽 선박들을 공격하여 물품을 약탈하고 유럽인 기독교도들을 노예로 나포하는 무어인the Moors 해적들이 성행했는데, 그중 알제Algiers는 인질로 잡힌 기독교인들을 노예로 팔고 사는 대규모 거래가 이루어지는 곳으로 악명이 높았다.

19장
정부의 해체에 대하여

211. 정부의 해체에 대해 조금이라도 명료하게 이야기를 하려는 자는 우선 사회의 해체와 정부의 해체를 구분해야 한다. 공동체를 만들고 사람들로 하여금 느슨한 자연 상태에서 나와 하나의 정치사회로 들어가게 하는 것은, 모두가 저마다 다른 사람들과 통합을 이루어 한 몸으로서 행동하고, 그리하여 하나의 뚜렷이 구분되는 국가가 되기 위해 각자 나머지 사람들과 맺는 합의다. 이런 연합이 해체되는 흔하면서 거의 유일한 방식은 외세가 침입하여 그들을 정복하는 것이다. 이 경우에는 (그들 자신을 하나의 온전하면서도 독립적인 몸으로서 유지하고 지탱할 수 없으므로) 그 안에 있던 저 몸에 속한 연합이 필연적으로 끝나고, 그래서 모두가 이전에 처해 있던, 각자 자력으로 꾸려 나갈 자유를 가졌던 상태로 되돌아가며 어떤 다른 사회에서 자신이 적당하다고 생각하는 대로 자기 자신의 안전을 도모하게 되기 때문이다. 언제든 사회가 해체되면 그 사회의 정부가 남아 있을 수 없다는 점은 확실하다. 따라서 정복자의 칼은 종종 정부를 뿌리째 잘라 내고 사회를 산산조각 내는 것이며, 이로 인해 피정복자들 혹은 뿔뿔이 흩어진 다중은 그들을 폭력으로부터 지켰어야 할 저 사회의 보호 및 사회에 대한 의존과 분리된다. 세상은 정부가 이런 식으로 해체된다는 것을 너무 잘 알고 있고 또 스스럼없이 받아들일 것이므로 그에 관해서는 더 이상 말할 필요가 없다. 그리고 사회가 해체되는

경우에는 정부가 남아 있을 수 없다는 점을 입증하기 위해서도 많은 논변이 필요하지 않다. 그것은 집에 들어가 있는 자재들이 회오리바람에 의해 흩어지고 다 날아가 버렸는데 혹은 지진에 의해 뒤죽박죽 섞여서 형체를 알아볼 수 없는 산더미가 되었는데 집의 뼈대는 그대로 남아 있다는 게 불가능한 만큼이나 불가능한 일이니 말이다.

212. 이런 외부로부터의 전복 이외에는, 정부는 내부로부터 해체된다.

첫째, 입법부가 변경되는 경우다. 시민사회는, 그 구성원들 중 누구 사이에서라도 발생할 수 있는 모든 불화를 끝내기 위해서 입법부 안에 마련해 놓은 심판권에 의해 그들한테서 전쟁 상태의 가능성이 차단되어 있는, 그 구성원들 사이의 평화의 상태인데, 국가의 구성원들이 한데 뭉쳐서 하나의 일관된 살아 있는 몸으로 함께 결합하게 되는 것은 바로 그들의 입법부에서다. 이것은 국가에 형태와 생명, 통일성을 부여하는 영혼이며, 여기서부터 여러 구성원들이 상호 영향력과 공감, 연결고리를 가지게 된다. 그러므로 입법부가 무너지거나 해산되면 해체와 죽음이 뒤따른다. 사회의 본질과 연합은 단 하나의 의지를 가지는 데 있으므로, 입법부는 다수에 의해 일단 수립되면 그 의지를 선언하고 그대로 유지하기 때문이다. 입법부를 구성하는 것이 사회의 최초이자 근본적인 행위인데, 그렇게 함으로써 그 구성원들의 연합을 지속하기 위한 대비가 이루어진다. 인민이 동의하고 임명함으로써 권한을 부여받은 사람들의 지시와 그런 사람들이 만든 법률의 구속 아래에서 말이다. 인민의 동의와 임명이 없다면, 그들 가운데 어느 누구도 혹은 어떤 수의 인간들도 나머지 구성원들을 구속하게 될 법률을 만들 권위를 가질 수 없다. 한 사람이든 여러 사람이든 인민이 그렇게 하도록 임명하지 않은 자가 법률을 제정하겠다고 나선다면, 그들은 권한 없이 법률을 제정하는 것이며, 그러므로 인민은 그 법률에 복종할 의무가 없다. 이는 인민이 다시 복종에서 벗어나 그들이 최선이라고 생각하는 대로 자신들에게 새 입법부를 구성할 수 있다는 의미다. 그들은 권위 없이 그들에게 무엇이든 부과하는 자들의 위력에 저항할 온전한 자유의 상태에 있으니 말이다. 사회의 위임에 의해 공공 의지를 선언하는 자들이 쫓겨나고, 그럴 아무 권위나 위임도 없는 다른 자들이 그 자리를 찬탈한다면, 모든 사람은 자기 자신의 의지에 따르게 된다.

213. 이런 일은 대개 그들이 가진 권력을 남용하는 그런 국가에서 발생하기에, 그런 일이 일어나는 정부 형태를 알아야 그 문제를 제대로 고찰하고 누구에게 책임이 있는지도 알 수 있다. 그러면 입법부가 뚜렷하게 구분되는 세 당사자의 협력에 놓여 있다고 가정해 보자.

(1) 지속적인 최고 집행 권력과 함께 특정 기간 내에 다른 두 당사자를 소집하고 해산할 수 있는 권력도 갖는 1인 세습자
(2) 세습 귀족 회의체
(3) 인민에 의해 일정 기간 동안 선택된 대표자들의 회의체

이런 정부 형태[134]를 가정하면, 다음과 같은 점이 명백하다.

214. 첫째, 그런 단일 개인 또는 군주가 입법부에 의해 선언된 사회의 의지인 법률을 대신해서 자기 자신의 자의적인 의지를 내세우면 입법부가 바뀌게 된다. 효과적으로 기능하는 입법부란 그것이 만든 규칙과 법률이 집행되어 복종을 요구한다는 것이므로, 사회에 의해 구성된 입법부가 제정한 것과 다른 법률이 내세워지고 다른 규칙들이 주장되어 시행되면, 입법부가 바뀌는 것이 분명하다. 누구든지 사회의 기본적인 임명에 의해 권한을 부여받지 않은 채로 새 법률을 도입하거나 예전의 법률을 뒤엎는 자는, 그런 법률에 따라 자신들이 만든 권력을 부인하고 전복시켜서 새로운 입법부를 세우는 셈이다.

134) 이는 결국 입법 권력이 군주와 귀족 및 인민의 대표에게 공동으로 주어지는 혼합정을 가리킨다. 앞서(132절) 로크는 "정부 형태란 최고 권력, 즉 입법 권력을 어디에 두는가에 따라 달라지며", "공동체는 …… 그들이 좋다고 생각하는 대로 복합적이고 혼합된 정부 형태들을 만들어 낼 수 있다"고 언급한 바 있다. 이 단락에서 로크는 이 같은 혼합정을 어떤 가정된 정부 형태인 듯이 제시하지만, 사실 잉글랜드는 역사적으로 상당한 기간 동안 이런 형태의 정체를 선택해서 유지해 왔다. 그리고 223절에 등장하는 "우리는 여전히, 혹은 헛된 시도들로 인해 약간의 휴지기를 가진 뒤에도 다시 되돌아가서, 왕과 귀족, 평민으로 이루어진 오래된 입법부를 그대로 유지하고 있"다는 언급으로 미루어 보면, 로크 자신도 그 점을 의식하고 있음이 분명하다. 따라서 이 단락 이하의 입법부 변경 및 그로 인한 정부 해체와 관련한 로크의 논변은 1680년대에 찰스 2세와 제임스 2세 정부가 일삼았던 행동들, 이를테면 법률 무시, 의회 중단 및 해산, 선거 조작, 외세 지배 추종 등에 대한 비판의 성격을 띤다.

215. 둘째, 군주가 정해진 시기에 입법부가 모이는 것을 방해하거나 혹은 그것이 구성된 목적에 따라 자유롭게 활동하는 것을 방해한다면, 입법부는 변경된다. 입법부란 일정한 숫자의 인간들이나 그들의 모임만은 아니어서 그들이 구성된 사회의 좋음을 위한 일이 무엇인지 토의할 자유와 그것을 완성할 시간 여유 또한 가져야 하기 때문이다. 사회가 정당한 권력 행사를 못하게 하려고 입법부의 그런 자유와 시간 여유를 빼앗거나 변경하면, 입법부는 정말로 변경된다. 정부를 구성하는 것은 이름이 아니라 그 이름에 동반되도록 의도된 그런 권력의 사용과 행사이기 때문이다. 그러니 입법부의 자유를 빼앗거나 적절한 시기에 입법부가 활동하는 것을 방해하는 자는 사실상 입법부를 없애고 정부를 종식하는 셈이다.

216. 셋째, 군주의 자의적인 권력에 의해 인민의 동의 없이 그리고 인민의 공통된 이익과 반대로 선거인이나 선거 방식이 변경되면, 거기서도 입법부가 변경된다. 사회가 권한을 부여한 자들이 아닌 다른 사람들이 선거를 하거나 사회가 규정해 놓은 것과 다른 방식으로 선거를 하면, 그렇게 뽑힌 사람들은 인민이 임명한 입법부가 아니기 때문이다.

217. 넷째, 군주에 의해서든 입법부에 의해서든 인민이 외세에 종속되도록 넘겨지는 것[135] 또한 확실히 입법부의 변경이고, 따라서 정부의 해체다. 인민이 사회로 들어가는 목적은 그 자체의 법에 의해 통치되는 하나의 온전하고 자유로우며 독립적인 사회를 보존하는 것인데, 그들이 다른 나라의 권력에

넘겨지면 언제든 이 목적은 잃게 되는 것이기 때문이다.

218. 위에서 말한 그런 체제[136]에서, 이런 네 가지 경우에 정부의 해체가 군주 탓임은 명백하다. 군주는 국가의 위력과 재정, 관직을 가지고 이용하며, 종종 최고 통치권자로서 자신을 어느 누구도 통제할 수 없다고 스스로 확신하거나 혹은 다른 사람들이 그렇게 아첨하기 때문에, 오직 그만이 합법적 권위를 자처하며 그런 변화를 향해 커다란 발걸음을 떼어 놓을 수 있는 위치에 있고, 반대자들을 당파적이고 선동적이며 정부에 대한 적이라고 겁주고 탄압할 수 있는 조건을 수중에 쥐고 있다. 반면에 입법부나 인민의 어느 부분도, 쉽게 주목을 끌기에 충분한 공개적이고 눈에 띄는 반란이 아닌 한, 자기 힘만으로는 입법부의 어떤 변경도 시도할 수 없는데, 그것이 성공하면 외세에 의한 정복과 거의 차이가 없는 결과를 낳는다. 게다가 그런 정부 형태에서 군주는 입법부의 다른 부분들을 해산할 권력을 가지고 있고, 그럼으로써 그들을 사적인 개인들로

---

135) 이 대목에서 로크가 염두에 둔 대표적인 외세는 17세기 중반~18세기 초반 유럽 절대군주정의 전형이었던 루이 14세 치하 프랑스였다. 찰스 1, 2세와 제임스 2세 등 스튜어트 왕들은 루이 14세의 절대 권력과 유럽 전역을 자기 지배권 아래 두려는 야망을 동경하며 잉글랜드를 프랑스처럼 만들고 싶어 했는데, 로크는 그런 태도를 입법부의 변경 및 정부의 해체와 연결지으며 비판하고 있다. 로크를 포함한 당시 휘그들에게는 프랑스 절대군주정 외에 교황권 또한 적대적인 외국 세력으로 간주되었을 것이다.

136) 213절에서 제시한 혼합정을 가리킨다.

만들 수 있기 때문에, 그들은 결코 군주에게 반대하거나 그의 협력 없이 입법부를 법에 의해 변경할 수 없다. 그들이 공포하는 어떤 법령이든 승인을 얻는 데는 군주의 동의가 필수적이니 말이다. 그러나 입법부의 다른 두 부분이 정부에 가해지는 일체의 공격 시도에 어떤 식으로든 도움을 주고 그런 계획을 촉진하거나 혹은 자기들 안에 있는 것으로 그런 계획을 막지 않는다면, 그들은 그 시도에 책임이 있으며 가담한 셈인데, 그것은 확실히 인간이 서로를 상대로 저지를 수 있는 가장 큰 범죄다.

219. 그런 정부[137)가 해체될 법한 방식이 하나 더 있는데, 최고 집행권을 가진 자가 책임을 등한시하고 방기하여 이미 만들어진 법률이 더 이상 집행될 수 없는 경우가 그것이다. 이는 드러내 놓고 모든 것을 무정부 상태에 빠뜨리고, 그리하여 결과적으로 정부를 해체하는 짓이다. 법률은 그 자체를 위해서 만들어지는 것이 아니라 집행되어 사회를 결속하고 정치체의 모든 부분이 각각 적절한 위치와 기능을 유지하게 하려고 만들어지는 것이므로, 그 일이 완전히 중단되면 정부도 가시적으로 중단되며, 인민은 질서나 연결 고리가 결여된 혼란에 빠진 다중이 되어 버리기 때문이다. 인간들의 권리를 보장하기 위한 정의의 시행이 더 이상 이루어지지 않을뿐더러 위력[의 사용]을 지시하거나 공중의 필수품을 제공하기 위해 공동체 내에 남아 있는 권력도 더 이상 존재하지 않는 곳에서는 그 어떤

137) 역시 213절에서 말한 혼합정을 가리킨다.

정부도 남아 있지 않은 게 확실하다. 법률이 집행될 수 없는 경우에, 그것은 마치 아무런 법률이 없는 것과 매한가지다. 그리고 법률이 없는 정부는 내가 생각하기에 인간의 능력으로는 상상할 수 없고 인간 사회와 양립할 수도 없는, 정치에서 하나의 불가사의다.

220. 이런 경우 또는 이와 유사한 경우에, 정부가 해체되면 인민은 그들이 자신의 안전과 좋음을 위해 최선이라고 발견하는 대로 입법부의 구성원이나 형태를, 혹은 둘 다를 바꿈으로써 이전과 다른 새로운 입법부를 설립하여 스스로 삶을 꾸려 나갈 자유가 있다. 사회는 스스로 자신을 보존하기 위해 가져야 하는 타고난 원초적 권리를 결코 다른 사람의 잘못으로 상실할 수 없기 때문인데, 그런 일은 오직 안정적으로 자리를 잡은 입법부 및 입법부에 의해 제정된 법률의 공평무사한 집행에 의해서만 이루어질 수 있다. 하지만 인류의 상태가, 어떤 구제책을 찾기에 너무 늦은 때가 되어 버리기 전에 이런 구제책을 사용할 수 없을 정도로 그렇게 비참하지는 않다. 압제나 계략에 의해 혹은 외세에 넘겨줌으로써 그들의 예전 입법부가 사라지고 나서야 인민에게 새로운 입법부를 설립하여 스스로 삶을 꾸려 나가도 좋다고 말하는 것은, 너무 늦어서 해악을 치유할 때가 지나고서야 구제를 기대해도 좋다고 말하는 것일 뿐이다. 이는 사실상, 그들에게 먼저 노예가 되라고 분부를 내린 다음 그들 자신의 자유를 돌보라고 분부하는 것과 다르지 않으며, 또한 그들이 사슬에 묶이고 나서야 자유인처럼 행동해도 좋다고 말하는 것이나 마찬가지다. 이는, 설령 어찌어찌 그렇게 된

다 하더라도, 구제라기보다는 오히려 조롱이다. 그리고 인간은, 그들이 완전히 폭정 아래 놓이기 전에 그것을 벗어날 수단이 전혀 없다면, 결코 폭정으로부터 안전할 수 없다. 그러므로 인간은 폭정에서 벗어날 권리뿐만 아니라 그것을 예방할 권리도 가지고 있는 것이다.

221. 그러므로 정부가 해체되는 두 번째의 또 다른 방식이 있는데, 그것은 입법부나 군주 둘 중 어느 한쪽이 자신들의 신탁에 반해서 행동하는 것이다.

첫째, 입법부가 신민의 소유를 침해하고 그들 자신이나 공동체의 어느 부분을 인민의 생명과 자유, 재산의 주인 혹은 자의적인 처분자로 만들려고 시도하면, 그 입법부는 자신들에게 맡겨진 신탁에 반해서 행동하는 것이다.

222. 인간들이 사회에 들어가는 이유는 자신들의 소유를 보존하는 데 있다. 그리고 그들이 입법부를 선택해서 권한을 부여하는 목적은, 사회 구성원 모두의 소유를 지키는 파수꾼이자 울타리로서 법률을 만들고 규칙을 정하여 그 사회 모든 부분과 모든 구성원의 권력을 제한하고 지배권을 알맞게 조절하는 데 있다. 모든 사람이 사회에 들어감으로써 확보하고자 의도한 것 그리고 인민이 자신들이 세운 입법자들에게 스스로 복종하는 바로 그 목적을 파괴할 권력을 입법부가 가져야 한다는 것이 사회의 의지라고는 결코 가정할 수 없으므로, 입법자들이 인민의 소유를 빼앗고 파괴하려 시도하거나 그들을 자의적인 권력 아래 있는 노예로 전락시키려 시도하면 언제든 그 입

법자들은 자신들을 인민과 전쟁 상태로 몰아넣는 것이 되고, 그 결과 인민은 더 이상의 복종이 면제되며 하느님이 위력과 폭력에 대비하여 모든 인간에게 제공해 놓은 공동의 피난처에 남겨지게 되기 때문이다. 그러므로 입법부가 사회의 이런 근본 규칙을 위반하고, 야망이나 공포, 어리석음 또는 부패로 인해 인민의 생명과 자유, 자산에 대한 절대적인 권력을 그들 자신이 장악하려 시도하든지 아니면 어떤 다른 자들의 수중에 넘겨주려 시도하면 언제든, 이런 신탁 위반에 의해 그들은 인민이 그것과는 정반대의 목적을 위해 그들의 수중에 맡긴 권력을 몰수당하며, 그 권력은 인민에게 넘어간다. 인민은 원래의 자유를 되찾을 권리와 (자신들이 적합하다고 생각하는 대로) 새 입법부를 확립함으로써 그들이 사회에 속해 있는 바로 그 목적인 자신의 안전 및 안보를 대비할 권리를 가지니까 말이다. 내가 여기서 일반적으로 입법부와 관련하여 말한 것은 또한 최고 집행권자와 관련해서도 적용된다. 최고 집행권자는 입법부에 참여하면서 동시에 최고의 법 집행 담당자라는 이중의 신탁을 부여받고 있으므로, 그가 자신의 자의적인 의지를 사회의 법으로서 내세우고자 하면 그 이중의 신탁 둘 다에 반해 행동하는 것이다. 그는 또한 다음의 경우에도 그의 신탁과 반대로 행동하는 것이 된다. 즉, 그 사회의 위력과 재정, 관직을 이용해서 대표자들을 부패시키고 자신의 목적에 맞게 그들을 매수하는 경우, 선거인들을 공공연하게 미리 포섭해서 그들로 하여금 자신이 청탁이나 위협, 약속 또는 그 밖의 다른 방법으로 의도에 맞게 정해 놓은 그런 인물을 선택하도록 지시하는 경우, 그리고 선거인들을 이용해서 투표를 어떻게 하고 무엇을 제정할지 사전에 약속한 그런 자들을 입법부로 들여보내는 경우 등이 그렇다. 후보자들과 선거인들을 통제하고 선거 방식을 새로 만드는 것은 다만 정부를 뿌리째 도려내고 공공 안전의 바로 그 원천을 오염시키는 일이 아니고 무엇이겠는가? 인민이 소유를 지키는 울타리로서 그들의 대표자를 선택하는 일을 그들 자신에게 유보해 둔 목적은 다름이 아니라 오직 그 대표자들이 항상 자유롭게 선택되고 또 그렇게 선택된 후에는 검토와 성숙한 토의를 바탕으로 국가의 필요와 공공선이 요구한다고 판단되는 바에 따라 자유롭게 활동하며 조언할 수 있게 하려는 것이니 말이다. 이런 목적은 토의에 귀를 기울이고 모든 면에서 이유를 따져 보기 전에 투표를 하는 자들은 달성할 수가 없다. [그러니 앞서 말한] 그런 식으로 회합을 준비하고 자신[최고 집행권자]의 의지를 공공연히 지지하는 자들을 인민의 진정한 대표자요 사회의 입법자로 세우려 시도하는 일은, 맞닥뜨릴 가능성이 있는 가장 심각한 신탁 위반이며 정부를 전복하려는 속셈의 완벽한 선언임이 틀림없다. 거기에 더해, 누군가 같은 목적에다가 보상과 처벌을 눈에 띄도록 적용하고 그런 속셈을 실행하는 데 방해가 될뿐더러 자기 나라의 자유를 배신하는 일에 순응하거나 동의하지 않을 모든 자들을 제거 및 파괴하기 위해 법률을 왜곡하는 온갖 술책을 사용한다면, 무슨 일이 벌어지고 있는지는 의심의 여지가 없을 것이다. 최초의 제도하에서 동의된 신탁과 반대로 권력을 이용하는 자들이 사회에서 어떤 권력을 가져야 하는지는 결정하기가 쉽다. 그리고 이와 같은 어떤 일이든 일단 시도한 자는 더 이상 신뢰를 받을 수 없다는 점은 누구라도 알 수 있다.

223. 이에 대해서는 아마도 다음과 같은 말이 나올 것이다. 인민은 무지한 데다가 항상 불만에 차있어서 정부의 토대를 인민의 불안정한 의견과 불확실한 기분에 두는 것은 정부를 확실한 파멸에 빠지게 하는 길이라고 말이다. 그리고 인민이 기존의 입법부에 대해 불쾌함을 느낄 때마다 새로운 입법부를 세울 수 있다면 어떤 정부도 오래 존속될 수 없을 것이라고도 말할 것이다. 이에 대해 나는 정반대로 답한다. 일부 사람들이 걸핏하면 주장하는 것처럼 인민은 그리 쉽게 기존의 정부 형태를 벗어던지고자 하지 않는다. 그들에게 익숙한 체제의 잘 알려진 단점을 수정하는 일에 대해서도 그들은 여간해선 설득되지 않는다. 그리고 어떤 원초적인 결함이나 시간의 흐름에 따라 혹은 부패로 인해 나타난 우발적인 결함이 있을 경우에, 심지어 온 세상이 그럴 기회임을 안다고 해도, 그런 결함을 바꾸기란 쉬운 일이 아니다. 인민이 그들의 낡은 체제를 떠나기를 이리 더디게 하고 아주 싫어하기 때문에, 현세대와 이전 세대에 이 왕국에서 목격된 많은 혁명들에도 불구하고 우리는 여전히, 혹은 헛된 시도들로 인해 약간의 휴지기를 가진 뒤에도 다시 되돌아가서, 왕과 귀족, 평민으로 이루어진 오래된 입법부를 그대로 유지하고 있는 것이다. 그리고 어떤 도발이 우리 군주들 중 일부의 머리에서 왕관을 벗겨 냈든지 간에, 그런 도발이 지금까지 인민으로 하여금 벗겨 낸 왕관을 다른 왕가에 옮겨 놓게 하는 일은 결코 없었다.

224. 그러나 이런 가설이 빈번한 반란을 야기할 효소 노릇을 한다는 지적이 있을 것이다. 이에 대한 내 답변은 다음과

같다.

첫째로, 여느 다른 가설 이상으로 그렇지는 않다. 인민이 비참한 상태에 처해서 그들 자신이 자의적인 권력의 악용에 시달리고 있음을 알게 되면, 당신이 아무리 힘껏 그들의 통치자를 주피터의 아들이라고 치켜세워도, 하늘에서 내려온 혹은 하늘로부터 권한을 부여받은 성스럽고 신성한 존재가 되게 해도, 그 밖에 당신이 마음에 드는 누군가를 혹은 무엇을 그 통치자에게 덧입힌다고 해도, 같은 일이 일어날 것이기 때문이다. 권리에 반해서 일반적으로 부당한 대우를 받는 인민은 어떤 경우에도 그들을 무겁게 짓누르는 부담을 벗어던질 준비가 되어 있을 것이다. 그들은 그런 기회를 바라고 추구하는데, 인간사라는 게 변하기 쉽고 허점투성이이며 우연의 연속이라서 그 기회는 그리 오래 지체되지 않고 찾아올 것이다. 자기 시대에 이런 사례를 본 적이 없는 사람은 아직 세상을 덜 살아서 그런 것이 틀림없다. 그리고 세상에 있는 모든 종류의 정부에서 그런 사례를 떠올릴 수 없는 자는 아직 책을 아주 조금밖에 읽어보지 않았음이 틀림없다.

225. 둘째로, 나는 그런 혁명이 공적 업무에 있어서의 모든 사소한 실책에 대해 발생하지는 않는다고 답변하겠다. 지배하는 쪽에서 저지른 중대한 과오, 많은 잘못되고 불편한 법률, 그리고 인간의 나약함에서 비롯되는 모든 자잘한 실수를 인민은 폭동을 일으키거나 투덜거리지 않고 견딜 것이다. 그러나 만일 장기간 이어진 학대[138]와 기만, 책략이 모두 같은 길로 향해서 그 의도를 인민에게 빤히 드러내게 되면, 그리하여 자신들이

어떤 상태에 처해 있고 어디로 가고 있는지 인민이 깨닫지 않을 수 없게 되면, 그들은 스스로를 각성시켜서 애초에 정부가 수립되었던 그 목적을 그들에게 보장해 줄 그런 자들의 수중으로 지배를 옮기려 노력하게 된다는 것은 전혀 놀라운 일이 아니다. 그런 목적이 보장되지 않는다면, 예로부터 전해 온 명칭들과 그럴 듯한 정부 형태들이 자연 상태나 순수한 무정부 상태보다 낫기는커녕 훨씬 더 나쁠 것이다. 불편은 그만큼 크고 더 가까이 있지만, 구제책은 훨씬 멀리 있고 더 어려우니 말이다.

226. 셋째로, 나는 입법자들이 인민의 소유를 침해함으로써 자신들이 부여받은 신탁과 반대로 행동하면 새로운 입법부를 세워서 그들의 안전을 새롭게 대비할 권력이 인민에게 있다는 이 교설이 반란을 막는 최선의 울타리이자 반란을 저지할 가능성이 가장 큰 수단이라고 답변하겠다. 반란이란 사람에 대한 반대가 아니라, 오직 정부의 헌법과 법률에만 근거를 두는 권위에 대한 반대이기 때문이다. 누가 됐든 자신들의 헌법 및 법률 위반을 위력으로 돌파하고 위력으로 정당화하는 자들이야말로 진정으로 그리고 마땅히 반란자들Rebels이다. 인간이 사회와 시민-정부에 들어감으로써 위력을 배제하고 그들 사이

138) 미국독립선언서는 이 책에 제시된 로크의 정치사상으로부터 큰 영향을 받았다고 알려져 있는데, 특히 "장기간 이어진 학대"a long train of Abuses라는 이 표현은 독립선언서에 그대로 실려 있다.

에서 소유와 평화, 통일성의 보존을 위해 법률을 도입했다면, 법률에 맞서 다시 위력을 내세우는 자들이 레벨라레rebellare,[139] 즉 전쟁 상태로 다시 되돌아가고자 하는 것이고, 그러니 마땅히 반란자들인 것이다. 권력을 가진 자들은 (그들이 가진 권위에 대한 허세, 수중에 쥔 위력의 유혹 그리고 주위에 있는 자들의 아첨으로 인해) 반란을 저지를 가능성이 가장 크다. 그런 해악을 예방하는 가장 적절한 방법은 반란에 뛰어들 가장 큰 유혹 아래 있는 자들에게 그것이 지닌 위험과 불의를 보여 주는 것이다.

227. 앞에서 말한 두 경우에, 그러니까 입법부가 바뀐 경우와 입법자들이 자신들을 입법부로 구성되게 한 목적과 상반되게 행동하는 경우에, 죄가 있는 자들은 반란의 죄가 있는 것이다. 만일 누구든 어떤 사회의 확립된 입법부 및 신탁에 의해 그 입법부가 제정한 법률을 위력으로 제거하면, 그럼으로써 그는 모든 분쟁을 평화적으로 해결하여 그들 간에 전쟁 상태가 벌어지는 것을 막기 위해 모든 사람이 동의한 바 있는 심판권을 제거하는 것이기 때문이다. 입법부를 없애거나 변경하는 자는 이런 최종 결정을 내릴 권력을 제거하는 셈인데, 그 권력은 인민의 임명과 동의에 의해서가 아니면 어느 누구도 가질 수 없

---

139) 라틴어 'rebellare'는 'rebellō'의 현재 능동형 부정사인데, '전쟁하다, 싸우다'라는 뜻의 'bellō' 앞에 '다시'라는 의미의 접두사 're'가 더해져서 '다시 싸우다, (투항했다가) 다시 도전하다'라는 뜻을 구성한다. 즉, 여기서 로크는 영어로 '반란' 및 '반란자'를 나타내는 'rebellion'과 'rebel'의 어원을 활용하여 자신의 주장을 정당화하고 있다.

는 것이다. 게다가 인민이 세웠으며 그 외 다른 어느 누구도 세울 수 없는 권위를 그렇듯 파괴하고 인민이 권위를 부여하지 않은 권력을 도입함으로써 그들은 권위 없는 위력의 상태인 전쟁 상태를 사실상 초래한다. 그리하여 사회에 의해 확립된 (인민이 마치 그들 자신의 의지에 따른 결정에 그러듯이 그 결정에 순순히 따르고 통합되었던) 입법부를 제거함으로써 그들은 결속을 풀고 인민을 전쟁 상태에 다시 노출시키는 것이다. 그리고 만일 위력으로 입법부를 제거한 자들이 반란자라면, 앞에서 밝힌 대로, 입법자들 자신이 그렇게 간주되지 않을 수 없다. 인민과 그들의 자유 및 소유를 보호하고 보존하기 위해 세워진 그들이 위력으로 그 모두를 침해하며 제거하려 시도하면, 그리하여 자신들을 인민의 평화에 대한 보호자요 수호자로 삼은 이들과 전쟁 상태에 돌입하게 되는 그들은 그 말에 딱 어울리는 그리고 가장 악랄한 의미에서 레벨란테스Rebellantes, 즉 반란자들이 되는 것이다.

228. 그런데 내 가설이 반란의 토대를 제공한다고 말하는 사람들이 의미하는 바는, 그들의 자유나 소유에 대해 불법적인 시도가 행해질 때 인민은 복종에서 면제되며 그들의 통치자가 자신에게 맡겨진 신탁에 반해 인민의 소유를 침해할 경우 그의 불법적인 폭력에 대항해도 좋다고 인민에게 말하는 것은 내전이나 내분의 원인이 될 수 있으며, 따라서 세계의 평화를 파괴하는 이런 교설은 허용되어서는 안 된다는 것일 터이다. 만일 그렇다면, 그들은 같은 근거에서 정직한 인간이 강도나 해적에게 대항하는 것은 무질서와 유혈 사태의 원인이 될 수 있으

므로 그러지 않는 게 좋다고 말하는 것과 마찬가지다. 그런 경우에 어떤 해악이 발생하면, 그 책임은 자기 자신의 권리를 방어한 자가 아니라 이웃을 침해한 자에게 있다. 만일 무고하고 정직한 사람이 평화를 위해서 그가 가진 모든 것을 자기 것에 폭력적으로 손을 대려는 자에게 조용히 내주어야 한다면, 그저 폭력과 약탈만이 존재하는 세상, 오직 강도들과 압제자들의 이익을 위해서만 유지되는 세상에 대체 어떤 종류의 평화가 있을지 생각해 보면 좋겠다. [그런 세상에서는] 어린 양이 아무런 저항도 하지 않고 자신의 목을 오만한 늑대에게 물어 뜯기도록 내밀 때 누가 그것을 강자와 약자 간의 경탄스러운 평화라고 생각하지 않겠는가? 폴리페모스[140]의 동굴은 우리에게 그런 평화와 그런 정부에 대한 하나의 완벽한 본보기를 제공하는데, 거기서 오뒤세우스와 그의 동료들은 자신들이 잡아먹히기를 조용히 견디는 것 외에 아무런 할 수 있는 일이 없었다. 그리고 현명한 인간이었던 오뒤세우스는 그의 동료들에게 수동적으로 복종하라고 설득하고 조용히 굴복하도록 권고했다. 평화가 인류에게 얼마나 중요한지를 그들에게 설명하면서 그리고 만일 그들이 지금 자신들에 대해 권력을 가지고 있는 폴리페모스에게 저항하자고 제안하면 발생할지도 모르는 불편을 보

140) 호메로스의 『오뒤세이아』 제9권에 등장하는 외눈박이 거인이다. 식인의 습성을 가졌던 그는 고향으로 돌아가는 항해 도중 우연히 식량을 구하기 위해 찾아온 오뒤세우스와 그의 일행을 자신의 동굴에 가둬 두고 차례로 잡아먹기 시작한다. 하지만 결국 오뒤세우스는 기지를 발휘하여 동굴을 탈출하는 데 성공한다.

여 주면서 말이다.

229. 정부의 목적은 인류의 좋음이다. 그렇다면 인민이 항상 폭정의 무한한 의지에 시달려야 한다는 쪽과 지배자들이 권력을 과도하게 사용할뿐더러 인민의 소유를 보존하기 위해서가 아니라 파괴하기 위해 권력을 이용할 때 이따금 반대에 부딪칠 수 있어야 한다는 쪽 중에 어느 편이 인류에게 최선인가?

230. 내 가설이, 정부가 변경되기를 몹시 원해서 분주하게 돌아가는 머리나 사납게 날뛰는 정신을 만족시킬 때마다, 그로부터 해악이 발생할 수 있다는 소리는 그만하게 하자. 그런 인간들이야 언제든 그러고 싶을 때면 소동을 일으킬 수도 있는 게 사실이지만, 그것은 단지 그들 자신의 파멸과 지옥행을 가져올 뿐이다. 그 해악이 일반적인 것이 되지 않는 한 그리고 지배자들의 사악한 속셈이 겉으로 드러나거나 그들의 시도가 더 많은 사람들에게 감지되지 않는 한, 저항해서 그런 해악을 바로잡기보다 참는 경향이 있는 인민[141]은 쉽게 소동을 일으키지 않기 때문이다. 특정한 불의의 사례들 또는 한 불운한 인간이 여기저기서 당한 압제의 사례들이 인민을 움직이게 하지

---

141) 이 대목의 원문은 "the People, who are more disposed to suffer, than right themselves by Resistance"인데, 미국독립선언서에 다음과 같이 약간 변형되어 실려 있다. "인류는 해악이 참을 만한 것인 한 그것을 바로 잡기보다는 참는 경향이 있다"mankind are more disposed to suffer, while evils are sufferable, than to right themselves.

는 않는다. 그러나 만일 그들이 명백한 증거에 입각해서 자신들의 자유에 반하는 계획이 진행 중임을 널리 확신하게 된다면, 그리고 상황의 일반적인 전개와 경향이 그들로 하여금 통치자들의 사악한 의도에 대해 강한 의심을 품지 않을 수 없게 한다면, 그게 누구 탓인가? 의심을 피할 수 있었을 사람들이 그런 의심을 자초한다면, 누가 그런 상황을 도울 수 있겠는가? 만일 인민이 이성적인 피조물로서의 분별력을 지니고 있어서 돌아가는 상황을 자신들이 보고 느끼는 그대로밖에 생각할 수 없다면, 인민이 비난받아야 하는가? 그건 오히려, 상황을 그런 꼴로 만들어 놓고도 그런 상황이 있는 그대로 생각되지 않았으면 하는 자들의 잘못 아닌가? 나는 사적인 인간들의 자만심과 야망, 격동이 때로 국가Commonwealths에 커다란 무질서를 초래했으며 파벌이 국가States와 왕국Kingdoms에 치명적이었다는 점을 인정한다. 하지만 그런 해악은 인민의 방종과 자기 지배자들의 합법적인 권위를 벗어던지려는 욕구에서 더 자주 시작되었는가 아니면 지배자들의 오만과 자기 인민들에 대해 자의적인 권력을 획득 및 행사하려는 시도에서 더 자주 시작되었는가? 무질서를 최초로 야기한 것이 압제인지 아니면 불복종인지에 대해서는 불편부당한 역사가 결정을 내리도록 남겨 둔다. 내가 확신하는 것은 이 점인데, 즉 지배자가 됐든 신민이 됐든 위력으로 군주의 권리나 인민의 권리를 침해하려 들면서 정당한 정부의 구조와 틀을 전복하기 위한 토대를 제공하는 자는 누구든 내가 생각하기에 인간이 저지를 수 있는 가장 큰 범죄를 저지르는 것이며, 정부를 산산조각 내는 일이 나라에 초래하는 유혈 사태와 약탈, 황폐화 같은 모든 해악에 책임을 져야 한다는 점이다. 그리고 그런 일을 저지르는 자는 인류 공통의 적이자 해충으로 간주되어 그에 상응하는 취급을 받는 것이 마땅하다.

231. 어떤 인민의 소유를 위력으로 침해하려 시도하는 신민들이나 외국인들에 대해서는 위력으로 저항해도 무방하다는 데 모든 이들이 동의한다. 하지만 같은 일을 저지르는 통치권자들에게 저항해도 된다는 점은 최근에 부인된 적이 있다. 마치 법에 의해 최대한의 특권과 이득을 누리는 자들은 그로 인해, 그들을 자기 동족들보다 더 나은 자리에 있게 해주는 그런 법률을 파기할 권력도 가진다는 듯이 말이다. 그런데 사실은 그들의 범죄가 그로 인해 더 커지는데, 그들이 법에 의해 가지는 더 큰 몫에 대해 감사할 줄 모르는 데다가 자기 동족들이 그들의 수중에 맡긴 저 신탁을 파기하기까지 하니 그렇다.

232. 누구든지 권리 없이 위력을 사용하는 자는, 사회에서 법에 근거하지 않고 위력을 사용하는 모두가 그렇듯이, 그가 그렇게 위력을 사용하는 상대방과 전쟁 상태에 들어가게 된다. 그리고 전쟁 상태에서는 이전의 모든 결속이 취소되고, 모든 다른 권리가 중지되며, 모두가 자기 자신을 방어하고 침략자에게 저항할 권리를 갖는다. 이 점은 너무나 명백해서 왕의 권력과 신성함을 강하게 주장하던 바클레이[142]마저도 인민이 어떤 경우에는 자신들의 왕에게 저항하는 것이 합법적이라고 실토하지 않을 수 없게 만든다. 그것도 그가 하느님의 법은 인민이 모든 방식의 반란을 하지 못하게 금지한다는 점을 보여 주

고자 한 장Chapter에서 말이다. 그 장을 통해, 심지어 바클레이 자신의 교설에 의해서도, 인민이 어떤 경우에는 저항할 수 있으므로 군주에 대한 모든 저항이 반란은 아니라는 점이 명백해진다. 그가 하는 말은 이렇다.[143]

142) 프랑스에 정착해서 살았던 스코틀랜드 출신 법학자이자 왕권신수설을 신봉한 절대주의자 윌리엄 바클레이William Barclay(1546~1608년)를 가리킨다. 이 대목에서 로크가 인용하는 바클레이의 대표 저작 『부캐나눔, 부루툼, 보쉐리움 및 그 외 다른 반反절대군주정주의자들에 맞서는, 왕국과 왕권에 관한 6권의 책』De regno et regali potestate, adversus Buchananum, Brutum, Boucherium et reliquos Monarchomachos, libri sex은 1660년에 프랑스에서 출판되었으며, 골디에 따르면 로크는 1680에 이 저작의 사본을 구입했다. 책 제목 가운데 '반反절대군주정주의자들'로 옮긴 'Monarchomachos'는 어원적으로 '군주와 싸우는 사람들, 국왕살해자들'이라는 의미를 갖는데, 16세기 후반 절대군주정에 반대하며 폭군살해tyrannicide를 정당화했던 일단의 개신교 이론가들을 지칭하기 위해 바클레이가 만들어 낸 신조어로 알려져 있다. 실제로 이 책에서 바클레이는 'Monarchomachos'를 '왕국과 군주정을 파괴해서 무정부 상태로 만들려고 분투하는 자들'이라고 정의한다. 제목만으로도 미루어 알 수 있듯이, 이 책은 인민주권설이나 왕권 제한을 포함하는 군주정의 제도 개혁을 주장하는 사상가들을 반박하면서 왕의 신성함과 절대 권력을 옹호하는 데 목적이 있다. 그러니까 로크는 심지어 바클레이 같은 절대군주정 예찬론자도 극단적 상황에서는 저항을 허용한다는 점을 강조하기 위해 이 책을 인용하고 있다.

143) 이 문장에 이어서 로크는 바클레이 책 3권 8장을 출처로 하는 라틴어 원문을 인용하고 있는데, 해당 부분을 로크 자신이 직접 번역하여 다음 절에 제시하고 있으므로 여기서 라틴어 원문 인용은 생략한다. 해당 원문은 라슬렛 편집본에서 확인할 수 있다.

이것을 영어로 옮기면 다음과 같다.

233. "그러나 만일 누군가가 이렇게 물어본다고 가정해 보자. 그렇다면 인민은 항상 폭정의 잔혹함과 광포함에 자신들을 내맡겨야 하는가? 그들은 자기 도시가 약탈당해 잿더미에 묻히고 아내와 자녀는 폭군의 욕망과 격정에 내던져지며 그들 자신과 가족들이 왕에 의해 파멸되어 궁핍과 압제의 온갖 비참한 상황으로 몰락하는 것을 보더라도 잠자코 앉아 있어야 하는가? 인간만이 홀로, 자연이 다른 모든 피조물들에게 위해로부터 자신을 보존하라고 그토록 자유롭게 허용한 공통의 특권, 즉 위력에는 위력으로 대항하는 특권에서 제외되어야 하는가? 나는 이렇게 대답한다. 자기방어는 자연법의 일부다. 그것이 심지어 왕 자신을 상대로 한 것이라고 해도 공동체에 인정해 주지 않을 수 없다. 하지만 그들이 왕에게 복수하는 것은 결코 허용되어서는 안 된다. 그것은 자연법에 부합하지 않기 때문이다. 그러니 만일 왕이 몇몇 특정 인물에게 증오를 드러내는 것이 아니라 그가 머리인 국가 전체와 자기 자신을 맞서게 하고 참을 수 없이 학대하면서 전체 또는 상당한 규모의 인민에 대해 잔혹하게 압제를 가한다면, 이런 경우에 인민은 저항하고 그들 자신을 위해로부터 방어할 권리가 있다. 그러나 여기에는, 그들이 단지 그들 자신을 방어하는 것이지 자기 군주를 공격하는 것은 아니라는 주의가 따라야 한다. 그들은 자신이 입은 손해를 보상받을 수 있지만, 어떤 도발에 대해서든 적정한 존경과 존중의 범위를 넘어서는 안 된다. 그들은 현재 진행 중인 시도는 격퇴할 수 있지만, 과거의 폭력에 대해 복수해서는 안

된다. 왜냐하면 우리가 생명과 신체를 방어하는 것은 자연스럽지만, 열등한 자가 우월한 자를 처벌하는 것은 자연에 반하기 때문이다. 자신들을 상대로 계획되는 악행에 대해 인민은 그것이 실행되기 전에 예방할 수 있지만, 일단 그것이 실행되고 나면 그 일에 대해서 왕에게, 비록 그가 그 악행의 장본이라 할지라도, 복수해서는 안 된다. 그러므로 이것은 어떤 사적인 개인이 가진 것을 넘어서는, 인민 일반의 특권이다. 개별 인간들은 참는 것 외에 다른 어떤 구제책을 갖는 것도 (오직 뷰캐넌[144]을 예외로 하면) 우리의 적들에 의해서마저 허용되지 않는다. 하지만 인민 전체는 참을 수 없는 폭정에 정중하게 저항할 수 있다. 그것이 온건할 때는 참아야 하기 때문이다."

---

[144] 스코틀랜드의 인문주의자이자 교육자요 작가였던 조지 뷰캐넌George Buchanan(1506~82년)을 가리킨다. 그는 스코틀랜드의 종교개혁을 이끈 지도자 존 녹스John Knox의 후계자이기도 했는데, 교회와 국가의 부정부패 및 개혁의 필요성에 대한 그의 비평은 종교개혁 기간 동안 중대한 영향을 끼쳤다. 그의 여러 저작들 중 특히 1579년에 출판한 『스코틀랜드에서 국왕의 권력』*De Jure Regni apud Scotos*은 모든 정치권력의 원천이 인민이고, 왕은 인민이 처음에 그에게 최고 권력을 위임했을 때 부여한 조건에 구속되며, 폭군에 맞서 저항하는 것은 물론 심지어 폭군을 처벌하는 것도 합법적이라는 논변을 전개하고 있다. 그러니 바클레이가 그를 "우리의 적들"에 포함하는 것은 자연스럽다. 또한 이 저작이 잉글랜드에서 어떤 운명이었을지도 쉽게 짐작할 수 있다. 당연하게도 휘그는 그 책에 박수갈채를 쏟아부었지만, 왕당파와 토리는 노골적인 적개심을 드러냈다. 이 저작은 출간 5년 만인 1584년에 잉글랜드 의회에 의해 금서가 되었고, 1664년과 1683년에 각각 옥스퍼드 대학교에서 불태워졌다.

234. 군주 권력의 저 위대한 옹호자도 이 정도까지의 저항은 허용하는 것이다.

235. 사실 바클레이는 그런 저항에 두 가지 한계를 추가했는데, 그것은 전혀 소용이 없다.

첫째, 그는 저항이 공손하게 이루어져야 한다고 말한다.

둘째로, 저항은 응징이나 처벌 없이 이루어져야 하는데. 그가 제시하는 이유는 열등한 자가 우월한 자를 처벌할 수 없기 때문이라는 것이다.

첫째, 반격하지 않고 위력에 저항하는 법 혹은 공손하게 가격하는 법을 이해하려면 어느 정도 기술이 필요할 것이다. 얻어맞는데 오직 방패만 사용해서 공격에 대항하려는 자나 손에 칼도 없이 더욱더 정중한 자세를 취해서 폭행범의 뻔뻔함과 위력을 약화하려는 자는 곧 저항을 멈출 처지가 될 것이고, 그런 식의 방어는 단지 자기 자신이 더 나쁜 대우를 받게 하는 데만 도움이 될 뿐이라는 점을 깨닫게 될 것이다. 이것은 유베날리스[145]가 우스꽝스러운 싸움 방식이라고 생각했던 것, "당신이 때리면 나는 그냥 맞고 비틀거릴 뿐이다"[146]만큼이나 우스꽝스러운 저항 방식이다. 그리고 그런 투쟁의 성공이란 그가

---

145) 로마의 풍자시인 데키무스 유니우스 유베날리스Decimus Iunius Iuvenalis(60~140년)를 가리킨다. 그는 모두 16편의 풍자시를 남겼다고 전해지는데, 여기서 로크가 인용하는 부분은 그중 세 번째 풍자시에 속하는 것이다.

146) 로크가 인용하는 라틴어 원문은 "ubi tu pulsas, ego vapulo tantum"이다.

거기서 묘사한 것과 어쩔 수 없이 똑같다. "그런 것이 가난한 인간의 자유이니 / 먼지 나게 맞은 후에 그는 애원하네 / 특별한 호의의 표시로 몇 안 되는 남은 치아는 그대로 둬달라고."[147] 이것은 언제나 인간이 반격을 가할 수 없는 그런 상상 속에만 존재하는 저항의 결과일 것이다. 그러므로 저항을 해도 좋은 사람에게는 가격하는 것이 허용되어야 한다. 그러고 나서 우리의 저자 또는 다른 누구라도, 그가 적합하다고 생각하는 만큼 충분히 공손하고 정중하게 머리를 치거나 얼굴을 베는 일에 동참하게 하라. 주먹을 날리는 일과 공손함을 조화시킬 수 있는 자는, 내가 알기로는, 그의 노고의 대가로 예의바르고 정중한 몽둥이찜질을 당해도 싸다. 겪을 수 있는 모든 곳에서 말이다.

둘째로, 그의 두 번째 주장인 열등한 자가 우월한 자를 처벌할 수 없다에 관해서는, 일반적으로 말해 그가 우월한 자인 동안은 그것이 사실이다. 하지만 당사자들을 대등하게 만드는 전쟁 상태에서 위력에 위력으로 저항하는 일은 존경과 존중, 우월성 같은 이전의 모든 관계를 무효로 만든다. 그런 다음에 남는 차이는, 불의한 침략자에게 대항하는 자가 그 침략자에 대해 그가 이길 경우 공격자를 평화의 파괴 및 그에 뒤따른 모든 해악을 이유로 처벌할 수 있는 권리를 갖는 이런 우월성을

---

147) 로크가 인용하는 라틴어 원문은 다음과 같다. "Libertas pauperis haec est: / Pulsatus rogat, & pugnis concisus, adorat, / Ut liceat paucis cum dentibus inde reverti."

누린다는 것이다. 그러므로 바클레이는 다른 곳에서는 더 일관되게, 어떤 경우에도 왕에게 저항하는 것이 합법적임을 부인한다. 하지만 그는 거기서 왕이 자기 자신을 왕이 아니게 만들 수도 있는 두 가지 경우를 지정한다. 그가 하는 말은 이렇다.[148]

236.[149]

이것을 영어로 옮기면 다음과 같다.

237. "그렇다면 인민이 정당하게 그리고 그들 자신의 권위에 의거해서 스스로를 돕고 무기를 들어 자신들 위에 도도하게 군림하는 왕을 습격하는 경우는 결코 발생할 수 없는가? 왕이 왕으로 남아 있는 동안에는 결코 그럴 수 없다. '왕께 영광을 돌려라. 그리고 그 권력에 저항하는 자는 하느님의 율법에 저항하는 것이다'와 같은 말들은 그런 경우를 결코 용납하지 않을 것이라는 신성한 계시다. 그러므로 인민은 결코 왕보다 우위의 권력을 얻을 수 없다. 단, 왕이 자기가 왕이기를 그만두게 만드는 어떤 일을 하는 경우는 제외하고 말이다. 그런 경우에는

---

148) 이 문장 다음에 로크는 바클레이 책 3권 16장을 출처로 하는 라틴어 원문을 인용하고 있는데, 그것은 236절까지 이어진다. 그리고 해당 부분을 237절과 238절에서 직접 번역하여 제시한다. 여기서도 로크가 인용한 라틴어 원문은 생략한다. 해당 원문 역시 라슬렛 편집본에서 확인할 수 있다.

149) 이 절은 전체가 바클레이 인용으로 이루어져 있다.

왕이 스스로 자신의 왕관과 위엄을 벗어버리고 일개 사적 인간의 지위로 돌아가며, 인민은 자유롭고 우위에 서게 되어 그들이 그에게 왕관을 씌우기 전에, 그러니까 공위 시대에 가졌던 권력을 다시 넘겨받게 되기 때문이다. 하지만 상황을 이런 상태에 이르게 하는 실책은 많지 않다. 이 문제를 모든 측면에서 잘 고찰해 본 결과, 나는 단지 두 경우만 발견할 수 있다. 왕이 바로 그 사실 때문에 왕이 아니게 되어 인민에 대한 모든 권력과 군왕에 걸맞은 권위를 잃게 되는 두 가지 경우가 있는데, 이 문제는 윈제러스[150] 또한 주목한 바 있다.

첫째는, 왕이 정부를 전복하려고 시도하는 경우, 즉 네로에 대해 기록된 바와 같이 왕이 자신의 왕국과 국가를 파멸시키고자 하는 목표와 의도를 가진 경우를 말하는데, 네로는 로마 원로원과 인민의 목을 베고 불과 칼로 도시를 초토화한 후에 다른 어느 곳으로 옮겨 갈 결심을 했다. 그리고 칼리굴라에 대한 기록에는, 그가 자신은 더 이상 인민이나 원로원의 수장이 아니며 그 두 계층에 속한 가장 훌륭한 인간들의 목을 벤 다음 알렉산드리아로 물러나 있겠다는 생각을 갖고 있다고 공공연히 선언한 것으로 나온다. 게다가 그는 인민이 목을 단 하나만 가져서 한방에 그들을 모두 날려 버릴 수 있다면 하고 바랐다.

---

150) 스코틀랜드의 가톨릭 사제이자 저술가였던 니니언 윈쳇Ninian Winzet (1518~92년)을 가리키는 것으로 보인다. 그러니까 여기서 '윈제러스' Winzerus는 '윈쳇'을 잘못 표기한 것이다. 그는 스코틀랜드 종교개혁의 주축이었던 녹스와 뷰캐넌을 공격하는 저술을 출판했으며, 그 외에도 여러 논쟁적인 글을 남겼다.

어떤 왕이든지 이와 같은 계획을 마음에 품고 진지하게 추진하면, 그는 즉시 국가에 대한 모든 관심과 생각을 포기한 것이 되고, 그 결과 주인이 자기가 버린 노예에 대한 지배권을 상실하듯이 자기 신민을 통치할 권력을 상실한다."

238. "두 번째 경우는 왕이 자신을 다른 왕의 하수인으로 만들고, 자기 조상들이 그에게 남겼으며 인민이 자유롭게 그의 수중에 둔 왕국을 다른 자의 지배권에 종속시키는 것이다. 아무리 그의 의도가 인민에게 해를 끼치는 것은 아니라고 해도, 그렇게 함으로써 그는 군왕의 위엄, 즉 그의 왕국에서 최고인 하느님 다음이자 바로 아래 있는 존재로서의 위엄의 주된 부분을 상실하게 되기 때문이며, 또한 자신이 주의를 기울여 보존했어야 하는 인민의 자유를 이민족의 권력과 지배권에 넘기도록 그의 인민을 배반하거나 강요한 셈이기 때문이다. 이로 인해 그의 왕국이 양도됨에 따라 그 자신은 이전에 자기 왕국에서 가졌던 권력을 상실하게 된다. 그러지 않았다면 그 권력을 부여받았을 이들에게 어떤 최소한의 권리도 넘겨주지 못한 채 말이다. 따라서 이런 행위로 인해 그는 인민을 자유롭게 하며 그들 자신을 마음대로 처분할 수 있게 내버려둔다. 이에 대한 하나의 예[151]가 스코틀랜드 연대기에서 발견된다."

239. 절대군주정의 위대한 옹호자인 바클레이도 이상의 두 경우에는 왕이 처항의 대상이 될 수 있으며 왕이길 멈춘다는 점을 인정하지 않을 수 없다. 즉, 요컨대 사례를 많이 제시할 것도 없이, 왕이 전혀 권위를 갖지 못하면 그는 결코 왕이

아니며, 그래서 저항을 받게 될 수 있는데, 어디서든 권위가 멈추는 곳에서는 왕도 역시 멈추며 아무 권위가 없는 다른 인간들과 같게 되기 때문에 그렇다는 것이다. 그런데 그가 예로 드는 이 두 경우는 앞서 내가 정부에 해가 되는 경우로 언급한 것들과 거의 다르지 않다. 다른 점이라고는 단지 그가 자신의 교설이 발원한 원칙을 누락했다는 것이다. 그리고 그 원칙이란, 합의된 정부 형태를 보존하지 않으면 그리고 공공선과 소유의 보존이라는 정부의 목적 그 자체를 추구하지 않으면 신탁 위반이라는 것이다. 왕이 자기 자신을 왕좌에서 몰아내어 자기 인민과 전쟁 상태에 스스로 처하게 한다면, 무엇이 인민으로 하여금 왕이 아니게 된 그를 자신들과의 전쟁 상태를 자초한 여느 다른 인간에게 그러듯이 고소하는 것을 막겠는가? 바클레이 및 그와 의견을 같이 하는 자들이 우리에게 잘 좀 알려주면 좋겠다. 바클레이한테서 "자신들을 상대로 계획되는 악행에 대해 인민은 그것이 실행되기 전에 예방할 수 있다"는 언급이 나왔다는 점에 대해서까지 주목해 보기 바란다. 그렇게 말함으로써 그는 폭정이 단지 계획 중에 있을 뿐일 때에도 저항을 허용한다. (그가 말하기를) "어떤 왕이든지 이와 같은 계획을 마음에 품고 진지하게 추진하면, 그는 즉시 국가에 대한 모든 관심과 생각을 포기한 것"이고, 그러니 그에 따르면 공공

---

151) 1292년부터 1296년까지 재위한 스코틀랜드 왕 존 발리올John Balliol (1249~1314년)의 사례를 암시하는 것으로 추정된다. 그는 통치 기간 내내 잉글랜드 왕 에드워드 1세의 영향력에 복종함으로써 결국 스코틀랜드 독립 전쟁에 불을 붙였다.

선을 등한시하는 것은 그런 계획의 증거로, 아니면 적어도 저항의 충분한 명분으로 받아들여져야 한다. 그리고 그는 그 모든 것의 이유를 다음과 같은 말로 제시한다. "그가 자신이 주의를 기울여 보존했어야 하는 인민의 자유를 [이민족의 권력과 지배권에 넘기도록] 그의 인민을 배반하거나 강요했기 때문"이라고 말이다. 여기서 그가 "이민족의 권력과 지배권에"를 덧붙인 것은 아무 의미도 없다. 잘못과 박탈은 왕이 "보존했어야 하는" 인민의 "자유"가 상실되었다는 데 있지 인민이 종속되어 있는 지배권을 가진 자가 다르다는 데 있는 것이 아니니까 말이다. 인민은 자기 나라에 속한 누군가의 노예가 되든지 아니면 이민족의 노예가 되든지 간에 똑같이 권리를 침해당하고 자유를 잃는다. 위해는 여기에 있으며, 오직 이에 대항해서만 인민은 방어의 권리를 갖는 것이다. 그리고 거슬리게 하는 것은 자기 통치자의 인신이 다른 민족으로 바뀌는 게 아니라 정부가 바뀌는 것임을 보여 주는 사례들이 온갖 나라들에서 발견된다. 우리 교회의 주교이자 군주의 권력과 대권을 몹시 꼬장꼬장하게 주장하는 자인 빌슨[152]도, 내가 오해하는 게 아니라면, 기독교인의 복종에 관한 그의 논고에서 군주들은 자신의 권력과 자

---

152) 우스터Worcester와 윈체스터Winchester의 주교였던 토머스 빌슨Thomas Bilson(1547~1616년)을 가리킨다. 그는 청교도주의에 반대하고 군주정의 권위와 주교의 권위를 열렬히 옹호했다. 이 대목에서 로크가 언급하는 빌슨의 논고는 1585년에 출판된 『기독교인의 복종과 비기독교인의 반란 간의 진정한 차이』The True Difference between Christian Subjection and Unchristian Rebellion로 보인다.

기 신민들에게 복종을 요구할 자격을 박탈당할 수 있다고 인정한다. 이유가 그토록 분명한 경우에도 권위가 필요하다면, 나는 독자들을 브랙튼과 포테스큐 그리고 『거울』의 저자[153] 및 다른 저자들에게 보낼 수도 있는데, 이들은 우리 정부에 무지하다거나 우리 정부의 적이라고 생각될 수 없는 자들이다. 그러나 나는 후커만으로도 그런 인간들, 즉 자신들의 교회 정체 Ecclesiastical Polity를 위해서는 후커에 의존하면서도 기이한 운명으로 인해 그가 그것을 쌓아올리게 된 바로 그 원리들은 부인하기에 이른 자들을 만족시키기에 충분하리라고 생각했다. 그렇게 함으로써 그들이 그들 자신의 조직을 무너뜨리는 교활한 일꾼의 도구로 쓰였는지 여부는 그들 스스로가 가장 잘 보여준다. 나는 그들의 시민 정책이 지배자와 인민 양쪽 모두에게 너무 새롭고 너무 위험하며 너무 파괴적이어서, 앞선 세대로서는 그것을 꺼내는 것조차 견딜 수 없으리라고 확신한다. 그래서 이런 이집트 공사감독관들이 지우는 부담[154]으로부터 구

153) 헨리 드 브랙튼Henry de Bracton(1210~68년)과 존 포테스큐John Fortescue(1395~1477년), 그리고 앤드루 혼Andrew Horne(?~1328년)일 것이라고 알려진 『거울』The Mirrour의 저자 이 세 사람은 중세 영국의 법률가들이면서 정치적 저술 활동을 한 인물들로서 휘그 지식인들에 의해 자주 인용되는 트리오였다. 브랙튼은 『잉글랜드의 법과 관습에 대하여』De legibus et consuetudinibus Angliae의 저자로 알려져 있고, 포테스큐는 『잉글랜드 법 예찬』De laudibus legum Angliae을 집필했다. 여기서 로크가 언급하는 『거울』은 『정의의 거울』The Mirrour of Justice을 지칭하는 것으로 보이는데, 이 책은 익명으로 출판되었기 때문에 알려진 대로 앤드루 혼이 정말 저자인지는 분명하지 않다.

원받은 다음 세대 사람들은 그런 비굴한 아첨꾼들, 그러니까 자기 필요에 도움이 되는 것으로 보이면 모든 정부를 절대적인 폭정으로 바꿔 버리고 모든 인간은 자신들의 비열한 영혼에 딱 어울리는 것, 즉 노예로 태어나게 할 자들에 대한 기억을 혐오하게 되리라고 희망할 수 있을지도 모른다.

240. 여기서 다음과 같은 흔한 의문이 제기될 것 같다. 군주나 입법부가 그들의 신탁과 상반되게 행동하는지 여부에 대해 누가 재판관이 될 것인가? 군주가 오직 그의 정당한 대권만 사용하고 있는 경우에도, 아마 불만을 품은 당파적인 인간들이 이런 의문을 인민 사이에 퍼뜨릴 수 있다. 이에 대해 나는 이렇게 답한다. 인민이 재판관이 될 것이다. 자신의 수탁자 또는 대리인이 그에게 부여된 신탁에 따라 잘 행동하는지 여부에 대해서는, 그에게 위임하고 또 그렇게 위임했기 때문에 그가 신탁에 실패하면 그를 해고할 권력도 여전히 가지고 있는 바로 그 사람 이외에 누가 재판관이 되겠는가? 이것이 사적인 인간들의 특정한 경우들에서 합당하다면, 수백만의 안녕과 관련될뿐

---

154) 이집트의 공사감독관들Egyptian Under-Taskmasters 아래서 고통받는 이스라엘 민족의 이미지는 특히 『출애굽기』 1장 11절을 근거로 하는데, 그 기록은 다음과 같다. "그래서 이집트 사람들은, 이스라엘 자손을 부리는 공사감독관을 두어서, 강제 노동으로 그들을 억압했다. 이스라엘 자손은, 바로가 곡식을 저장하는 성읍 곧 바돔과 라암셋을 건설하는 일에 끌려 나갔다." 이런 이스라엘의 이미지는 '폭정으로부터의 해방'이라는 기독교적 수사에서 가장 애용되는 장치였으며, 로크 또한 그 점을 이용하고 있다.

더러 예방되지 않는다면 해악이 더 커져서 바로잡기가 매우 어려워지고 비용도 많이 들며 위험해지는 가장 중요한 경우에는 왜 그러지 않아야 하는가?

241. 하지만 더 나아가서, (누가 재판관이 될 것인가라는) 이 질문이 그런 재판관은 아무도 없다는 것을 의미할 수는 없다. 인간들 사이의 논란을 결정할 법관이 지상에 아무도 없는 곳에서는 하늘에 있는 하느님이 재판관이다. 하느님만이 홀로 옳음의 재판관인 것이 사실이다. 하지만 모든 인간은 다른 모든 경우에서와 마찬가지로 이 경우에도, 즉 다른 사람이 자신과의 전쟁 상태를 자초했는지 그리고 입다가 그랬듯이 그 역시 최고의 재판관에게 소를 제기해야 하는지 여부에 대해서도 스스로 재판관이다.

242. 만일 법이 침묵하거나 불확실한데 매우 중대한 결과를 초래할 사안을 놓고 군주와 인민 중 일부 사이에 분쟁이 발생하면, 나는 그런 경우에 적절한 심판관은 인민 전체여야 한다고 생각한다. 군주에게 신탁이 부여되어 있고 또 그는 법의 통상적인 일반 규칙을 면제받고 있는 경우에, 누군가가 자신들이 피해를 입고 있음을 발견하고 군주가 저 신탁에 반해서 또는 신탁을 넘어서 행동하고 있다고 생각한다면, 신탁의 범위가 얼마나 확대되어야 한다고 그들이 의도했는지를 누가 (최초에 그에게 그런 신탁을 부여한) 인민 전체만큼이나 그렇게 적절히 판단하겠는가? 그런데 만일 군주나 행정을 담당한 누군가가 그런 결정 방식을 거부하면, 오직 하늘밖에는 소를 제기할

데가 없다. 지상에서 그 어떤 알려진 우월자도 가지지 못한 사람들 간의 위력이나 지상에 있는 재판관에게 소를 제기하는 길을 전혀 허락하지 않는 위력[을 사용하는 것]은 당연히 전쟁 상태이기에, 거기서는 오직 하늘을 향해서만 소를 제기하며, 저 상태에서 피해를 입은 당사자는 언제 그런 소를 제기하여 자신을 하늘에 의탁하는 것이 적합하다고 생각할 것인지를 스스로 판단해야 한다.

243. 결론적으로, 모든 개인이 사회로 들어갈 때 그 사회에 준 권력은 사회가 지속되는 한 결코 개인들에게 다시 되돌아갈 수 없으며 항상 공동체에 남아 있을 것이다. 이 권력이 없이는 어떤 공동체도 어떤 국가도 존재할 수 없기 때문인데, 그것은 원래의 합의에 반하는 일이다. 또한 사회가 입법 권력을 인간들의 어떤 회의체에 두고 후계자를 규정하는 지침 및 권위와 함께 그 회의체와 그들의 후계자들한테 그것을 존속시키면, 저 정부가 지속되는 한 입법 권력은 결코 인민에게 되돌아갈 수 없다. 입법부에 영원히 계속될 권력을 부여함으로써 그들은 자신들의 정치권력을 입법부에 넘겨주었고, 그래서 그것을 되찾을 수 없기 때문이다. 그러나 만일 그들이 입법부의 존속 기간에 한계를 설정하여 이 최고 권력이 어떤 인물이나 회의체에 단지 일시적으로만 있게 했다면, 혹은 권위를 가진 자들의 실책으로 인해 최고 권력이 몰수당한 경우라면, 그런 몰수나 설정된 시간의 종료와 더불어 그 권력은 사회로 되돌아간다. 그러면 인민은 최고 권력으로서 행동할 권리 그리고 입법 권력을 그들 자신에게 계속 둘지 아니면 새로운 정부 형태를

수립하거나 예전의 형태를 유지하되 새로운 자들의 수중에 그
것을 맡길지 그들이 좋다고 생각하는 대로 결정할 권리를 갖게
된다.

연보

1632년	8월 29일에 서머싯주 링턴에서 출생.
1642년	잉글랜드 내전 발발.
1645년	노샘프턴셔주 네이즈비에서 찰스 1세의 군대가 올리버 크롬웰이 이끄는 의회군에 패배.
1647년	런던에 있는 웨스트민스터 학교 입학.
1649년	찰스 1세 처형. 잉글랜드 공화국 수립.
1651년	토머스 홉스의 『리바이어던』 출간.
1652년	옥스퍼드의 크라이스트 처치 칼리지 학생으로 선발되어 1667년까지 주로 옥스퍼드에서 거주.
1656년	학사 학위 취득.
1658년	석사 학위 취득. 올리버 크롬웰 사망.
1660년	찰스 2세 즉위로 왕정복고. 왕립협회 설립.
1660~62년	종교적 관용에 반대하는 내용을 담은 『통치에 대한 두 개의 소논문』*Two Tracts on Government* 집필(1967년에 출간).
1661~63년	의학 및 화학 강의에 출석.
1661~64년	그리스어와 수사학, 도덕철학 강의.
1662년	통일령Act of Uniformity이 반포되어 잉글랜드 국교회주의 강요 및 비국교도식 예배 불법화.
1663, 64년	『자연법에 대한 시론』*Essays on the Law of Nature* 집필(1954년에 출간).
1665, 66년	브란덴부르크 선제후국에 파견될 외교 사절로 임명된 월터 베인 경의 비서로 3개월간 복무.
1666년	의료업 면허 취득. 장차 섀프츠베리 백작이 되는 애슐리 경과 조우.
1667년	애슐리 경 집안에 합류하여 1675년까지 주로 런던에 거주. 『관용에 관한 시론』*An Essay Concerning Toleration* 집필(1876년에 출간).
1668년	애슐리 경의 간 낭종 수술 감독. 왕립협회 회원으로 선발. 이자율 인하에 대한 소논문 집필(1691년에 출간).
1669년	「캐롤라이나 기본 헌법」The Fundamental Constitutions of Carolina 초안 작성 지원.
1670년	찰스 2세가 프랑스의 루이 14세와 도버 밀약 체결.
1671년	캐롤라이나식민지영주연합the Lords Proprietors of Carolina의 비서로 1675년까지 복무. 『인간 지성에 관한 시론』*An Essay Concerning Human Understanding* 초고 집필.

1672년	첫 프랑스 방문. 애슐리 경이 초대 섀프츠베리 백작 작위를 받고 로드 챈슬러에 등극.
1673년	무역 및 플랜테이션위원회the Council of Trade and Plantations 비서이자 재무 담당자로 1674년까지 복무. 찰스 2세의 동생이면서 왕위 계승자인 듀크 공작 제임스가 가톨릭으로 개종. 가톨릭 신자를 공직에서 배제하는 심사법 공포. 섀프츠베리가 공직에서 축출되어 반국왕파 조직 및 세력화.
1675년	섀프츠베리의 성명서 「한 명망가로부터의 편지」A Letter from a Person of Quality 집필 지원. 의학 학사 학위 취득. 프랑스로 여행을 떠나 1679년까지 몽펠리에 및 파리에 거주.
1676년	프랑스의 얀센주의 신학자 피에르 니콜의 『도덕에 관한 시론』Essais de Morale 일부 번역(1712년에 출간).
1677년	네덜란드의 오렌지 공 윌리엄과 잉글랜드의 메리 공주 결혼. 이단을 화형에 처하도록 한 법령 「이단자의 화형에 대하여」De haeretico comburendo(1401) 폐지.
1679~81년	가톨릭교도의 왕위 계승을 금지한 「배척 법안」Exclusion Bill의 의회 제출 및 통과를 둘러싸고 이른바 '배척 위기' 진행.
1679년	프랑스에서 귀국. 의회에서 인신보호율 제정·반포.
1680년	로버트 필머 경의 『가부장권론』Patriarcha, or The Natural Power of Kings 사후 출간.
1679~83년	『통치에 관한 두 편의 논고』Two Treatises of Government 집필.
1681년	에드워드 스틸링플리트에 맞서 관용을 옹호하는 저술 집필. 옥스퍼드 의회에서 섀프츠베리 보조. 옥스퍼드 의회 해산. 더 이상 의회가 소집되지 않은 상태에서 휘그와 비국교도에 대한 토리의 반격 개시. 섀프츠베리가 반역죄로 기소. 휘그파 풍자 작가 스테판 칼리지가 반역죄로 처형. 스코틀랜드 계승법이 세습을 불가침한 것으로 선언.
1682년	다마리 커드워스(후일의 매섬 부인)와 현존하는 최초의 서신 교환. 런던 도심에서 휘그 지도부를 공격하는 왕실 쿠데타 발발. 섀프츠베리가 네덜란드로 망명.
1683년	네덜란드에서 섀프츠베리 사망. 잉글랜드의 도싯에서 열린 그의 장례식에 로크 참석. 국왕 암살을 시도한 라이하우스 음모 발각. 윌리엄 러셀 경과 앨저넌 시드니 처형. 런던탑에서 에식스 백작 자살(휘그파는 왕실이 자행한 살인으로 의심).
1683~89년	네덜란드로 망명 후 주로 주로 위트레흐트, 암스테르담, 로테르담에서 거주.
1684년	크라이스트 처치 칼리지의 종신 연구자 자격 박탈. 교육에 관해 에드워드 클락과 서신 교환 시작. 네덜란드 향론파Dutch Remonstrant 신자인 필립 반 림브로크와 현존하는 최초의 서신 교환.
1685년	찰스 2세 사망. 제임스 2세 왕위 계승. 몬머스 공작의 반란 진압 및 처형. 루이 14세의 낭트칙령 폐지 및 위그노 박해. 잉글랜드 사절이

	네덜란드 당국에 로크의 송환 요구. 암스테르담에 숨어서 『관용에 관한 편지』*A Letter Concerning Toleration* 집필.
1686년	『인간 지성에 관한 시론』 집필 사실상 완료.
1687년	제임스 2세가 면죄부 선언문(관용에 대한 대권 칙령) 공표.
1688년	'명예혁명' 발발. 제임스 2세가 프랑스로 피신.
1689년	잉글랜드로 귀국. 윌리엄 3세와 메리 2세 즉위. 권리장전 승인. 루이 14세와의 9년전쟁 개시. 의회에서 개신교 비국교도의 예배의 자유를 인정하는 관용령 제정. 소비세 항소위원으로 임명. 『관용에 관한 편지』와 『통치에 관한 두 편의 논고』, 『인간 지성에 관한 시론』 출간.
1690년	제임스 2세 군대와 윌리엄 3세·메리 2세 군대 간의 보인 전투 발발. 윌리엄 3세가 아일랜드에서 자코바이트 격퇴. 조나스 프로스트가 『관용에 관한 편지』 공격. 『관용에 관한 두 번째 편지』 출간. 아이작 뉴턴과 현존하는 최초의 서신 교환.
1691년	에섹스주의 오츠에 있는 매섬 부인의 집에 정착. 『이자 하락과 화폐가치 상승의 결과에 대한 몇 가지 고찰』*Some Considerations of the Consequences of the Lowering of Interest and the Raising the Value of Money* 출간.
1692년	『관용에 관한 세 번째 편지』 출간. 로버트 보일의 『공기의 일반 역사』 출간 준비. 더블린 출신 철학자인 윌리엄 몰리뉴와의 현존하는 최초 서신 교환. 이민자들의 일반 귀화에 관한 메모 작성.
1693년	『교육에 관한 몇 가지 생각』*Publication of Some Thoughts Concerning Education* 출간.
1694년	잉글랜드은행 창립에 관여 및 500파운드 투자. 정기적인 의회 선거를 규정하는 삼년법Triennial Act 제정.
1695년	언론 검열의 종식과 화폐 재주조에 대해 정부에 조언. 『기독교의 합리성』*The Reasonableness of Christianity* 출간. 존 에드워즈가 『기독교의 합리성』 공격. 『기독교의 합리성 옹호』*Vindication of the Reasonableness of Christianity* 출간. 『화폐가치 상승에 관한 추가적인 고려 사항들』*Further Considerations Concerning Raising the Value of Money* 출간. 그리니치 병원 위원으로 임명. 다마리스 매섬이 『신의 사랑에 관한 담론』*A Discourse Concerning the Love of God* 출간.
1696년	상무부the Board of Trade 이사진에 합류. 스틸링플리트 주교가 『관용에 관한 편지』 공격.
1697년	9년전쟁을 종결시킨 레이스베이크 조약으로 인해 영국과 프랑스 간에 일시적인 평화 도래. 『기독교의 합리성에 대한 두 번째 옹호』 출간. 『인간 지성에 관한 시론』을 방어하기 위해 스틸링플리트 주교를 상대로 두 개의 답변서 출간. 『빈민법에 대한 시론』*An Essay on the Poor Law* 작성(1789년에 출간). 버지니아 정부에 대한 보고서 작성. 『지성의 수행』*The Conduct of the Understanding* 집필(1706년에 출간). 위그노인 피에르 코스트가 오츠에 함께 거주하며 로크의 저서들을 번역.
1698년	몰리뉴가 『아일랜드 사례』*The Case of Ireland*에서 『통치에 관한 두 편의

	논고』 인용. 시드니의 『통치에 관한 담론』 사후 출간.
1699년	『인간 지성에 관한 시론』을 방어하기 위해 스틸링플리트 주교를 상대로 세 번째 및 마지막 답변서 출간.
1700년	『독서와 연구에 대한 몇 가지 생각』 집필(1720년에 출간). 코스테가 프랑스어로 번역한 『인간 지성에 관한 시론』 출간. 상무부 이사직 사임.
1701년	개신교의 왕위 계승을 보장하는 왕위계승법 제정. 프랑스와의 전쟁 재개.
1702년	『기적에 대한 담론』 집필(1706년에 출간). 윌리엄 3세 사망. 앤 여왕 왕위 계승.
1704년	블레님 전투에서 잉글랜드의 말버러 공작이 프랑스를 상대로 승리. 『사도 바울의 서신들에 대한 주해』 A Paraphrase and Notes on the Epistles of St Paul 집필(1705~07년에 출간). 미완의 『관용에 대한 네 번째 편지』 집필 시작(1706년에 출간). 10월 28일에 오츠에서 사망.
1706년	『존 로크의 유작』 Posthumous Works of Mr John Locke 출간.
1707년	잉글랜드와 스코틀랜드 간의 연합 조약 발표.
1708년	『로크와 친구들 사이의 몇 가지 일상 서신』 Some Familiar Letters between Mr Locke and his Friends 출간.
1710년	프랑스에서 『존 로크의 다양한 저작』 Oeuvres diverses de Monsieur Jean Locke 출간.
1713년	위트레흐트조약으로 프랑스와의 전쟁 종식.
1714년	『존 로크 전집』 Works of John Locke 초판 출간. 하노버 가문이 잉글랜드 왕위 계승. 조지 1세 즉위.
1720년	『존 로크 선집』 Collection of Several Pieces of Mr John Locke 출간.

옮긴이 해제

존 로크의 『두 번째 논고』,
왜 그리고 어떻게 읽을 것인가?

I.

구소련이 붕괴한 지 5년째 되던 1996년에 영국의 저명한 언론인 페러그라인 워손 경Sir Peregrine Worsthorne은 『가디언』에 기고한 한 칼럼에서 냉전이 존 로크가 옳은지 카를 마르크스가 옳은지에 관한 것이었다고 주장했다(Goldie 2016). 워손 경은 영국인 가운데서도 극보수에 속하는 인물이었으므로, 그의 주장은 성급히 '역사의 종말'을 선언하며 자유민주주의의 승리를 자축하던 시대 분위기를 그 특유의 언어로 표현한 것이었다고 볼 수 있다. 마르크스가 아니라 로크가 옳았음이 냉전의 결과 드러났다는 주장 자체에 대해서는 여러 엇갈린 평가가 있을 수 있을 것이다. 그러나 오늘날 우리가 '자유주의'로 부르는 정치사상 및 정치적 삶의 발전 과정에서 로크가 차지하는 비중을 묘사하는 발언으로는 그것이 더할 나위 없이 적절하다는 데 별다른 이견이 없을 듯하다. 실제로 대다수의 자유주의 연구자들에 의해 로크는 '최초의 자유주의자'요 역사적으로 가장 강력하게 자유주의를 체계화한 사상가로 인정받으니까 말이다(Gray 1986; Grant 1987; Merquior 1991; Ryan 1999;

장동진 2001; 볼·대거·오닐 2019; Faulkner 2001 등).

앞서 요약한 로크의 연보를 통해 짐작할 수 있듯이, 그의 생애 전 기간에 걸쳐 영국은 전쟁과 혁명이 불러일으키는 혼란, 위기, 도전, 반동과 진보의 소용돌이 속에 있었다. 그리고 로크는 사상적으로뿐만 아니라 실천적으로도 그 소용돌이에 깊이 연루되었다. 잉글랜드 시민전쟁(1642~49년) 당시 의회군 장교로 참여했던 아버지의 직간접적인 영향, 찰스 2세와 그의 왕위 계승자 요크 공 제임스에 맞서 '배척 위기' 정국을 주도했던 새프츠베리 백작과의 밀접한 교류가 아마도 로크의 삶을 그렇게 이끄는 데 큰 역할을 했을 것이다.

영국의 남서부에 위치한 서머싯Somerset주의 한 지방 변호사 출신이었던 로크의 아버지는 아들에게 청교도적 배경과 더불어 알렉산더 폽햄Alexander Popham과의 인연을 물려주었다. 폽햄은 1640년에 배스Bath 지역 하원의원으로 선출된 이후 1669년에 사망할 때까지 잉글랜드 의회 내에서 상당한 영향력을 가진 지도층 인사였는데, 시민전쟁 당시에는 마침 로크의 아버지가 복무했던 기병연대를 이끄는 대령이었다. 부하 병사의 충성심이 인상적이었던 폽햄은 그에 대한 보상으로 열다섯 살 된 그의 아들 로크가 런던의 명문 사립학교인 웨스트민스터 스쿨에 입학할 수 있도록 주선해 주었다(켈리 2018). 물론 웨스트민스터 졸업 후 옥스퍼드의 크라이스트 처치 칼리지 학생으로 선발되고 계속해서 대학의 강사 및 연구원으로 옥스퍼드에 죽 머물 수 있었던 것은 로크 자신의 재능과 노력 덕분이었겠지만, 청년 시절 로크가 배움을 쌓고 경력을 더해 가는 데 폽햄의 후원은 든든한 밑받침이 되었다.

새프츠베리 백작과의 인연은 좀 더 강력한 형태로 로크의 삶에 개입했다. 1666년 옥스퍼드에서 (장차 초대 새프츠베리 백작 작위를 받게 되는) 앤서니 애슐리 쿠퍼 경Sir Anthony Ashley Cooper 과 우연한 만남을 가졌던 로크는 1667년에 옥스퍼드를 떠나 런던에 있는 애슐리 집안으로 거처를 옮기게 되는데, 이때부터 그는 당대 영국의 정치적 격동 그 한복판에서 인생의 부침을 경험한다. 그의 후견인이자 특별한 동반자였던 새프츠베리가 1667년부터 1683년 사이의 영국 정치 무대에서 양극단의 위치를 오감에 따라 로크 역시 그와 운명을 공유하게 되었던 것이다. 새프츠베리는 한때 찰스 2세의 궁정에서 가장 영향력 있는 인물이었다. 그러나 곧이어 그는 찰스 2세 정부에 반대하는 전국적인 정치조직의 지도자로서 그 궁정을 전복하려는 혁명 계획에 몰두하기도 했다. '휘그'로 불리게 된 그 정치조직의 목적은 국왕의 권한에 대한 헌법적 제한을 강화하고 선출된 하원의 권리를 보호하며 요크 공 제임스를 왕위 계승에서 배제하는 것이었다(문지영 2007). 결국 실패로 끝난 그 시도의 결과 새프츠베리는 반역죄로 기소되었고, 가까스로 네덜란드 망명에 성공했으나 얼마 지나지 않아 망명지에서 사망했다. 새프츠베리의 장례 후에는 로크 자신도 네덜란드로 망명하여 1689년 초까지 은둔 생활을 이어갔다. 이른바 '명예혁명'의 성공으로 인해 그나마 로크는 자신의 나라로 돌아와 명예로운 만년의 삶을 누릴 수 있었는데, 이것이 어쩌면 새프츠베리에게도 위로가 되었을지 모르겠다.

영국이 대내적으로는 전제군주정에서 입헌군주정으로, 또 대외적으로는 제국으로의 급진적인 변화를 겪고 있던 시기에 샤프츠베리를 좇아 현실 정치의 여러 문제들과 부딪치며 대안을 모색하기 위해 분투하는 경험은 로크에게 중대한 영향을 미쳤다. 자유, 평등, 관용, 동의, 인민의 권리 등에 대한 관념, 정부의 목적과 정치권력의 정당성 및 기원에 대한 새로운 발상, 경제적 번영의 조건과 가능성이 국가 통치술의 중심에 놓여야 한다는 문제의식은 샤프츠베리와 공유했던 격동적인 시간 속에서 싹트고 단단해졌다. 이 점에서, 로크의 정치사상은 현실 정치 세계에 대한 매우 실천적 비전의 결과이며 로크와 샤프츠베리의 관계는 이론과 실천, 정치사상과 현실 정치의 긴밀한 상호작용을 보여 주는 흥미로운 사례라고 할 수 있다. 그렇다면 로크에서 출발하는 자유주의, 자유민주주의 또한 이런 맥락에서 이해해야 할 것이다.

II.

그런데 로크가 자유주의의 기원이라는 평가를 받아들이는 일은 사실 그리 간단하지 않다. 로크는 아직 '자유주의'라는 용어가 만들어지기도 전에 활동했던 사상가이므로 스스로를 자유주의와 연관시킨 적이 없고, 자신이 장차 자유주의의 시조가 되리라는 기대 또한 하지 않았을 것이다. 게다가, 흔히 '자유주의자'로 분류되는 인물들을 몇 떠올려 보기만 하면, 그들 모두와 로크를 연결하기가 좀처럼 쉽지 않음을 금세 알 수 있다. 예컨대, 샤를 루이 드 세콩다 몽테스키외, 애덤 스미스, 토머스 제퍼슨, 뱅자맹 콩스탕, 프레데리크 바스티아, 알렉시 드 토크

빌, 존 스튜어트 밀, 토머스 그린, 에밀 뒤르켐, 존 듀이, 막스 베버, 존 메이너드 케인스에서 프리드리히 폰 하이에크와 이사야 벌린, 로버트 노직, 존 롤스 등에 이르는 자유주의자들의 면면은 그들 공통의 조상으로서 로크의 초상을 어떻게 그려야 할지 매우 난감하게 만든다.

로크가 '최초의 자유주의자'라면, 그것은 『두 번째 논고』를 통해 전개되는 그의 정치사상이 이후 300년을 훌쩍 넘는 세월 동안 등장한 여러 갈래의 자유주의들을 관통하는 자유주의 특유의 가치 내지 원리를 잘 보여 준다는 의미일 것이다. 그러므로 로크가 자유주의의 기원이라는 평가는 동시에 그의 정치사상이 드러내는 복합성·다면성을 시사한다. 그만큼 『두 번째 논고』는 다양한 해석의 가능성에 열려 있는 셈이다. 이 책이 오늘날까지 끝없는 탐구와 논쟁의 대상이 되어 온 까닭도 상당 부분 여기에 있을 것이다. 그러니 로크의 정치사상을 읽는 몇 가지 서로 다른 관점을 간략히 정리해 보는 일이야말로 『두 번째 논고』 읽기를 위한 안내로서 의미가 있으리라 생각한다.

"서양 정치철학의 가장 위대한 고전 중 하나"로 손꼽히는 『두 번째 논고』는, 적어도 1990년대 이전까지는 대체로, 왕정복고 이후 명예혁명에 이르는 당대 잉글랜드의 국내 정치 상황에 대응하는 저작으로 이해되었다(Rosenblum 1987; Arneil 1994; 켈리 2018). 로크의 정치사상이 영국의 명예혁명과 미국 독립혁명의 이념적 기반을 제공함으로써 근대 자유민주주의 발전에 기여했다는 평가도 이런 맥락에서 이루어진다(Lloyd-Thomas 1995; Faulkner 2001). 그런데 『두 번째 논고』에 제시된 로크의 사상이 자유주의의 토대라는 데 별다른 이견이 없는 것과는 달리, 그를 민주주의와 연결하는 데는 오랫동안 상반된 입장들 간의 논쟁이 있었다.

우선,『두 번째 논고』를 부르주아의 무제한적인 재산 축적을 옹호하고 국가의 목적이 그들의 사유재산 보호에 있다고 주장하는 논변으로 읽는 관점이 있다. 대표적으로 크로퍼드 맥퍼슨(Macpherson 1962)이 그러한데, 그가 보기에 로크는 노동자계급에 대한 자본가계급의 배타적 이익을 대변한 비민주적un-democratic 자유주의자이다.『두 번째 논고』의 로크를 과두정 지지자로 해석하는 관점 역시 그 연장선상에 있다. 예컨대, 닐 우드(N. Wood 1984)나 조슈아 코언(Cohen 1986), 데이비드 맥널리(McNally 1989), 엘런 메익신스 우드(E. M. Wood 1992), G. E. 아일머(Aylmer 1998) 등은『두 번째 논고』에서 로크가 세금을 낼 수 있는 유산자 계층으로 선거권을 제한했음을 밝히는 데 주력한다. 이런 관점에서 보면 로크는, 선거권에 일정한 재산 자격 기준을 부여함으로써 "싸움질하고 다투기 좋아하는 자들"로부터 "근면하고 합리적인 자들"의 자유와 권리를 보호하려는 의도를 가졌을 뿐 민주주의의 확립 자체에는 무심했다. 그런가 하면 노직(Nozick 1974)은 로크가 개인의 자유를 절대시하며 공적 권위와 국가의 간섭을 최소화하는 데 노력을 집중한 자유방임적 자유주의자였다고 해석함으로써『두 번째 논고』의 정치사상에서 민주주의에 대한 관심을 은연중 약화한다.

반면,『두 번째 논고』에서 민주주의자 로크를 읽어 내는 관점도 있다. 로크를 1670, 80년대 급진 휘그파를 중심으로 한 영국의 정치적 맥락에 위치 지음으로써 그의 정치사상이 지닌 평등주의적 측면을 강조한 제임스 툴리(Tully 1980)와 리처드 애시크래프트(Ashcraft 1986; 1992) 이래 마틴 휴스(Hughes 1990; 1992), A. 존 시먼스(Simmons 1992; 1993), 재클린 스티븐스(Stevens 1996), 로버트 폴크너(Faulkner 2001), 제러미 월드런(Waldron 2002) 등이 그러한데, 물론 이들 간에도 적지 않은 입장 차이가 있다. 예컨대, 폴크너는 로크를 '최초의 자유민주주의자'로 자리매김하는 데 비해 툴리와 시먼스는 그를 사회민주주의자에 가깝게 그려내며, 애시크래프트는 그가 수평파Levellers에 준하는 급진적 평등주의자였다고 주장한다. 이 같은 차이는 로크의 사상에서 보다 주목하는 요소가 서로 다르기 때문이다. 이를테면, 폴크너는 로크의 입헌주의 및 시민 정부 논변에 주목하고, 툴리와 시먼스는 자선 개념에, 애시크래프트는 과세와 동의 및 대표 개념에 보다 초점을 맞춰『두 번째 논고』를 읽는다. 그럼에도 불구하고 로크 사상의 민주적 성격을 강조하는 입장은 대부분『두 번째 논고』에서 로크가 (적어도 남성) 보통선거권을 지지했다는 추론을 공유한다(Andrew 2015).

이처럼 로크에 대한 해석은 비민주적인 과두정주의자에서 급진 민주주의자에 이르기까지 그 스펙트럼의 폭이 상당히 넓다. 하지만 수십 년에 걸쳐 논쟁을 이어 오는 동안, 로크가 당대의 맥락에서 볼 때는 사뭇 급진적인 민주주의 사유를 전개했고, 그런 의미에서 근대 자유민주주의의 발전에 중요한 기여를 했다는 데 많은 연구자들이 동의한다. 그런데 로크의 정치사상을 자유주의·민주주의와 연결하여 조명하는 이 모든 논의는『두 번째 논고』를 17세기 영국의 국내 정치적 맥락과 관련하여 이해할 뿐 로크의 정치사상을 해석함에 있어 아메리카 식민화라는 대외 정책적 측면은 고려하지 않는다는 공통점을 보인다. 비록 로크가 1669년부터 1675년 사이에 '캐롤라이나식 민지영주연합'의 비서이자 '무역 및 플랜테이션위원회' 서기 자격으로 캐롤라이나 식민지 행정에 직접 개입했으며, 1696년 부터 1700년 사이에는 상무부의 고문으로 영국의 식민지 정 책에 관여했지만, 1675년부터 1696년까지 21년간은 아메리 카 식민지 문제와 거리를 두었던 데다가 배척 법안 위기나 라 이하우스 음모Rye House Plot 등으로 표출되는 국내 문제에 주의 를 집중하지 않을 수 없었을 터이므로, 1680년대 초에 집필된 『두 번째 논고』는 영국의 역사적·정치적 맥락을 고려하여 읽 어야 한다는 것이다.

그러나 1986년에 발표된 허먼 르보빅스Herman Lebovics의 연 구를 기점으로 『두 번째 논고』를 아메리카 식민지 정책을 둘러 싼 17세기 잉글랜드의 정치·경제적 논쟁의 맥락에서 재해석하 는 연구들이 속속 등장한다. 토머스 플래너건(Flanagan 1989), 바 버라 아네일(Arneil 1992; 1994; 1996), 비쿠 파레크(Parekh 1995), 덩 컨 이비슨(Ivison 2003), 데이비드 아미티지(Armitage 2004; 2012), 지미 카사스 클라우젠(Klausen 2007), 제임스 파(Farr 2008), 나가 미쓰 미우라(Miura 2013) 등이 대표적인 예라고 할 수 있다. 물 론 이 연구들 사이에도 크고 작은 입장 차이가 있다. 예컨대, 르 보빅스는 로크적 자유주의 전통이 그 출발부터 근대 제국주의 를 필수 요소로 동반하고 있음을 강조하는 반면, 아미티지는 로 크가 (식민지 정착과 통치에 많은 관심을 쏟은 인물이라는 의미에서) '식민지 사상가'colonial thinker였다는 점은 분명하나 영국의 제 국주의적 팽창을 지지한 이론가로 보기는 어렵다는 결론을 이 끌어 낸다. 이비슨은 이런 입장에서 한 걸음 더 나아가 다양한 탈식민주의적 자유주의들postcolonial liberalisms을 모색하는 과정에서 로크적 전통의 활용 가능성을 제시하기도 한다. 이에 반해, 아네일과 파레크는 로크를 영국의 아메리카 식민화에 대한 적극적 옹호자로 그리고『두 번째 논고』는 아메리카 원주민에 대한 잉글랜드 이주민들의 이익을 정당화하는 논변으로 자리매김하는 입장을 대변한다(문지영 2022).

『두 번째 논고』를 통해 만나는 '최초의 자유주의자' 로크에 대한 이렇듯 다양하고 때로 상반되는 평가가 후대의 연구자들이 필요에 따라 자의적으로 해석한 탓이라고만 보기는 어렵다. 오히려 로크적 자유주의가 그 자체로 반反절대주의-자유지상주의-경제적 평등주의-개인주의-공동체주의-제국주의-유토피아의 요소를 제각각 품고 있기 때문일 수 있다. 이로 인해 로크는 일관성이 결여되어 있다거나 입장이 분명하지 않다는 비판(Yolton 1969; Parry 1978)을 받기도 하지만, 바로 그 이유 때문에 로크의 정치사상은 무엇이 자유주의의 본질인지 그리고 그것은 어떻게 계승·발전되었는지를 추적·논의하는 과정에서 여러 얼굴로 소환되며 끊임없이 해석·재해석되고 있음이 분명하다. 어떤 의미에서 로크 연구는 자유주의를 둘러싼 담론 투쟁의 성격을 띠고 있다고 해도 과언이 아니다.

냉전 이후 영국과 미국이 주도하는 정치·경제 질서, 규범, 문화가 세계 표준으로 부과되고, 덩달아 '자유주의'가 지배적인 패러다임의 영향력을 발휘하게 되면서, 로크는 서구 정치사상 분야의 가장 중요한 연구 대상 가운데 하나로서 그 위치를 더욱 확고히 보장받고 있다(Boyd 2015). 서구 학계에서 로크에 대한 연구는 실로 헤아릴 수 없을 만큼 방대하며, 그의 정치사상을 더 정확하고 더 풍부하게 이해하기 위해 역사적인 기록물들과 관련 자료들을 발굴·편찬 및 데이터베이스화하고 성과를 공유하는 작업도 지속적으로 확대되고 있다. 로크 사상의 직접적인 영향 아래 형성되고 발전한 서구적 근대를 '근대성' 자체로 받아들이지 않을 수 없는 세상에서, 로크는 그저 국지적 중요성을 갖는 데 머물지 않는다. 자유주의가 긍정적으로든 부정적으로든 무시할 수 없는 영향력을 발휘하는 모든 곳에서 로크 연구는 중요하고 필요한 일일 것이다.

『두 번째 논고』를 읽는 독자들은 이 책에서 접하는 로크의 언어가 이미 우리의 일상적 삶을 구성하고 또 평가하는 우리의 언어임을 알 수 있을 것이다. 로크가 역설하며 추구하는 정부, 그가 제안하는 국가와 시민 개인의 관계는 오늘날 우리도 여전히 바라는 것임을 깨닫게 될 것이다. 혹은 우리가 현실에서 경험하는 폐단이 정녕 로크의 논변에서 기원했으며 로크의 논변을 통해 정당화되어 온 것이라고 확신하게 될지도 모르겠다. 그러므로 지금 우리 사회를 긍정하고 지지하는 사람이든 부정적으로 평가하면서 변화를 원하는 사람이든 간에, 로크의 사유를 찬찬히 따라가 보는 일은 틀림없이 의미 있으리라 믿는다. 『두 번째 논고』는 양쪽 모두에 자신의 사유와 실천을 강화하거나 아니면 반성해 볼 수 있는 질문을 줄 것이고, 또 답을 찾아보게 이끌 것이다. 나아가 양쪽이 함께 공유할 만한 자유주의의 미래를 위해 머리를 맞댈 터를 제공해 줄 수도 있을 것이다. 『두 번째 논고』의 옮긴이로서 나는, 오늘날 신자유주의의 세계화 현실이 로크적 자유주의의 이상과 상당히 어긋나 있다고 생각한다. 물론 정반대로 생각해서 로크를 찬양하거나 혹은 경멸하는 사람도 있을 수 있다. 그래서 더욱, 로크를 읽고 서로 이해한 바를 나누며 더 나은 미래를 같이 상상할 기회를 꿈꾼다. 우리가 사는 세상에 관심을 거두지 않는 한, 그런 노력은 계속되어야 할 것이다. 이 번역서가 그런 노력에 아주 작은 보탬이라도 될 수 있으면 좋겠다.

III.

『두 번째 논고』의 번역은 내게 아주 오래 묵은 숙제였다. 공동 번역자인 강철웅 교수가 아니었다면, 그건 끝내 마치지 못할 숙제였을 것이다. 강 교수는 초역을 나눠 맡고 상대방의 원고를 검토해서 수정하는 작업을 함께했을 뿐만 아니라, 무엇보다 번역하는 일의 '고통'을 '진지한 유희'로 소화하자고 독려하며 모범을 보여 주었다. 희랍어 원전 번역을 수십 년간 해 온 학자의 번역 기준, 자세, 속도에 발맞추는 일은 쉽지 않았고, 로크를 가운데 두고 벌인 의사소통의 과정 또한 소란스러웠으나, 그 모범 덕분에 이 정도로나마 숙제를 해낼 수 있었다. 하지만 이 글을 쓰는 지금 이 순간까지도 서로 합의하지 못한 몇몇 번역어와 문장 해석들이 있다. '출간 일정이 촉박하다', '로크와 자유주의를 공부하는 데 내가 좀 더 많은 시간을 들였다' 같은 어쭙잖은 이유를 내세워 대부분 내 의사를 관철했으므로, 만일 이 책에서 어색한 표현이 있거나 오역이 있다면 주로 내 책임일 것이다. 막상 출판을 앞두고 보니, 공역자와의 토론을 충분히 즐기지 못한 아쉬움이 크고 그의 의견을 더 존중하지 못한 미안함이 사무친다. 서로의 장점을 신뢰하고 단점을 보완하며 함께 헤쳐 온 지난 여정이 새삼 고맙다. 앞으로 이어질 여정에선 더 귀 기울여 듣고 더 배려하는 동반자여야겠다고 문득 다짐한다. 딸 예은이는 이번에도 여러 차례 번역 과정에 참여해 예리한 의견과 따뜻한 지지를 아끼지 않았다. 그럴 때마다 매번 여러 이유로 감동하게 되는데, 대견하고 고마운 마음을 고작 이모티콘 따위로밖에 표현하지 못했다. 이 책이 세상에 나오자마자 제일 먼저 선물하는 것으로 엄마의 사랑을 전할 수 있길 기대한다. 아들 의준이는 내 20대 초반을 돌이켜 부끄럽게 만들기에 충분할 정도로 열심히, 다양한 도전을 감행하고 알찬 성취를 맛보며 학창 시절을 보내는 것으로 언제나처럼 자기 역할을 해내고 있다. 엄마 아빠의 삶이 그 무엇보다 힘이 되는 응원일 수 있도록 더 불끈 용기를 내어 볼 참이다.

이리 구구절절한 나와는 달리, 로크는 평생 독신으로 살았고 자신의 이름으로 된 집도 가져 본 적이 없다. 망명지에서는 물론이거니와 자기 나라에서도 학교 숙소와 후견인의 저택 혹은 친구들의 집을 떠돌며 살았다. 죽음도 역시 친구 집에서 맞았다. 절대 권력에 맞서는 바람에 학교에서 쫓겨나고 감시에 쫓기고 처형의 공포에 숨죽이면서도 『두 번째 논고』 같은 위험한 원고를 쓰고 다듬는 일을 멈추지 않았던 로크를, 심지어 그 일을 이 집 저 집 전전하며 해냈던 로크를 떠올리면 숙연해지다 못해 종종 자괴감에 빠지곤 했다. 그래서 『두 번째 논고』의 번역은 자칫 우울을 유발하는 일이 될 수도 있었다. 하지만 적어도 이 책의 초역 작업을 하며 보낸 시간은 대부분 행복한 기억으로 채워져 있다. 그 일을 독일 남서부의 고즈넉한 도시 튀

빙겐에서 진행할 수 있었기 때문이다. 중세풍의 골목들, 역사적 인물들의 자취, 이미 역사가 된 대학, 검은 숲의 위엄, 네카어강을 따라 흐르던 햇살, 이 모두를 한껏 품을 수 있게 해준 감사한 인연들……. 오래도록 잊지 못할 것이다.

이 책의 마무리 작업을 앞두고 있을 즈음 엄마가 하늘나라로 떠나셨다. 상상하는 것만으로도 두렵고 가슴 아프던 일이 갑작스레 현실이 되자 나는 그 현실을 제대로 살아 낼 수가 없었다. 완전히 잊고 있던 엄마와의 온갖 기억들이 무턱대고 쏟아지는 초현실의 세계가 한동안 펼쳐졌던 것 같다. 내게 뭐라도 재능이란 게 있다면, 그건 엄마가 물려주고 키워 준 것임이 틀림없다. 그 정도로 할 수 있는 것, 하고 싶은 것이 많은 분이었다. 그 시절에 여자로 태어난 이 땅의 대다수 엄마들이 그렇듯, 자신의 재능을 발휘해 볼 기회를 제대로 가질 수 없었던 우리 엄마도 딸에게 정성을 쏟고 딸을 위해 기도하며 딸을 자랑하는 데 최선을 다하셨다. 나는 늘 엄마의 기대에 다 부응하지 못했고, 그러기 위해 최선을 다하지도 않았지만 말이다. 딸이 로크를 꽤 오래 붙잡고 있었다는 걸 아셨으니, 살아 계셨다면 이 번역서가 또 엄마의 큰 기쁨이고 자랑이었을 테다. 안타까움과 죄책감이, 회한과 미련이 걷잡을 수 없이 번진다. 때늦었지만, 이 책을 내 어머니 이선희 권사님께 바친다.

2023년 늦은 가을
문지영

참고문헌

문지영. 2007. 『홉스 & 로크: 국가를 계약하라』. 서울: 김영사.

_____. 2022. 「존 로크의 정치사상과 '아메리카': 서구중심주의적 해석 재고」.
　　　『오토피아』 36(3): 33-67.

볼, 테렌스·리처드 대거·대니얼 I. 오닐. 2019. 『현대 정치사상의 파노라마:
　　　민주주의의 이상과 정치 이념』. 강정인 외 옮김. 파주: 아카넷.

장동진. 2001. 『현대자유주의 정치철학의 이해』. 서울: 동명사.

켈리, 폴. 2018. 『로크의 『통치론』 입문』. 김성호 옮김. 파주: 서광사.

Andrew, E. 2015. "Locke on Consent, Taxation and Representation."
　　　A Journal of Social and Political Theory 62(143): 15-32. (DOI:
　　　https://doi.org/10.3167/th.2015.6214302)

Armitage, D. 2004. "John Locke, Carolina, and the "Two Treatises of
　　　Government"." *Political Theory* 32(5): 602-627.

_____. 2012. "John Locke: Theorist of Empire?" Sankar Muthu (ed.).
　　　Empire and Modern Political Thought. Cambridge: Cambridge
　　　University Press, pp. 84-111.

Arneil, B. 1992. "John Locke, Natural Law and Colonialism." *History of
　　　Political Thought* 13(4): 587-603.

_____. 1994. "Trade, Plantations, and Property: John Locke and the
　　　Economic Defense of Colonialism." *Journal of the History of
　　　Ideas* 55(4): 591-609.

_____. 1996. "The Wild Indian's Vension: Locke's Theory of Property and
　　　English Colonialism in America." *Political Studies* 44(1): 60-74.

Ashcraft, R. 1986. *Revolutionary Politics and Locke's Two Treatise of
　　　Government*. Princeton: Princeton University Press.

_____. 1992. "The Radical Dimension of Locke's Political Thought: A
　　　Dialogic Essay on Some Problems of Interpretation." *History of*

Political Thought 13(4): 703-772.

Aylmer, G. E. 1998. "Locke No Leveller." I. Gentles, J. Morrill & B. Warden (eds.). *Soldiers, Writers and Statesmen of the English Revolution*. Cambridge: Cambridge University Press, pp. 304-322.

Boyd, R. 2015. "Locke on Property and Money." M. Stuart (ed.). *A Companion to Locke*. Oxford: Blackwell.

Brennan, T. & C. Pateman. 1979. "Mere Auxiliaries to the Commonwealth: Women and the Origins of Liberalism." *Political Studies* 27(2): 183-200.

Butler, M. 1978. "Early Liberal Roots of Feminism: John Locke and the Attack on Patriarchy." *American Political Science Review* 72(1): 135-150.

Cohen, J. 1986. "Structure, Choice and Legitimacy: Locke's Theory of the State." *Philosophy and Public Affairs* 15(4): 301-324.

Collins, Jeffrey R. 2020. *In the Shadow of Leviathan: John Locke and the Politics of Conscience*. Cambridge: Cambridge University Press.

Farr, J. 2008. "Locke, Natural Law, and New World Slavery." *Political Theory* 36(4): 495-522.

Faulkner, R. 2001. "The First Liberal Democrat: Locke's Popular Government." *Review of Politics* 63(1): 5-39.

Felix, W. 2021. "John Locke as a Reader of Thomas Hobbes's Leviathan: A New Manuscript." *Journal of Modern History* 93(2): 245-282.

Flanagan, T. 1989. "The Agricultural Argument and Original Appropriation: Indian Lands and Political Philosophy." *Canadian Journal of Political Science* 22(3): 589-602.

Goldie, M. 2016. "Introduction." John Locke. *Second Treatise of Government and A Letter Concerning Toleration*. Oxford: Oxford University.

Grant, R. W. 1987. *John Locke's Liberalism*. Chicago: University of Chicago Press.

Gray, J. 1986. *Liberalism*. Minneapolis: University of Minnesota Press.

Harrison, J. & P. Laslett. 1971. *The Library of John Locke*, 2nd ed. Oxford: Oxford University Press.

Hirschmann, N. J. & K. M. McClure. 2007. *Feminist Interpretations of John Locke*. University Park, PA: Pennsylvania State University Press.

Hughes, M. 1990. "Locke on Taxation and Suffrage." *History of Political Thought* 11(3): 423-442.

_____. 1992. "Locke, Taxation and Reform: A Reply to Wood." *History of Political Thought* 13(4): 691-702.

Ivison, D. 2003. "Locke, Liberalism and Empire." Peter R. Anstey (ed.). *The Philosophy of John Locke: New Perspectives*. London: Routledge, pp. 86-105.

Klausen, J. C. 2007. "Room Enough: America, Natural Liberty, and Consent in Locke's Second Treatise." *The Journal of Politics* 69(3): 760-769.

Lebovics, H. 1986. "The Uses of America in Locke's *Second Treatise of Government*." Richard Ashcraft (ed.). *John Locke: Critical Assessments* vol. 3. London: Routledge, pp. 252-266.

Lloyd-Thomas, D. 1995. *Locke on Government*. London: Routledge.

Locke, J. Laslett, P. (ed.). 1988. *Two Treatises of Government*. Cambridge: Cambridge University Press.

Locke, J. Goldie, M. (ed.). 2016. *Second Treatise of Government and A Letter Concerning Toleration*. Oxford: Oxford University Press.

Macpherson, C. B. 1962. *The Political Theory of Possessive Individualism*. Oxford: Oxford University Press.

McNally, D. 1989. "Locke, Levellers, and Liberty: Property and Democracy in the Thought of the First Whigs." *History of Political Thought* 10(1): 17-40.

Merquior, J. G. 1991. *Liberalism, Old & New*. New York: Twayne Publishers.

Meyers, D. T. 2014. "Recovering the Human in Human Rights." *Law, Culture and the Humanities.* (http://lps3.doi.org.libproxy.sogang. ac.kr/10.1177/1743872114528440)

Miura, N. 2013. *John Locke and the Native Americans: Early English Liberalism and Its Colonial Reality.* Newcastle upon Tyne: Cambridge Scholars Publishing.

Nozick, R. A. 1974. *Anarchy, State and Utopia.* Oxford: Basil Blackwell.

Parekh, B. 1995. "Liberalism and Colonialism: A Critique of Locke and Mill." J. N. Pieterse and B. Parekh (eds.). *The Decolonization of Imagination: Culture, Knowledge, and Power.* London: Zed Books, pp. 81-98.

Parry, G. 1978. *John Locke.* Wales: G. Allen & Unwin.

Pateman, C. 1988. *The Sexual Contract.* Cambridge: Polity.

Rosenblum, N. I. 1987. *Another Liberalism: Romanticism and the Reconstruction of Liberal Thought.* Cambridge: Harvard University Press.

Ryan, A. 1999. "Liberalism." R. E. Goodin & Phillip Pettit (eds.). *A Companion to Contemporary Political Philosophy.* Oxford: Blackwell Publisher.

Shanley, M. L. 1991. "Marriage Contract and Social Contract in Seventeenth Century English Political Thought." M. L. Shanley & C. Pateman (eds.). *Feminist Interpretations and Political Theory.* University Park, PA: Pennsylvania State University Press.

Simmons, A. J. 1992. *The Lockean Theory of Rights.* Princeton: Princeton University Press.

_____. 1993. *On the Edge of Anarchy: Locke, Consent, and the Limits of Society.* Princeton: Princeton University Press.

Stevens, J. 1996. "The Reasonableness of John Locke's Majority: Property Rights, Consent, and Resistance in the Second Treatise." *Political Theory* 24(3): 423-463.

Talbot, A. 2010. *"The Great Ocean of Knowledge": The Influence of*

    Travel Literature on the Work of John Locke [electronic resource].
    Leiden: Brill.

Tully, J. 1980. *A Discourse on Property: John Locke and His Adversaries*.
    Cambridge: Cambridge University Press.

_____. 1993. "Rediscovering America: The *Two Treatises* and Aboriginal
    Rights." *An Approach to Political Philosophy: Locke in Contexts*.
    Cambridge: Cambridge University Press, pp. 137-176.

Waldron, J. 2002. *God, Locke and Equality: Christian Foundations in
    Locke's Political Thought*. Cambridge: Cambridge University
    Press.

Walker, W. 1990. "Locke Minding Women: Literary History, Gender, and
    the Essay." *Eighteenth-Century Studies* 23(3): 245-268.

Walsh, M. B. 1995. "Locke and Feminism on Private and Public Realms of
    Activities." *The Review of Politics* 57(2): 251-277.

Wood, E. M. 1992. "Locke against Democracy: Consent, Representation
    and Suffrage in the *Two Treatises*." *History of Political Thought*
    13(4): 657-689.

Wood, N. 1984. *John Locke and Agrarian Capitalism*. California:
    University of California Press.

Yolton, J. W. (ed.). 1969. *John Locke: Problems and Perspectives*.
    Cambridge: Cambridge University Press.

찾아보기

인명 및 지명

용어

302